丝路百城传

特立,不独行

出版说明

2013年，中国国家主席习近平向世界提出共建"一带一路"的倡议。自提出以来，"一带一路"倡议深刻影响世界，逐渐从理念转化为行动，从愿景转变为现实，建设成果丰硕，得到国际社会热烈响应。

古丝绸之路打开了各国各民族交往的窗口，书写了人类文明进步的历史篇章。共建"一带一路"的实践，为沿线国家和地区相向而行、互学互鉴提供了平台，促进了不同国家和地区、不同民族、不同文化、不同文明的深入交流。

城市是人类文明的结晶。"一带一路"沿线的城市中，蕴藏着人类千年的历史、多元的文化和无尽的动人故事。我们希望通过出版"丝路百城传"，展现每座城市独一无二的历史和性格，汇聚出丰富多彩、生动可感的"一带一路"大格局，增进文化交流和文明互鉴。

这是一次前所未有的出版探索，我们虽竭尽全力，也深知有诸多不足。期待这套丛书能够得到读者的喜欢，也期待更多的读者、作者、专家、学者等各界朋友们对我们的出版工作给予指正。

"丝路百城传"丛书编辑部

THE
BIOGRAPHY
OF
ZHONGSHAN

伟人故里千年香山

中山传

ZHONG
SHAN

丘树宏　黄刚————著

IPG 中国国际出版集团　新星出版社 NEW STAR PRESS

中山是座山,
美丽五桂山,
俯瞰伶仃洋,
花香千里远。

中山是座山,
古代名香山,
人文咸淡水,
珠江唱岭南。

中山是座山,
伟人孙中山,
振兴中华梦,
点亮一片天。

中山是座山,
小城大中山,
百姓勤创业,
沧海变桑田,
天时地利人和美,
你我幸福好家园。

——《中山是座山》

总　序

刘传铭

如果说丝绸之路研究让我们洞见了一部全新的世界史，一定会有人表示惊讶与质疑；

如果说城市的创造是迄今为止人类文明进程中最伟大的事情，则一定会得到人们普遍的支持与认同。

"丝路百城传记系列丛书"的策划正是发轫于这样一个历史观的文化叙述：

丝绸之路是一条无路之路；

丝绸之路是一条既古老又年轻、"不知其始为始，不知其终为终"的漫漫长路；

丝绸之路是一条历史时空里时隐时现、变动不居、连点成线、连线成网的超级公路；

丝绸之路是一种点实线虚、点变线变、点之兴衰即线之存亡的交通形态，那些关山阻隔、望洋兴叹的城市，便如一颗颗璀璨的明珠镶嵌在路上；

丝绸之路是一个文化概念，叠加其上的影像曾被不同国家不同民族的人们呼作：铜铁之路、纸张之路、皮毛之路、奴隶之路、铁蹄之路、黄金之路、朝贡之路、宗教之路；

丝绸之路是中西文明交流与传播、邦国拓展、民族融合之路，也是西方探秘中国、解码东方之路，更是我们反躬自问"我是谁？我从哪里来？我向何处去"的寻根之路、回家之路；

丝绸之路是今日中国走向世界的新起点、新思路，是中国"一带一路"倡议走向人类命运共同体的未来之路……

无可否认，一个世纪以来，丝路研究之话语为李希霍芬、斯文·赫定、斯坦因、伯希和、大谷光瑞、于格、橘瑞超、芮乐伟·韩森、彼得·弗兰科潘等东西方人所主导。然而半个世纪以来的大国崛起，正在使"夫唯不争"之中国快速走向文化振兴。我们要将《大唐西域记》《真腊风土记》的传统正经补史、继绝往圣、启迪民智、传播正信，同时地将丝绸之路城市传文学以实为说、以城为据、芳菲想象、拒绝平庸的创作视为新使命、新挑战。让"城市传"这样一个文学体裁开出新时代的鲜花。

凭谁问：昆仑巍峨、河源滔滔、玉山储秀、戍堡寂寞；

凭谁问：旌节刻恨、驼铃悠远、琵琶起舞、古调胡旋；

凭谁问：秦汉何在、唐宋可甄、东西接引、前路正新；

凭谁问：八剌沙衮今何在？罗马的钟声谁敲响；

凭谁问：撒马尔罕的金桃今何在？帕米尔上的通天塔何时建成、何时倾倒？

凭谁问：伊斯兰世界的科学造诣何时传到了巴黎和伦敦；

凭谁问：鉴真大师眼中奈良和京都的樱花几谢几开；

凭谁问：乌拉尔河上何时传来了伏尔加河的纤夫号子；

凭谁问：杭州湾的帆樯何时穿越马六甲风云……

诗人说：这条路是唐诗和宋词的吟唱，是太阳和月亮的战争；
军人说：这条路是旌旗卷翻的沙漠，是铁骑踏破的血原；
商人说：这条路是关涉洞开的集市，是余羔银槽的盛宴；
僧侣说：这条路是信仰鲜花盛开的祭坛，是生命涅槃的乡路……

一个个城市的前世今生，一个个城市的天际线风景，一个个城市的盛衰之变，一个个城市的躁动与激情，一个个城市的风物淳美与人文精彩，一个个城市的悲欢离合，一个个城市的内动力发掘与外开拓展望，一个个城市的往事与沉思，一个个城市的魅惑和绝世风华……

从长安到罗马（大陆卷）和从杭州湾到地中海（海洋卷）是卷帙浩繁的"丝路百城传记系列丛书"的框架结构。也是所有参与写作的中外作家和编辑们共同绘制的新丝路蓝图。《尚书·舜典》有"浚咨文明"之句，孔疏曰："经纬天地曰文，照临四方曰明。"《论语·雍也》曰："质胜文则野，文胜质则史，文质彬彬，然后君子。"又《易经·贲卦·彖辞》曰："刚柔交错，天文也；文明以止，人文也。观乎天文，以察时变；观乎人文，以化成天下。"故文化乃"人文化成"而以文教化"圣人之教也"。"周虽旧邦，其命维新"，丛书编纂与出版岂非正当其事，正当其时也！

读者朋友们，没有踏上丝路，你的家就是世界；踏上丝路，世界才是你的世界、你的家园……唯祈丛书阅读能助君踏上这样一个个奇妙无比的旅程。

丝绸之路从远古走向未来，我们的努力也将永无休止。

戊戌谷雨前五日于松江放思楼

"三味"中山（代序）

第一章　根脉：伟人故里"山海经"
　　从香山到中山 / 9
　　从"城"到"市" / 12
　　中山底色红黄蓝 / 13

第二章　韵味：古道芳香漫古今
　　岐澳驿道襟海陆 / 25
　　一座芬芳氤氲的城市 / 27
　　中港香缘一线牵 / 32
　　"香山香"自五桂来 / 35

第三章　英魂：碧血丹心照汗青
　　马南宝起兵勤王 / 41
　　中山的"三元里抗英" / 42
　　香山起义 / 43
　　敌后抗日旌旗飘 / 45

第四章　名城：一个人一座城
　　从孔夫子到孙中山 / 61
　　中山命题·国家命题 / 65

寻梦：文化驭风高铁行 / 77

中国梦·中山梦 / 106

第五章　先声：繁星璀璨百余年

孙中山：世纪伟人，千秋大业 / 129

郑观应：危言真箴震古今 / 130

杨殷：朝闻道夕死无悔 / 132

百货先驱领商潮 / 133

吕文成：划时代的音乐大师 / 141

萧友梅：中国现代音乐之父 / 143

阮玲玉：香消玉殒魂犹在 / 145

方成：世态人情无所遗 / 147

马乐山：妙手天真一乐天 / 148

第六章　乡愁：美味惊艳在舌尖

石岐乳鸽，舌苔上的惊艳 / 158

咀香园，"齿颊留香"逾百岁 / 168

菊花，一桌金黄成华宴 / 173

禾虫，岭南水乡的"冬虫夏草" / 178

脆肉鲩，一尾鱼的传奇 / 181

第七章　风情：岭南景致多旖旎

小小翠亨村　大大翠亨村 / 187

一条名叫孙文的步行街 / 193

"孝"闻岭南话詹园 / 203

石岭山海蚀遗址 / 206

第八章　底色：民俗本色自斑斓

博爱之城嘉年华 / 211

醉龙：似醉非醉恣意奔放的龙之舞 / 218

咸水歌：疍家人的诗经 / 222

凤舞"鸾凤和鸣"，鹤舞彰显学风 / 225

崖口飘色：风调雨顺的朴素祈福 / 228

百年沧桑木偶戏 / 230

第九章　大吕：伶仃涛头唱大风

"广东小凤岗"——中山里溪村 / 235

中山温泉：改革开放的"活化石" / 240

"中山舰队"破浪领航 / 243

中山制造　工业强市 / 249

中山路："不走回头路" / 252

湾区时代　向海而歌 / 257

中山大事记 / 266

后记 / 280

参考书目 / 283

"三味"中山（代序）

丘树宏

许多人喜欢中山，尤喜到中山享受美食，喜欢到中山购房居住，这是人所共知的。最近，一位北京的朋友对我说，他注意到一个很特别的现象，无论是香港人，还是澳门人，都对中山有一种特别的好感。原因是什么？可否三两句话回答清楚这个问题？

本人是新中山人，至今在中山生活近20年，一直喜欢研究中山和中山人，并且很有一些个人心得，多数说法也得到了许多人的认可，但是，要用三两句话来回答这个问题，还真不容易。

然而这位朋友的问题，毕竟还是一个必须回答的问题，况且是一个非常有意义的问题。因此，两个月来，这个事情一直萦绕在我的脑海里，挥之不去。今天，就尝试着来答一答这份考卷吧。

2004年，我从珠海来到中山工作。这真是个人一种难得的缘分和福分，因为中山古称香山，当时的香山包括了珠海和澳门地区，我从珠海来到中山，其实是来到了香山的原点。早年我在珠海市香洲区工作的时候，曾经在自己名片的背后写下两句话。香洲：一百年前是中国从大陆经济大陆文化走向海洋经济海洋文化的缩影，改革开放后是中国从封闭经济封闭文化走向开放经济开放文化的窗口。后来我回到市里工作，"香洲"两字就改成了"珠海",而到了中山,自然就改成了"中山(香山)",我确实是来到了香山的原点了。然而这两句话,如果拿来回答那位朋友的问题,其内涵还是不够全面的。

以往在珠海的时候,来中山的机会并不少,因此以为自己很了解中山,而真正到了这里工作生活,才发觉其实对中山的认识极为肤浅。半年之后,我以自己的认知,给中山人说了一个"三个不"的段子:"基层干部不愿意上调、领导干部不愿意上镜、民营企业不愿意上市。"这当然是从批评的角度来说的,是说现在的中山人目光不够远大,只重视脚踏实地,缺乏仰望星空。然而这批评却带着明显的"褒义",因为"三个不"的核心精神还是对的,那就是"务实",只不过是"务实"得有些过头了。随着时间的推移、时势的变迁,今天这"三个不"现象都已经发生了很大的变化,如果用它来说明中山的城市性格,已经不是很合时宜了。

随着我在中山工作生活的延续,我又对中山做了更为全面深入的分析,近年来形成了中山简介的自我版本,这也就是许多人都知道的"五句话":"中山(香山)——伟人孙中山的家乡、中国近代史的摇篮、咸淡水文化的中心、内外源经济的典范、正宗新粤菜的鼻祖";最后还有一个尾巴:"子系中山郎,得志不猖狂。"正因为综合具备这些特别而重要的人文素质,中山人才创造出了"中山奇迹"。改革开放以来,中山人以广东省二十一个地级以上城市最小的市域面积,创造了排行前列的经济总量,形成了"五位一体"协调发展的"中山模式",尤其是专业镇和集群产业发达,民营经济成为最重要的支撑,老百姓生活富裕和美。可以说,用以上五句话来概括中山,应该是很全面而集中的,但对于回答那位先生,显得过于冗长繁杂,形象性也不足。

究竟要如何回答北京朋友这个问题呢?

经过两个月的思考,我初步形成了这么一个想法:中山这座城市,或者这座城市的中山人,能够给香港人、澳门人以至更大范围的人那么特别的好感,主要是因为,中山人或者中山市有着"三种味道",这里姑且就先称之为中山"三味"吧。

这个"三味"就是:最有人情味的中山、最有烟火味的中山、最有文化味的中山。

要说明这"三味",无疑要花大量笔墨,在这里我试图用典型实例法来诠释它,希望能够形成足够的说服力。

先说说"最有人情味的中山"。其实,哪一个族群,哪一座城市,都有人情味,但中山人在对人慈爱、和善方面的确更为突出,她是一个真正意义上的博爱城市,最具代表性的,就是至今已经坚持了30多年的"慈善万人行"。1988年,中山市以敬老、孝道为主题创设了慈善万人行,此后每年的元旦之后,全市各级各界,乃至港澳台乡亲、海外华侨华人都为慈善万人行捐款,而后每年的元宵节都在市中心举行慈善万人行,全城行动,万人空巷,做成了一个规模盛大的慈善嘉年华,国内外观察团包括联合国教科文组织都前来观摩考察。至今,慈善万人行已经筹集资金逾15亿元,慈善事业做到了全国各地,获得了国务院的慈善奖。经过三十多年的积淀延伸,慈善万人行业已成为中山最具特色的城市精神文化品牌和新民俗,成为中山人民津津乐道的城市名片,成为广东乃至全国红十字运动的一面旗帜。这样一个城市,她的人情味能不丰厚吗?

再来说说"最有烟火味的中山"。毋庸置疑,哪一个人、哪一座城市都有烟火味,但中山的烟火味显得更浓。最具证明的,就是中山人十分讲究做菜,最讲究吃。有人说,中山菜,加上顺德菜,就是广府菜,如此,中山菜就应该是新粤菜的鼻祖。中山人会做菜是出了名的,各式菜色做得出神入化。比如,1914年,中山的华侨将美国的良种鸽子带回来,与当地的鸽子杂交,培育出了石岐乳鸽,由此做出了石岐乳鸽这道佳肴,至今已经100多年，成为中山闻名遐迩的第一菜，每年要生产500万只。中山人的吃也是出了名的，这里的人可以从早吃到晚，而且吃得多，且大都是家庭消费，是市民消费。想当初中央电视台记录频道的负责人来中山，《舌尖上的中国》这个选题就是本人与他介绍中山菜的时候确定的，接着第一部作为"舌尖"系列上央视播出的地方美食纪录片，也是我们中山的《味道中山》。俗话说民以食为天，中山人确实是真正把吃当作了天大的事情的。试想，一个注重美食的人，一个注重美食的城市，一定是十分珍惜生命、注重生活的人和城市，同样也会珍惜他人、尊重其他城市。正因为热爱生活、珍惜生命，所以中山人忧患意识强而敢闯敢干，中山早已是全民创业、万众创新，因此中山的民营经济占了GDP的百分之九十以上。他们还在三百多年前就开始漂洋过海、闯荡世界。这样的人，这样的城市，烟火味不浓才怪呢！

最后说说"最有文化味的中山"。中山有着典型的咸淡水地理，珠江八个出海口，有五个从香山地区流过，与南海、与伶仃洋、太平洋交融碰撞，由此产生了一种特别的咸淡水，也由此产生了咸淡水文化。中山（香山）人最早感受到海洋文化和蓝色文明，最早走出中国看世界，又最早从世界回望中国，因此这个地方才成为中国近代史和近代文化的摇篮。她摇出了一代伟人孙中山，摇出了以孙中山、郑观应、容闳、杨殷等为代表的一支伟大的队伍，摇出了以"三民主义""敢为天下先""盛世危言"为代表的伟大的思想。在政治、经济、文化、教育、商业、军事、体育等各个方面，中山（香山）都出现了为近代和当代中国做出开天辟地式贡献的重要人物，从而使得这个地区形成了极富历史标志性意义的香山人文。毛泽东主席和习近平总书记在谈到孔夫子的时候，都这样特别地表述："从孔夫子到孙中山……"孔子与孙中山，是中华优秀文化最为重要的两个代表，而作为国家和民族命题的孙中山文化，则是既代表了中华优秀传统文化，又因为吸纳融合了世界先进文明而更具未来意义。孙中山文化和香山人文，浸润和影响着今天的中山和未来的中山，全国最早获得联合国人居奖、改革开放早期珠三角的"四小虎"之一、首批全国文明城市、国家级历史文化名城……无不生动而典型地诠释着这一切。诚然，由于地域的狭小，今后中山的经济总量排名，也许会往后移，但中山的文化底蕴却不是那么容易超越的。财富可以有暴发户，却不可能出现文化暴发户；经济发展十年八年可以实现"大跃进"，而文化的积淀，却需要两代、三代人甚至需要更长时间的努力才有可能实现超越。

人情味、烟火味、文化味，"三味"，这就是我向那位朋友上交的作业，不知道能否让他满意？当然，这只是我个人的体会，充其量也不过是"一说"而已，且不一定准确和全面，故而绝不敢代替任何人的看法，正所谓仁者见仁，智者见智。其实，每一个中山人，每一个来过中山的客人，心目中都会有一个自己的中山，都会有自己对中山的评价。包括那位朋友，相信他一定有了自己很独到的答案，我倒热切地期待着能早日听到他的高见。

你是我心中的花，
是五桂山鲜艳开满坡。
亿万年的沧海桑田，
依然收获着天地硕果，
美丽长成一方水土，
芳香飘成一个传说。

你是我心中的香，
是白木香风雨唱成歌。
一次次的坎坷苦难，
依然孕育着精华婆娑，
薪火点燃灵魂绝唱，
青烟走进生命江河。

你是我心中的佛，
是贞观年点燃的香火。
一年年的阳光雨露，
依然萦绕着日月蹉跎。
晨钟敲醒岐江炊烟，
暮鼓敲响南海渔歌。

——《香山》

中山传

第一章 根脉：伟人故里『山海经』

The Biography of ZhongShan

孙中山纪念公园

从香山到中山

香山之名一源香山岛，二源五桂山上的沉香。

而中山市之名则源于世纪伟人孙中山。

因此，香山是一座自然的山，中山更多是一座人文的山。

据北宋地理学家乐史编撰的《太平寰宇记》记载："香山在县南，隔海三百里，地多神仙花卉，故曰香山。"清代的史学者认为，香山县因五桂山上有许多神仙花卉，香飘四溢而得名，这与古代民间的传说及古籍所述是吻合的。

1982年，调查发掘发现了中山境内史前和先秦、春秋战国、两汉等时期的古遗址较集中在南朗镇一带，如在龙穴村、泮沙村、崖口村、下沙、平顶等多个地方。从这些古遗址所处的地理位置来看，大都分布在五桂山周围。《珠江三角洲形成、发育、演变》一书称："珠江三角洲是在三次海侵和三次海退的过程中发育起来的，这是珠江三角洲形成、发育、演变的基本过程；而海侵、海退的交替，是全球气候变迁和海平面升降变化的结果。"在这个演变过程中，中山全境处于首当其冲的位置，受过三次全面的海侵和海退的冲击。这个时期是距今7500—5000年著名的大西洋海侵期。由此可见，当时的五桂山是位于南海珠江出海口海域上的一座孤岛，上有海拔530米的最高峰，其山麓有山体形成的多曲折海岸和大海湾。海湾岸边是河流冲积和海浪沉积形成的沙丘、沙堤。南朗多处古遗址和历史遗物就是在这些地点发现的。这就证明早在5000年前，古代的中山南朗居民已知舟楫之利，从居住的海滨渡海到附近海岛上居住（如现在的珠海淇澳岛等），进行打鱼捕捞生产劳动和生活。

以南朗龙穴遗址为例，其遗址原是伶仃洋西海边一片大沙丘，位于南朗镇东边龙穴头村北面，东面离海边 2.5 公里。1990 年 12 月，广东省文物考古研究所与中山市有关方面共同发掘了龙穴遗址。遗址堆积的第三层是距今 5000 多年新石器时代晚期前段的文化层。该遗址的文化层中出土了大量的磨制石器，如石锛、石斧、石锤、石饼、砺石等器物；还有完整的彩陶圈足盘和彩陶碗、夹砂陶釜、陶器座、陶拍、陶支脚等器物。从崖口村出土的彩陶器物来分析，它们均是古代南朗居民用来盛放食物和煮食的器皿。崖口村正处于这一沙丘地带上，具同一历史属性。

众所周知，距今 6000—4000 多年的黄河流域仰韶文化时期，彩陶器是最常见的古代人生活器皿。凡是该地区这个时期的古遗址中，彩陶器或彩陶器残片俯首可拾。但地处岭南的广东，尤其是珠江三角洲地区，迄今为止，仅在粤东海滨和珠江三角洲南端海滨及岛屿，还有珠江三角洲顶端的高要广利蚬壳洲遗址中有少量彩陶残片出土。崖口周边地域沙丘古遗址考古发掘所得的完整彩陶器及较完整的彩陶器竟有五六件之多，实属难得。考古学者们常常通过分析出土的生产工具种类、形制特点和遗址周围环境来判断当时古代人群的经济生活方式与生产方式。从遗址的周围环境来分析，当时的遗址是海边一段沙堤和沙丘，面临海湾，背后是低山岗，西部是五桂山。为此，我们推测距今 5000 多年，居住在这一带的古代居民，其生产活动主要是以捕捞海上的鱼虾贝类和在森林中狩猎为生，其古代文化具渔猎文化属性。

考古学者还惊喜地发现在这一区域内的崖口及翠亨下沙附近的海边沙丘中，有一件黄釉面陶圈足壶，该陶器的器表拍印有条纹，器腹部刻有"口"符号，这是一件粤东浮滨类型文化遗存的典型器皿。该文化遗址主要分布区在粤东和闽西南,年代约相当于商代中晚期。这么完整的拍印条纹釉陶壶,尚未在珠江三角洲中心地域发现过。正是这些看来不起眼的文物,证明了早在3000多年前,粤东地区的古代居民就已懂得乘木舟沿着浅海区向西到达珠江口附近一带的海岛和陆地活动。从目前的考古发现来看,距今约3500年夏商之际,也有人类在其周围居住,从事生产活动。

据此可见,距今5000多年的新石器时代,中山只是珠江口伶仃洋上的一众岛屿,陆地范围仅包括今中南部五桂山脉一带的山地丘陵。土著古越族人在此渔猎、生活。之后的几千年,西江和北江不断奔流向海,河水挟裹着大量泥沙,流经香山岛时被阻挡,流速减缓,泥沙淤积,经年累月,形成一片片沙洲。

从宋代开始,香山岛以北的石岐海,其西边已有沉积的沙面浮露。到元代末期,被流水相隔的沙面,细数之下,有十八块之多,被称为"西海十八沙"。在明代,香山岛东北部的沙洲不断增多,发展成为一大片冲积平原,被称为"东海十六沙"。明代末期,"西海十八沙"和"东海十六沙"的各块沙洲,由于泥沙不断淤积而缩短间距,最终连成陆地。

正是这座远古之香山岛,即今日之五桂山,连缀起一部城市发展历史的"山海经"。

香山岛——五桂山,既是将中山与海洋隔断的天然屏障,又是通过岐澳驿道、城桂路连接海陆的桥梁。

光阴不居,朝代更迭。香山自南宋立县绵延元、明、清、民国。1925年,香山县因纪念推翻2000多年封建帝制的香山人孙中山而更名为中山县,后于1988年升格为地级市。从此,这座中国唯一以世纪伟人命名的城市被赋予了更多的人文内涵。

从"城"到"市"

今天的石岐城无疑是中山的城市之根、城市之心，但在香山立县之初，石岐城则被称为"铁城"。

石岐孙文东路正对的月山公园门口有一段古城墙，城墙高约 5 米，长约 32 米，既无城楼，也无烽火台与箭眼，只有数株高高在上占据城头的古榕与青苔静默地记得那段 800 年前的历史，这就是石碑上刻着的"铁城东门城墙遗址"。

《香山县志》和《陈氏族谱》记录着这段故事，也揭开了县城选址"铁城"的原委。

南宋绍兴二十二年（1152），朝廷诏准香山设县。立县后的第一件大事，就是为这昔日以渔盐业为生的岛屿，建造一座稍稍像样的县城。城址选在何处？当然是经济比较发达，居民相对集中，具一定规模，而且发展前景较佳的地点。

为此，乡绅的争论非常激烈。有人主张在石岐（当时称文顺乡）建城，有人主张在中山环城镇库充和中山三乡镇雍陌建城。面对众议纷纷，

石岐古城新貌

一时不能解决。当时主持筑城的陈天觉进士主张把城建在石岐。各方最后协商采取称土比较的办法，即在体积相同的一堆土中，以泥土重的为贵，取其坚实之意。各地取土时，陈天觉暗将少许铁沙趁人不备混入了石岐的泥土中，结果称起土来，石岐的泥土最重，最后大家同意把城址定在石岐了，所以后人称石岐为"铁城"。

陈天觉主持确定了建城的总体规划：城址定在石岐山以东、莲峰山以西、库充河以北、岐头涌以南的平原地带；城门设置，除按方向取名外，还各有其名，分别为启秀门（东门，今孙文中路月山公园处）、阜民门（南门，今民生路与民族路交界处）、登瀛门（西门，今民族路与孙文西路交界处的西山寺下）、拱辰门（北门，今拱辰路与太平路交界处榕树头附近）。陈天觉还捐粮数千斛以作建城之资，之后捐重资于莲峰山麓建学宫一座，又为开创香山县文化教育事业做出贡献。

在香山立县之后长达17年的时间里，朝廷根本没给新建的香山县选派县令，只是指定陈天觉暂以寨官身份"署理"。陈天觉这个无名无份的"县令"，一代理就是17年，连同立县前以寨官身份管理香山镇，一共在香山岛上当了27年行政首长，这也是香山有史以来行政首长连续任期最长的纪录。

从香山岛到铁城，陈天觉为中山奠定了一个城市的基础，完成了今天中山城市精美的雏形。由此肇始，中山城市历经870年开枝散叶，已由最初的20多公顷繁衍发展为如今的1800平方公里。

中山底色红黄蓝

每一座城市，都有它的城市底色。因为同在地球这一块土地上，所以有许多城市的底色是相似的，但若仔细分析，却总是能在这相似中发现各自的斑斓色彩、万方仪态，而最宝贵、最精彩之处，正是存在于这种千变万化尤其是极致细微的差别之中。

中山市是中国唯一以伟人名字命名的地级城市。无疑，孙中山、孙中山文化是这座城市的灵魂，也是这座城市最大的文化品牌。这是从人文的角度说。而从地理上说，中山古称香山，当时包括现在的中山、珠海和澳门，其最具特色的是咸淡水文化。珠江的八大出海口，有五个在香山地区，珠江水源源不断地从香山地区尤其是中山的广大地区缓缓流过，在南海与太平洋交汇、碰撞、交融。江水是淡水，海水是咸水，江海融合，就在这里形成了一种特殊的咸淡水。"一方水土养一方人。"江水代表的是大陆文化，海水代表的是海洋文化，如此就产生了一种特殊的文化：咸淡水文化。

由此，有人曾经将中山的城市底色定位为"红黄蓝"三原色。"红"，自然是"中国红"。中国红作为中国人的文化图腾和精神皈依，其渊源可以追溯到古代对日神虔诚的膜拜。中国红吸纳了朝阳最富生命力的元素，太阳象征永恒、光明、生机、繁盛、温暖和希望。中国红是中国人的魂，尚红习俗的演变，记载着中国人的心路历程，经过世代承启、沉淀、深化和扬弃，传统精髓逐渐嬗变为中国文化的底色，弥漫着浓得化不开的积极入世情结，它象征着热忱、奋进、团结的民族品格。作为一座移民城市，作为有着广府、客家、福佬族群，以及新时期新移民群体的中山市，在血液里流淌着这种"中国红"，"红"自然成为这座城市的底色。"黄"，则是黄土地所代表的中华传统文化。它是中华民族文化的根，是中华文明成果根本的创造力，是民族历史上道德传承、各种文化思想、精神观念形态的总和。中华传统文化是以老子为代表的道家文化、以孔子为代表的儒家文化作为主体，还有庄子和墨子的思想、道教文化、佛教文化等多元文化融通和谐包容的大体系。中华传统文化亦叫华夏文化、华夏文明，是中国56个民族文化的统领，流传年代久远，分布广阔，被称为"汉文化圈"。

分析今天中山城市底色的缔造者——人，其主体无疑是秦汉以来的移民。而真正意义上的粤人即最早的岭南土著人，不管是相貌、身材、语言或是生活习惯、性情性格等方方面面与当时的中原人是有很明显的区别的。只不过，后来历史上发生了几次大规模的中原人向南迁徙，出现"与越杂处"现象，情形才发生了变化。最早的一次中原人大迁徙发生在秦朝末年，主要有中、东、西三条路线，中路是从江西凿梅关古道越五岭而至广东南雄，西路是从湖南潇湘与灵渠水路而至广西、广东，东路则是由闽、浙等沿海而达南粤。秦之后，中国历史上发生的六次人口大迁移，如东汉末年到魏晋南北朝时期的"衣冠南渡"，8世纪安史之乱时大批北方居民南下逃避战乱，北宋末年到南宋时期大批人口迁居偏安江南继而南下广东以及明初山西大移民，等等，都对岭南、广东的文化形成了强烈的影响。

但最重要的当属秦末秦始皇手下大将任嚣带领大军凿通梅关古道平定岭南这一次。当年，任嚣在现在的广州城隍庙一带建起了一座番禺城，南下的秦军将士被安顿在番禺城。这些秦军将士大部分是五大三粗的北方汉子，而随军女性甚少，当年行军打仗的时候倒不觉得有什么不妥，现在一旦安顿下来，什么起居饮食、洗衣缝补等日常生活问题，甚至生儿育女等问题接踵而至，困扰着这群北方汉子。面对这些问题，当时任嚣手下有个副将名叫赵佗，也就是后来人们都熟悉的那个南越王赵佗，他想出了一计，什么计呢？

按《史记》记载，赵佗"使人上书，求女无夫家者三万人，以为士卒衣补。秦皇帝可其万五千人"。即是说，原来赵佗要求的是三万未嫁女子，而秦皇帝只应承给一半，即一万五千人。事实上，后来陆续南迁者远不止这个数目。其中除了有大批的女子之外，还有不少商人及其家属，以及被贬谪的官吏、犯人等。人数有几十万之众，这个就是史称的第一次"谪戍移民"，此举开启了中原人与粤人和平相处、繁衍生息的新纪元。

与"中国红"一样，广府、客家、福佬文化的根源，都是中原文化，以及中原文化与古越文化结合产生的新文化。新移民文化，更是对中华传统文化的无缝传承。因此，"黄"也是中山这座城市的底色之一。

"蓝"，就是蓝色，代表海洋文化。海洋文化是和海洋有关的文化，是源于海洋而生成的文化，也即人类对海洋本身的认识、利用和因有海洋而创造出来的精神的、行为的、社会的和物质的文明生活内涵。海洋文化的本质，就是人类与海洋的互动关系及其产物。如海洋民俗、海洋考古、海洋信仰、与海洋有关的人文景观等都属于海洋文化的范畴。

中国的土地面积是960万平方公里，海洋面积为300万平方公里左右。五千年文明产生了伟大的中华文明，其中包括以汉文化为代表的传统文化，也包括了最早走在全人类前面的海洋文化。从国土面积和分布情况看，国内城市的底色，大多与"红""黄"有关，与"蓝色"有关的城市则是少数，而且都在沿海地区。而中山，就是这少数中的佼佼者。在红黄蓝三原色中，中山的蓝色底调更为丰富、更为特别、更为显著。因此，我们认为中山最重要的城市底色，应该是"蓝色"，而且应该是浩渺海洋的那种"蔚蓝色"。

因为近海的缘故，据考证，新石器时期这里就已经有人类居住了。这里所发现的沙丘遗址和出土的文物，都有海洋文明的印证和特点。远古时期，香山地区均为珠江出海口和南海之滨的一些散落海岛或群岛。秦汉时期开始，这里的先民就与海洋有着千丝万缕的关系。秦汉以来，尤其是宋、明、清时代，香山就是海上丝绸之路的重要节点，以十字门为标志的澳门，更在清代后期替代广州闪耀出海上丝路最后一段的辉煌。而在沿革上，香山在南宋时期之前，属东莞县辖。南宋绍兴二十二年（1152），因为多为海岛，交通和管理极不方便，以原香山镇为基础，又割南海、番禺、新会三县滨海地，建立了香山县。当时的香山县，包括了现在的澳门、珠海。随着时空的变迁，澳门、珠海先后从香山分离出去了，因为伟人孙中山的缘故，香山县也改名为中山县。今天的中山，虽然原来的浩瀚海洋已经因珠江的千百年淤积成为1800平方公里的土地，让人们难以想起以往的烟波浩渺，然而，当你走进这座城市的每一个角落，当你仔细翻阅这里许许多多的地名，你都很容易找到当年海洋的各种印记。因海岛而建县，这在中国是极少的，在当时也许是唯一的。因此，我们绝不能因为拥有了今天这一片广阔、坚实、肥美的土地，而忘却了曾经的汪洋、曾经的沧桑，无视远处的蔚蓝、远处的召唤。

因为近海的缘故，香山地区历史上出现了两个特殊的群体，他们对中国产生了十分重要的影响。

第一个群体叫作华侨。大概在一千年前，香山就开始有人到东南亚地区创业，到了清代中后期，进入高潮，并逐步覆盖到了北美、南美、欧洲地区。一代一代的华侨筚路蓝缕、含辛茹苦，以勤劳、鲜血甚至生命为当地的开化开发做出了巨大贡献，又为家乡和祖国带来了财富。

据孟虹所著的《中国人在柏林》记载，第一个旅居德国的华人是1792年出生于广东香山县（现在的中山市）的冯亚星（从前根据德文Assing也翻译为"亚生"）。他的父亲是星相家，他的伯父是清朝时期主管广东海关的洋务大臣，因工作之便，认识了许多欧洲船主、船长，而且关系处得挺好，沾伯父的光冯亚星很小时就有机会到那些外国船上去玩，甚至跟着货船到国外去旅游。

嘉庆二十一年（1816）8月3日，24岁的冯亚星登上荷兰船主Lasthausen（一作"Lusthausen"）的海轮，第三次前往欧洲。他先到位于大西洋南部，远离欧洲大陆的圣·赫勒拿岛。这正是一代战争巨人拿破仑经历了滑铁卢之战后的流落之地。冯亚星精通数国语言又善烹调，成为拿破仑的厨师，伴随拿破仑走过生命的最后岁月。

1821年，拿破仑去世后，冯亚星也离开了圣·赫勒拿岛来到伦敦。1823年转去德国，同去的还有他的老乡（兄弟）冯亚学（Haho），成为我国最早到德国的华人。两人来到柏林，住在贝伦街65号。兄弟俩身穿中国服装，在里德里希大街靠表演二胡、中国功夫和中国书法谋生，遥远神秘的东方人和美妙的广东音乐使德国人第一次接触到东方文化，德国著名诗人海涅在给友人的一封信中详细描述了他在观看冯氏兄弟表演后的激动心情。一位德国著名的雕刻家特弗里德·沙多曾给冯氏兄弟画过一副肖像画。画上还包括了兄弟俩的两位德国妻子。现在这幅画像已经成为冯氏家族后代们凭吊宗族的念物了。

"汉学之父"威廉·夏特（Wilhelm Schott）资助冯氏兄弟，与他俩一起研究"汉语语言精髓"长达3年。

1826年，冯亚星和冯亚学在波茨坦出任普鲁士国王弗里德里希·威廉三世王宫的"宫廷茶道师"。这其实是个虚衔，为的是让冯氏兄弟领取与这职务同等丰厚的工资而从事交流活动。1828—1829年，冯氏兄弟将6篇宗教文献翻译成中文。其中《圣经·新约》的手稿至今仍保存在德国国家图书馆中。34岁的冯亚星虽然国内还有原配妻子，但长期分居，1826年4月2日，他与18岁的德国少女克拉拉结婚。他们共生下二子一女。其后代分别居住在德国、西班牙等地，现在已经是第七代了。1829年冯亚星在外漂泊13年后，第一次也是最后一次回到家乡，看望了他在家乡的结发妻子、儿子、孙子。只住了14天，他又一次漂洋过海，继续他周游世界之旅。冯亚星曾在写给友人的信中自豪地写道："……我是整个世界的自由之子，我可以去我想去的地方。"这次，他先后到过伦敦、爱丁堡、利物浦、非洲的好望角、美洲的新奥尔良，然后不知所终。

冯亚星的妻子克拉拉去世后，普鲁士国王为冯亚学在波茨坦建了一座别墅，供他和冯亚星的后代居住，以便照顾。这幢别墅如今还保存着，成为珍贵的中德文化交流见证。

改革开放之后，华侨成为中国进步发展最早的投资主力和慈善主力，给家乡和祖国带来了许许多多先进的理念和文化。目前，香山在海外的华侨华人已近100万人。

第二个群体也与第一个群体有关。因为华侨，香山人最早睁眼看世界，因而产生了以孙中山为代表的一个个伟大的人物，比如第一个留美学生容闳，他促成的官派留学，造就了许多精英分子。比如郑观应，他的商战思想深刻影响了孙中山、毛泽东；比如杨匏安，他在全国最早介绍翻译了《共产党宣言》……香山为中国贡献了政治、经济、商业、教育、文化、军事等各个方面的伟大队伍。这些伟大的人物，这个伟大的队伍，更为中国提供了伟大的思想，这就是以孙中山推翻帝制、振兴中华、民主共和、三民主义为核心的思想。从这个意义上讲，孙中山以及孙中山文化，是中国海洋文化最典型、最杰出的代表。

因海而兴，香山成为中国近代史、近代文化的伟大摇篮，成为中国最早提出"中国梦"的地方。

说到这里，我们要将"香山"改为"中山"来叙述了。

因为近海的缘故，即使在兵荒马乱的年代，中山人也能享受到海洋的好处而比内陆地区日子过得好一些。1929年前后，中山还曾经是全国的模范县。即使在闭关锁国、"三年困难"时期，因为河网纵横，渔产丰富，加上骨子里透出的睿智和勤劳，中山人的生活也不至于衣不蔽体、民不聊生。中山，真是一块福地。

虽然世纪伟人邓小平为经济特区画圈的时候，没有将中山画进去，但聪明的中山人却巧妙地借助近海的优势，借助与珠海经济特区水陆一体、同文同脉的优势，还是将中山建设得风生水起。不久，中山以沿海开放城市的名义完全融进了改革开放的洪流。深谙务实而不保守、开放而不张扬、创新而不浮躁咸淡水文化内核的中山人，以广东省21个地级以上市中最少的土地，创造了经济、政治、文化、社会、生态"五位一体"发展的典范，创造了独特的中山模式、中山奇迹，适宜创业、适宜居住、适宜创新，政治清明、经济发达、百姓富裕、社会和谐、生态优美。在改革开放、市场经济的蔚蓝天空下，孙中山的民生思想在1800平方公里的土地上开枝散叶、根深叶茂，老百姓的脸上洋溢着无比幸福的笑容。幸福中山，和美中山，信然！

今天的中山，是离"中国梦"最近的地方。

因为近海的缘故，经过40多年的改革开放，中山可谓沧海桑田、翻天覆地。然而，中山主要经营的依然还是大陆经济、大陆文化，充其量也只是江河经济、江河文化。

21世纪是海洋的世纪。沐浴着新一轮改革开放春风、浸润着海洋文化灵魂——孙中山文化的中山人民，再一次将目光投向了壮阔的海洋。中山以翠亨村的名义，以孙中山的名义，一个叫翠亨新区的战略应运而生强势迈出从江河时代走向海洋时代的步伐。以翠亨村为地理和人文原点，20公里方圆起步，50平方公里中期、230平方公里远期规划。依托孙中山伟人故里独特的人文优势，围绕城区扩容提质，坚持"科学谋划、从容开发、乘势推进、打造精品"的总体要求，按照"文化引领、生态优先、产城融合、智慧创新、和谐善治"的发展理念，优化城市功能布局，推动产业转型升级，努力将新区建设成为海内外华人共有精神家园探索区、珠三角转型升级重要引领区、珠江西岸理想城市先行区、科学用海试验区。依托"九峰环抱、七水汇集"的生态基底，采取"双轴驱动"的空间发展策略，形成"一湾（逸仙湾）、两轴（新区城市发展轴和滨江景观轴）、两带（滨海森林景观带和五桂山生态景观带）、多组团（新区核心组团、国际旅游组团、转型示范组团、先进智造组团）"的空间发展布局。突出植被茂盛、水系丰富的特色，加大绿化造林力度，实现森林围城、森林进城，形成"青山翠林衬城、碧水绿道融城"的生态格局，将翠亨新区打造成为世界一流的最宜居、最低碳、最现代化的滨海新城。蔚蓝色的天空，蔚蓝色的大海；蔚蓝色的人文，蔚蓝色的蓝图。

深中通道在珠江西岸的登陆点——翠亨新区，是中山未来对接珠江东岸创新资源的一个重要平台。翠亨新区的成立，弥补了中山没有重大战略发展平台的缺憾，引领城市从江河时代向海洋时代嬗变。

向海而强的中山，向海而盛的中山，呼之欲出。

在建设 21 世纪海上丝绸之路的逶迤行列里，中山，正怀抱着大海的梦想，走向更加辽远、更加壮美的蔚蓝色。

香山，中山。是岛，也是山。

岛曰香山岛，山称五桂山——沉香弥漫。

是人，亦为山。人是孙文，山曰孙中山——人文奇峰。从香山到中山，从大海到平原，从"铁城"到都市，因海而生，向海而长。历经 870 年，一部城市的山海卷轴等待我们徐徐展开。

巍巍五桂山，
悠悠大珠江，
袅袅吹，轻轻扬，
岭南第一香。

大唐让你走进药典，
郑和带你出了海洋；
你走过的地方叫檀香山，
你走过的地方叫香港。

岁月让你修成香道，
人文带你上了殿堂；
你美妙的名字叫精气神，
你尊贵的名字叫香王。

啊，香山，香山，
沉香之山，沉香故乡，
岭南第一香。

香了天，香了地，
香在人心上；
半分醉，半分醒，
岭南第一香。
　　　　　——《香山香》

The
Biography
of
ZhongShan

中山 传

第二章　韵味：古道芳香漫古今

五桂山

岐澳驿道襟海陆

中山因伟人而名，香山因沉香而来。

在"海上丝路"的重要节点城市中山，有一条蜿蜒了千年的香山古驿道——岐澳驿道，它作为承载香料贸易的"海上丝路"缩影，依然芬芳在南海之滨、伶仃洋之畔。岐澳古驿道曾是繁荣一时的贸易通道和官道，是连接内地与澳门的纽带和桥梁，由于被葡萄牙占据的澳门是广州的外港，连接的是印度洋和西欧，因此岐澳古道是海上丝绸之路的重要节点。

岐澳古道是在民间挑担的小路基础上发展、演变而来的，它在古籍中被称为南干大道，宋、明时有道路基础，在清初成型。康熙《香山县志》卷一《舆地·形胜》记载澳门经关闸陆行120里至香山县城："濠镜澳：陆行百二十里可至，设关焉。"同卷《舆地·县全图》清楚描绘南干道自香山县城南门桥出发，经迳顶—雍陌—唐场—前珑—古霍（今中山古鹤）—介涌（今珠海界涌）—南大涌—翠眉（今珠海翠微）—香山寨—白石村，过关闸抵濠镜澳。路面宽约2米，全程约70公里。

从16世纪中叶起，澳门逐渐成为中国了解西方的一个重要窗口，并发展成为东西方国际贸易的中继港。从香山县城石岐出发，沿香山古驿道仅需一日便能抵达澳门，人员、资金、货物开始通过香山古驿道在石岐和澳门之间流通。香山古驿道成为官府主导修筑、官民共享、往来于香山县城与澳门的官道。

据史料记载，清咸丰七年（1857），香山古驿道得到重修，路面由花

岐澳古道

岗岩石条铺砌。一直到民国二十五年（1936）岐关公路通车，岐澳古道始废，此后民间作为步道使用，仍延续了比较长的时间。

香山古驿道遗址大部分位于五桂山境内。五桂山石莹桥附近保留有宽近2米、长达500米、由花岗岩石条铺砌的石阶。五桂山区现存古道使用有花岗岩、石英岩和片麻岩三种岩石，建筑工艺考究，部分古道已湮没在浮土、草木之下。

初步调查显示，包括古驿道路基在内，沿线散布着云迳寺、桂峰茶亭、通衢土地庙遗址和李信义堂、石莹桥路界止、许真君格言、郭宅税山、何府税山石碑等近10处历史文化遗迹，具有较高的历史人文价值内涵。云迳寺最早有文字可考的历史是清代嘉庆二年（1797），距今约200年，是一座佛教寺庙，也是岐澳古道五桂山段最重要的文化遗存。

伟大的革命先行者孙中山诞生于离古道不远的翠亨村，至今在孙中山故居的门前仍可以看到一副对联"一椽得所，五桂安居"，由此可见孙中山在文化和地理上对五桂山十分认同。孙中山的父亲孙达成年轻的时候在澳门谋生，少年时代的孙中山经常随父兄通过香山古驿道来往于香山与澳门之间。1912年5月27日，辛亥革命胜利后，孙中山先生曾从澳门经岐

26

澳古驿道返回家乡翠亨村。民族英雄林则徐于 1839 年 9 月 3 日以清朝钦差大臣、两江总督的身份，在湖广总督邓廷桢的陪同下，经由香山古驿道对澳门进行了巡视，查禁鸦片，饬令盘踞在澳门的欧洲鸦片贩子停止残害中国人民的毒品贸易，这是中央政府第一次对澳门宣示主权，林则徐禁烟在近代史上具有伟大的爱国主义意义。因此岐澳古道也是一条国家统一之路。中国近代杰出的启蒙思想家郑观应，号陶斋，出生于香山古驿道的必经之地雍陌村，著《盛世危言》等思想巨著，其思想对后来的孙中山、毛泽东等都产生了巨大的影响。据现场勘测，古道云迳寺茶亭遗址附近有一块"许真君格言"石碑，上书修身格言，落款为"郑陶斋恭勒"，即是郑观应所刻。澳门同胞有 40% 祖籍香山，其他也多来自新会、台山、恩平等五邑地区，大多也是通过岐澳古道抵达澳门谋生的。

岐澳古道走过了林则徐、郑观应、孙中山等历史名人和众多的香山俊彦，也是一条中华文化的传承之路。在提倡"一带一路"和深化粤港澳交流的大环境下，连接澳门的岐澳古道保留了大量粤澳合作交流的记忆和历史文化遗存，是深化粤港澳大湾区合作交流的重要平台。

一座芬芳氤氲的城市

最早的时候，香山是香山列岛，为扬越地。

前 214 年（秦始皇三十三年）秦统一岭南，将岭南划分为桂林郡、南海郡、象郡三郡，当时香山属南海郡。757 年（唐至德二载），香山设镇，属东莞县。1082 年（宋元丰五年），广东通判徐九思用进士梁杞言，请建香山为县，未获得批准。1152 年（宋绍兴二十二年），东莞县令姚孝贤请于朝廷，改镇为县获准，遂割南海、番禺、东莞、新会四县部分地域建香山县，属广州府。这个时候的香山县包括了今天的珠海和澳门。1925年，为了纪念孙中山先生，香山改名为中山。香山为什么叫香山？明代嘉靖年间编的《香山县志》曾对香山的取名说法做了注释："旧《志》云：以地宜香木得名，今按县地产香木绝少，岂以香炉山之故欤？"由此可知，香山得名于隋唐之前，是因盛产沉香而得名的。以沉香命名一个地区，这在国内应该是唯一的例子。沉香是一种常绿乔木，高可达30米，野生或栽培于热带海拔400米以下地区。国外主要分布于东南亚和中南美地区，在中国除了有引种国外的树种外，在广东、海南、福建、台湾等地则以本土的白木香为主。在香山境内，有一座五桂山，方圆300里，海拔530多米，自古就生长着大量的白木香。不知道从什么时候开始，这里的人们发现，白木香自然结脂形成的沉香，竟然是十分奇妙的中药。这和《本草纲目》中的记载完全一致："沉香，气味辛，微温，无毒主治：风水毒肿，去恶气；主心腹痛，霍乱中恶，邪鬼疰气，清人神；调中，补五脏，益精壮阳，暖腰膝，止转筋吐泻冷气，破症癖，冷风麻痹，骨节不任，风湿皮肤瘙痒，气痢；补脾胃，益气和神。治气逆喘急，大肠虚闭，小便气淋，男子精冷。"自从发现了沉香，尤其是发现了沉香的药用价值后，这里的名气就顿然传了开来，久而久之，人们干脆就叫这里为"香山"了。据历史记载，在隋唐以前，这里就是著名的沉香生产地了，沉香已经成为一种道地药材，并且有专门从事种植、养护、采收的"香农"。然而，在当时，乃至后来，这里的沉香都一直被叫作"莞香"。道理很简单，因为当时香山属东莞县管辖，所以不管是上贡朝廷，还是销售和出口、与郑和一起"下西洋"的沉香，都叫作莞香。当然，这些沉香也包括东莞本土、珠海、澳门，以至惠州、深圳宝安等地的产品。但是，莞香的主产地应该是香山地区，也就是五桂山地区。每年，香农们把采收后的沉香交到政府专门设立的收购地点"香山场"，即今天珠海的山场一带，集中包装好的沉香都运到今天的珠海"香洲"等候装船，运送到伶仃洋对岸的港口集散，此地至今都叫作"香港"。具体运香上船的地方叫作香埠头，船户避风居住的地方则称为香港围。这些冠以"香"字的地名，都是当年沉香种植采收、装船运送以及进贡朝廷、出口国外的印证，更说明了香山地区确实是沉香的主产地。还有，据说美国檀香山这个名字，也与香山的沉香有关呢。只可惜，当年香山从东莞独立出来成县，香山的沉香却至今都未能独立成名。

沉香重新走进人们的视野，重新引起各界的重视，这既是历史钩沉，也是价值再现，既有助于生态建设，也对人文回归有利。现在，在中山的五桂山，依然生长着国内最多的古沉香树，这些原生态的古沉香树，已经全部登记在册，实行重点保护，包括唐代的"古香林寺"，也已经开始修复利用；而新种植的一畦畦沉香树，则生机勃勃、郁郁葱葱；不管在城市，还是在乡村，一缕缕的沉香馥郁，总是悄无声息地袅娜着、蔓延着。如果你有机会走进中山的五桂山，或者就在城市的路边，你会看见这样一片片、一溜溜的树林，树干高高的，不瘦不胖，树皮暗灰色，平滑而低调；椭圆形、卵形或倒卵形的绿叶，不密不疏。看见她，让你总会想起"玉树临风"这个词。这种文人味十足的树木，就是白木香，也就是中山的土沉香了。而当你走进中山的大街小巷，或者是乡间巷陌，你总会感觉到一种特殊的香味，若隐若现，时浓时淡，平时接触的那些袅袅的香烟是看不见的。沉香的香味，比她的树形还要低调，然而，是一种可沁入你的心灵的香。在我看来，沉香是一种美妙而神秘的香。她可以延绵昨天、凝聚今天、对接明天；可以洗濯身体、浸润心灵、提升生命。啊，沉香，这岭南的绿色倩影，这岭南的美丽精灵，这接通天地人的袅袅之魂，正迈着古朴而轻盈的步伐向我们走来。

最少1000多年以前，香山的名字就已经闻名遐迩了。据清朝《太平寰宇记》记载，香山境内的五桂山多产奇异花卉，香溢数十里，故名香山。而最重要的是，五桂山盛产沉香，从唐代开始就是重要的"贡品"，明代更成为海上丝绸之路中国对外交易交往的珍品，只是当时因香山隶属东莞而称"莞香"。因此，南宋绍兴二十二年（1152）这个地方从东莞县分离出来时，成立的政邑就叫作香山县。

沉香乃佛香之最。佛香成为联系人与佛的媒介，通过虔心焚香设拜，可以上达天听，下及幽冥，感应道交，不可思议。

释迦牟尼佛是大孝之子，为了救度其母亲，曾上忉利天说法度生。天上一日，地上数千年，众弟子担心佛陀远离地球上的生命，就以焚旃檀沉香为信物，上达天听，礼请佛陀回到人间。从此，佛教徒便开始了烧香拜佛的习俗。沉香与佛事密切相连，是最典型的"佛香"。可以说，从一起源，香山就是一个佛事浸润的地方了。因了沉香，香山与佛的关系可想而知。怪不得佛喜欢住在香山呢。香山的佛事，自然先从这里的土民开始，从生于斯、长于斯的香山先民开始。之后，香山的佛事，还以贡品的名义循着皇天后土上至皇室庙堂，以礼品的名义沿着海上丝路远播海外。而这也正是香山佛事的荣耀和独特之处。正因为有"香"，先民们就有了冥想、有了寄望，因此也就有了"古香林"，有了"古香林寺"。位于中山古香林山巅的古香林寺，始建于唐朝贞观年间，迄今已有1300多年的历史。

传说唐朝有一位一品官夫妇两人到县境内五桂山的古香林山建简易的寺和庵各一，男的改法名正传，女的改法名正机，分住寺庵传教，使香林寺成为盛极一时的佛门圣地。令人嗟叹的是，几经兴衰，昔日的名刹，如今只剩下残垣断壁及少许遗存的文物古迹。令人可喜的是，从现在开始，重修"古香林寺"的"佛事"已经顺利展开，昔日的佛门辉煌又将重现我们眼前。

"古香林寺"虽然过早地湮灭了，但香山的佛事并未停辍过，香山的佛香也并未熄灭过，尤以明清及民初为盛。而现如今，西山寺、白衣古寺、报恩禅寺等，依旧佛事繁忙、佛香鼎盛。而在珠海，巍巍的黄杨山下，因抗元复宋而建造"金台精舍"，进而在清乾隆壬辰年（1772）扩建而几经起伏的金台寺，随着改革开放的春风吹拂，如今又凤凰涅槃，佛名远扬。坐落在凤凰山下的四大佛山旅游风景区，重现了中国著名的四大佛教名山——浙江普陀山、安徽九华山、四川峨眉山、山西五台山的主要建筑物及名胜。景区内的古建筑艺术精湛，殿堂黄墙黛瓦、飞檐翘角，佛像雕像造型精美，姿态雄伟。钟楼悬挂着的重达7000斤的"大吕铜钟"堪称一绝，叩之其声轰鸣，余音绵绵。其佛事可谓魂牵佛祖、脉连神州。

再说说澳门。由于特殊的地理和人文因素，澳门的佛教信徒之多之广，远超中山、珠海两地，然而其最突出的佛事，是将"佛事"做回了民间，将佛香做出了海外。澳门是明清时期中国最重要的海上中转地，是海上丝绸之路的重要节点，因此其"佛事"跳出了敬畏大陆而转向崇拜海洋，因此就有了妈阁庙。初建于明弘治元年（1488）的妈阁庙，距今已有500多年的历史。所供奉的女仙妈祖，又称"天后娘娘""天妃娘娘"，人称能预言吉凶，常于海上帮助商人和渔人化险为夷，消灾解难，于是澳门人在现址立庙奉祀。妈祖的原身是真人，虽然妈祖女仙属道教范畴，但在宗教活动以及日常生活中，澳门人明显已经将佛事也泛化其间。由此可见澳门佛事的民间化、实用化，佛事的氤氲，也由此更为弥漫了。佛，一直以来就住在香山，从来没有离开过。香山，确实是一座佛香之山。诚然，信然，敬然！香山伟人孙中山先生曾说："佛教乃救世之仁，佛学是哲学之母，研究佛学可补科学之偏。"中山人当下所做"佛事"，所奉"佛香"，无论于宗教、于哲学，还是于人文，不管对佛住香山，还是佛住中国，以至佛住人类之心，都极具意义，可谓功大莫焉。善哉，善哉！

中港香缘一线牵

无论是谁，一听到香港这个名字，一定会怦然心动，也一定会去猜想，这么美好的名字，一定也会有着一个美好的来历吧。

确实是这样。只不过香港名字的来历，一直众说纷纭，莫衷一是。最权威的说法，应该是"香港百科"上的记载了。

"香港百科"条目上说：宋代以前，香港是海上渔民捕鱼歇息的地方。宋元以后，岛上有个小村，叫"香港村"，为转运南粤香料的集散港，香港因此得名。关于"香港"地名的由来，有几种说法。其一，据说"香港"当时只是指今天香港岛上的一个小村落。这座小村落靠近大海，村里有一条小溪流注入大海，形成了一个天然的港湾。溪水甘香可口，海上往来的水手经常到这里来取水饮用，久而久之，甘香的溪水出了名，这条小溪，也就被称为"香江"，而香江入海冲积成的小港湾，也就被称为"香港"。有一批英国人登上香港岛时就是从这个港湾上岸的，所以他们也就用"香港"这个词来命名整个岛屿。直到今天，仍然有人用"香江"作为香港的别称。其二，香港的得名同香料有关。那时，香港这座小岛在行政上隶属广东东莞。从明朝开始，香港岛南部的一个小港湾，因为转运产在广东东莞的香料而出了名，才被人们称为"香港"。据说那时"香港"转运出去的香料，质量上乘，被称为"海南珍奇"，香港当地许多人也以种香料为业，"香港"同种植的香料一起，声名大噪，也就逐渐为远近的人们所认可。不久这种香料被列为贡品。可后来，村里人不肯种植了，皇帝便下令杀了族长，村民们四散逃走，香料的种植和转运也就在香港逐渐消失了，但香港这个名称却保留了下来。其三，香港的得名同一个名叫香姑的女人有关。据说香姑是一个海盗头目的妻子，丈夫死后，她继续在这座小岛上拉起人马占岛为王，"香港"就是"香姑的港口"的意思。这种说法，看来有些离奇。尽管有许多不同的说法，但可以大致肯定的是，"香港"这个地名最早出现在明朝，它最初是指今天香港岛上的一个小港湾、小村落，后来才扩大为对整个岛屿的称呼，最后，到了20世纪初，才成了被英国殖民主义者占领的整个地区的统称。对于以上三种不同的说法，多数人赞同第二种，认为"香港"是因转运香料而得名，不过，三四百年前鼎盛的制香、运香业，除了给香港留下一个芬芳的美名之外，到今天已经没有其他什么痕迹了。

多数人赞同第二种说法，这是对的。首先，这种说法符合民间的风俗和习惯，因为沉香是吉祥的信物，它可以连通天地人三界；其次，沉香通过香港转口，确实是一个真实的历史，是一个客观的存在。只是，这一历史事实需要有所补白。在古代，今之香港、深圳、中山、珠海、澳门及东莞市本土都属古代东莞县范围。东莞自古产沉香，所产之香为莞香，能沉于水底为上品，故称"沉水香"，简称沉香。莞香树，别名牙香树、女儿香。据《中国树木分类学》记载：牙香树，别名女儿香、莞香（广东东莞）。而古代东莞县属下的区域盛产莞香，因而，这些地区在唐宋以前已出现了与香有关的一系列地名，如香山、香山场、香洲、香港、香港仔、香埠头、香港围等。有资料介绍：隋唐以前，东莞就是沉香的著名产地，每年有大批"莞香"进贡朝廷，或者作为与他国交往的名贵礼品。

这些冠以"香"名的地名都印证了当年沉香种植采收、装船运送以及进贡朝廷、出口国外的说法。因运香贩香而闻名，石排湾这个港口便被外国人称为"香港"，即"香的港口"，后来，"香港"更成为整个海岛的名称。当时东莞县属下的香山岛是莞香的主产地，香山因盛产沉香而得名。南宋绍兴二十二年（1152），香山地区从东莞县独立出来，名香山县，地域包括了今天的中山、珠海和澳门等。行政体制是独立出来了，而香山所产沉香，则未能独立成名，一直以莞香之名代替和包含。直至近年，中山人才突然醒悟过来，开始为香山所产沉香正名，名曰"香山香"。今天，全中国的古沉香树仅存8万多棵，其中中山的五桂山就占了4万多棵；中山还新种植了600多万棵的沉香树，拥有了全国最好的现代结香技术，沉香产业和沉香文化发展如火如荼、方兴未艾。可见，香港的名字是因香而生、因香而名的。而这个"香"，说到底应该是香山的香，是香山的沉香。这，就是香港与香山的渊源之所在，就是香山与香港的缘分之所在。因了这个"香"，香港与香山的情缘，犹如沉香一样，袅袅娜娜，延绵不断，芳香溢远，心有灵犀，天地人间，根脉繁茂。

香港与香山，一衣带水，同文同脉。多少动人故事，在两地发生；多少英雄儿女，在两地成长。从孙中山，到李东海、郑耀宗、郭炳湘、吴思远、谭惠珠、蔡冠深，香山地区为香港培养了经济、政治、文化各界豪杰；从先施百货，到太古洋行、李锦记、新鸿基、英皇集团、新华集团、雅居乐，香山人为香港做出了多少杰出贡献；从霍英东建设内地第一间温泉酒店，到投资办企业、捐资兴学建医院、做公益慈善，多少香港人为香山地区的改革开放、繁荣发展铸就了高高的丰碑……香港、香山，珠江、香江，以"香"的名义，以咸淡水的身份，从襁褓相望、两小无猜，到相亲相爱紧密无间，同舟共济、共筑辉煌。

走过百年风雨沧桑，今天的香港已是晴空万里、满眼阳光。东方之珠，紫荆盛放；狮子山下，百舸远航。而香山，则以伟人故里、经济特区、特别行政区三个角色各自走出苦难，迈向远方，如今是繁荣昌盛、鸟语花香。香港与香山，以"香"的名义，又探寻起"香"的水土人文，钩沉起"香"的无限遐思，托举起"香"的未来梦想。

"香山香"自五桂来

近年来,随着中山五桂山沉香特色小镇建设步伐的不断加快,沉香产业蓬勃发展,沉香文化越来越受到业内人士和社会各界的重视,沉香历史文化、产业文化、养生文化逐渐成为五桂山一张亮丽的文化名片。

中山古称香山。相关历史资料证明,岭南沉香的主产地就在香山的五桂山地区。中山五桂山的土沉香资源虽然历经磨难,但因为有当地香农的悉心保护,至今仍遗留有不少野生土沉香。此前中山市林业局通过对全市野生土沉香资源清查发现,中山市野生土沉香集中分布在五桂山桂南一带,野生土沉香数量约4万株,占全国储量的50%以上。在种植土沉香方面,五桂山区域的土沉香人工种植量为600多万株。2011年中山市被中国林业部产业协会评为"中国沉香之乡"。

据了解,已有香农与中山本地的企业建立了合作关系,成为这些企业的沉香原料供应商。除供制药外,部分企业已开发出了沉香茶、沉香酒、沉香洗发水等沉香系列衍生产品。

中国沉香产业近年来发展迅猛,中山市作为"中国沉香之乡",沉香主产地五桂山乘势而上,正在全力打造"五桂山长命水沉香特色小镇"。目前,五桂山土沉香生产与制作技艺已被中山市人民政府列入中山市第七批市级非物质文化遗产代表性项目名录,成功申报成为"非遗"代表项目,为沉香特色小镇的健康发展再添助力。此外,五桂山还成功取得了由国家知识产权局颁发的"香山香"第20类(沉香)商标注册证,迈出五桂山"沉香特色小镇"品牌建设的重要一步。

五桂山正全面启动沉香行业标准制定,"2018年全国沉香产业发展高峰论坛"将于年底在五桂山举办,业内大咖云集,将进一步扩大沉香特色小镇的影响力和号召力。如今,五桂山还兴起了一些以沉香为主题的文化场所，如沉香主题酒店、沉香国医馆等。这些场所广泛使用沉香作为保健、洗浴、食用以及装饰材料，将沉香的使用价值发挥到了极致。

近年来，五桂山从事种植、结香以及沉香文化传播的人越来越多。目前，沉香的深加工产品已达 30 余种，在制药、日化、日用产品中，沉香已被广泛应用。

早在先秦时期，香料就被广泛应用于生活中。从士大夫到普通百姓，都有随身佩戴香囊和插戴香草的习惯。人们在香烟萦绕中净化心灵、感悟生活、寄托情思，大大丰富了香料在日常生活中的运用。

目前，中山以五桂山为核心的沉香产业已初具雏形，未来沉香文化和沉香制品将更多地走进市民的日常生活中。五桂山一些沉香骨干企业也在积极尝试以推广沉香文化为目的面向大众，开设沉香体验馆，传播香道文化通过开办香道培训班、沉香展览展示、微信网络传播等渠道，将沉香知识和沉香文化越来越多地推广到普通市民阶层。

有专家介绍，许多市民知道沉香可以做成中药和香料，但不知道沉香也能和食物结合，可以制作出独具特色的食材，目前，已有五桂山沉香企业专门开发出了"沉香宴"。"沉香宴"不仅有香薰营造环境氛围，还有沉香茶、沉香酒、沉香鸡、沉香菇等多种沉香美食。

五桂山寿星塘村内建有沉香园，占地约 150 亩，是中山首个集沉香文化体验、科普教育、休闲观光、食疗养生、产品展示于一体的沉香公园，也是中国唯一一个以沉香为主题的特色园区。

2018 年，由中国林业科学研究院、北京中医药大学等单位组成的专家评审团对中山市沉香协会送审的《沉香鉴定及质量分级》团体标准进行质询，最终，评审团一致认为该标准已经达到国际领先水平。这标志着，"中山标准"将成为全国行业标杆，它是更加精细化的标准。同年，中山市获得了由国家知识产权局颁发的"香山香"第 20 类商标注册证，区域品牌建设迈入了新的阶段。

五桂山正乘着建设沉香特色小镇的东风，发展沉香产业，弘扬沉香文化，将更多质优物美的沉香产品奉献给公众。

  穿越山河，衔接海陆。
  香路、商路、丝绸路，蜿蜒了多少个世纪，抵达小康。
  风也罢，雨也罢。中西文化、经贸交融的驿站仍然在。
  由北往南，从岭南水乡到澳门，
  岐澳驿道老旧了记忆，无数的先贤与几百条中山路还记得：改革、开放、复兴。

中山传

The Biography of ZhongShan

第三章 英魂：碧血丹心照汗青

五桂山啊，英雄山
俯瞰伶仃洋，
站在珠江畔，
一座峰峦立万古，
五桂山啊，英雄山。

心中常记盛世危言
建国方略响彻云天；
山上山下唱起《国际歌》，
东西南北展开游击战。
森林树木站起无数战士，
千沟万壑都是葬敌深渊。

站起是父亲，
躺下母爱暖，
南海屏障硬脊梁，
五桂山啊，英雄山！
　　——《五桂山，英雄山》

珠江纵队旧址

香山自立县以来，作为濒临南海的一座城市屡遭外侮来自海上的侵扰。为维护民族独立，保一方安宁，中山人民与外敌展开了殊死博斗，碧血横飞于伶仃洋、游击抗日于五桂山。在推翻清朝帝制建立共和的辛亥革命中，中山人民高举义旗，紧随孙中山先生的脚步。千万颗丹心烛照800多年历史长河，其可歌可泣的英雄事迹一直激勉后人敢为人先，珍惜和平，守望繁荣，逐梦而行。

马南宝起兵勤王

马南宝，一个不能不说的英雄的名字。

马南保原籍河南开封。宋南迁时，先祖普来广东知新会事，举家定居新会城。后其曾祖徙居香山沙涌（今南区沙涌村）。家道富裕，读书好义，尤工诗词。

宋景炎二年（1277）十月，端宗自潮州浅湾被元兵追逐，航海避敌经过香山境，十一月，马南宝献粮千石以饷军，获得端宗敕奖，召拜为工部侍郎。此时，丞相陈宜中、少傅张世杰、殿前指挥使苏刘义奉帝进驻沙涌，以马南宝家暂作行宫。南宝劳瘁备至，守卫严密，元人不得而知。数日后，元兵攻陷广州。诸将召募潮居里（黄梁都，今珠海斗门赤坎一带）乡民数百人勤王，马南宝献酒对各位将领说："痛饮黄龙府在此行也"，并高唱岳飞《满江红》词，慷慨激昂，互相鼓励，闻者无不为之感动。

宋祥兴元年（1278）春，都统凌震光复广州，南宝赋诗志庆。此时，宋帝舟于硇洲，帝疾病发作，四月驾崩。张世杰、陆秀夫护立卫王赵昺即位，号祥兴，同时退走到崖山（今属江门市新会区），派曾渊子充任山陵使，奉端宗遗体还殡于南宝家，用伪作之灵柩出葬，南宝雇人于寿星塘作五处疑冢，掩蔽真相，后人称为宋端宗疑陵，其实遗体葬于崖山永福陵。

马南宝欲随往崖山，但因要护帝拥军而止。帝昺撤出沙涌时即随军前往崖山督办军营等，完工后因病返家。宋祥兴二年（1279）二月，宋、元两军决战于崖山，宋军溃败，陆秀夫负幼帝昺投海而死，张世杰力战，舟沉而殁，宋亡。马南宝日夜悲泣不食，隐匿不降，曾作诗哭祥兴帝："翔龙宫殿已蓬飘，此日伤心万国朝。目击崖门天地改，壮心难与海潮消。黄屋匡扶事已非，遗黎空自泪沾衣。众星耿耿沧溟底，恨不同归一少微。"后潜伏潮居乡再组织义师，听闻陈宜中奉帝犹存占城，于是与招讨使黎德、梁起莘起兵运粮往迎车驾，梁起莘反叛降元，黎德与南宝讨伐叛军，战败，南宝被捕不屈英勇殉节，年仅36岁。当地人暗中收其尸，葬于小赤坎鳌鱼岗（今珠海市斗门东北黄杨山麓）。

中山的"三元里抗英"

这是比广州三元里抗英还要早两个月的抗英斗争！

1839年，林则徐下令禁烟后，中山渡头江段上添置了沙涌炮台及湖州炮台。1841年2月21日晚，英军袭击渡头村。

渡头村民雷兆成、雷成星及刘妹（雷成星妻子）率村民英勇抵抗。但因为势单力薄，这次战役渡头村牺牲14人，重伤5人，轻伤20多人。这就是香山县抗英有名的"湖沙渡之战"。2月22日,香山县令吴思树率领水师惠昌耀等多名官员,策马到渡头村向牺牲者及受伤者家属抚慰,称赞渡头村为"英雄村"。渡头村民抗英斗争比广州三元里村民抗英斗争还早两个多月。

虽然历史对此只记录了寥寥几行字,并未留下太多的细节,但留下了中山人民不畏外敌、向死而生的民族大义。

百年之后,同样在这块土地上,同样是雷氏兄弟,他们用这样的大义精神和生命书写了抗击日寇的英雄故事。

那是1939年10月5日,日前突袭大涌墟场后的日寇先头部队在汉奸的带领下,乘坐10只橡皮艇和小炮艇进犯环城地区。遭到寮后的县兵及该村的更夫、青年等的奋勇反击。村中县兵排及渡头的抗先队(抗日先锋队)、自卫队以及教师、群众一边组织力量抵抗,一边组织人员疏散群众与学生。最后把日寇引出村外,老百姓也安全转移。在战斗中,雷三胜、雷禄两位烈士英勇牺牲,英名载入史册。

香山起义

1911年孙中山领导的辛亥革命爆发,结束了中国2000多年的君主专制统治,在政治上、思想上给国人带来了巨大解放,民主共和理念从此深入人心。为配合辛亥革命,1911年11月6—7日,在武昌起义推动下,一直追随孙中山从事革命活动的香山大涌安堂村人林君复和濠头村人郑彼岸等领导了香山起义。香山起义早在1910年秋就开始筹备:林君复、郑彼岸、林警魂、林了侬、谢英伯等,在澳门成立同盟会南方支部革命统筹部澳门总支部,负责策划香山起义。他们租用澳门南环街41号房为策动总机关，以大埗缆高楼为宣传机关，二龙喉张园为联络各界民众的场所。同盟会南方支部革命统筹部决定林警魂、林寿华等留澳联络会党，由郑彼岸、萧聘策反清朝驻前山的新军及统带郑之宝巡防营，并运送军械，郑彼岸、萧聘进入县城石岐便联络民间武装力量，发动各方军队起义。1911年8月，林君复、郑彼岸、莫纪彭、林警魂等在澳门南环街1号召开紧急会议，根据孙中山的指示，决定策动香山起义。会议详细研究和周密部署了起义行动计划，如编制了革命者的接头暗号："从哪里来？""中国人。""什么职业？""办中国事。"武昌起义消息传来，各方奔走相告，并按原计划分工，积极行动，不久有消息传来，说有大批弹械将在11月1日运抵香山，于是定于11月2日举行起义，但到了11月1日，弹械尚未运到，起义不得不改期。11月4日，李就成提前在小榄起义，当日占领小榄。在林君复策动下，驻守前山的新军营长任鹤年部起义，5日占领前山。同时，隆都、良都民军也联合行动。香山协镇马德新率兵前往小榄镇压，统筹部决定趁马德新离开石岐县城驻军削弱的时机，于11月6日举行起义，占领石岐。当时，香山起义军3000多名官兵兵分三路，分别从隆都、良都、前山进攻石岐。

一路民军由隆都豁角出发，6日10时左右抵达隆都码头，渡过石岐河后，由胡劲子、杨峰海、郑仲超、杨军海等率领先头部队沿途大声疾呼，安慰商民。义军经过孙文西路上的十八间商铺，进入石岐西门，清军毫无抵抗。11时左右，义军直捣县署，到达考棚时，县署有一卫兵狂奔而出，喝令不止，义军遂将其击毙，知县覃寿堃投降。二路民军由李君直、杨应奎等率领，由良都十八乡进入石岐南门，占领协镇衙门，守门巡防营管带张德润不肯投降，也被义军打死。到下午4时，萧楚壁、林了侬率兵30余人，乘"香安轮"号船前往港口布防。5时许，刘星拱率兵入驻县衙。其他义军驻悦来街游击队办事处，协商下一步行动。入夜后，义军在狮子街的高家祠召开绅商及各界人士安民大会，数百人参加。11月7日早晨，林少瑜乘"香安轮"号船出巡，在港口外与马德新回攻石岐的部队相遇，迅速将马德新擒获，带回县城，关押在协镇署中。三路新军由林警魂、任鹤年等率领，于11月7日下午由前山开赴石岐；梁义华、梁大振也率领民军数百人由斗门到达石岐。几路大军在石岐会师后整编成立香军，推举任鹤年为司令，何振为副司令，莫纪彭为参谋长，叶夏声为秘书长。11月8日，任鹤年率领的新军及黄普明率领的游击队、梁义华率领的民军开赴广州西关，支援广州起义。不久，黄普明受胡汉民命为北江宣抚使，宣抚北江一带，任鹤年率香军北上南京，归最高统帅部指挥，香山起义后，随即成立香山临时军政府，设民政部、军政部、财政部、招兵局。9日成立香山同盟会持正团，公开推举汪文炳为民政长，全权料理县务。1912年1月，由香山同盟会持正团推荐、经广东省都督府批准，林寿图任香山首任县长，梁鸿洸为水陆统领，同时成立了香山首届议会。

敌后抗日旌旗飘

抗日战争时期，中山人民高举抗日旗帜，英勇杀敌，前仆后继。在横门保卫战、崖口伏击战、粉碎日伪"十路围攻"等艰苦卓绝的战斗中，以珠江纵队为主力的抗日力量，不仅打破了"皇军不可战胜"的"神话"，而且重创日伪军，有力地牵制了日、伪军数以万计的兵力，成为珠三角地区敌后战场的一面旗帜。珠江纵队在打击日伪军的海战、与澳门同胞的统一战线方面战绩十分突出。

1. 横门保卫战

抗战期间，中共中山县委在综合分析中山各派政治力量和倾向后，按照"利用矛盾，争取多数，孤立和打击最反动的、最顽中立衰带，孤立林卓夫、吴康楠等顽固势力，顽固的分子"的斗争策略，团结、争取县长兼县守备总队总队长张惠长，揭露他们的反共阴谋。这一斗争策略对建立抗日民族统一战线、挫败顽固派发动的反共逆流、推动中山的抗日斗争起了很好的作用。

1938年11月，广东青年抗日先锋队（下称"抗先"）筹备成立中山县队。为争取国民党当局开明士绅和上层人士参加抗日，中共中山县委决定推选张惠长为抗先中山县队队长。此举获得国民党中山县政府和张惠长的同意，张惠长还同意每月拨出法币100元作为抗先经费。1938年12月9日，即"一二·九"运动爆发三周年之际，广东青年抗日先锋队中山县队成立。全县队员发展到3000多人，是全县规模最大的群众性抗日团体，也是全省抗先人数最多的县队。

1939年7月24日上午8时，日军在飞机、火炮掩护下，在横门沿岸登陆。横门位于珠江口西南面，包括横门岛、横门口、横门水道，距石岐25公里，是珠江出海口八大门之一，也是中山县水上交通的咽喉。面对日军的进犯，中共中山县委主动同国民党中山县当局合作，共商保家卫国大计。县委副书记梁奇达撰文《紧急声中保卫中山的任务》，号召群众来抵抗抢滩登陆的侵略者。横门保卫战期间，中共中山县委和四区区委领导的武装集结队、别动队在指导员谭桂明、副队长杨木的带领下上前线协同守备队作战。中共中山县委以抗先的名义，以县、区两级党组织的领导成员为骨干，成立横门前线抗日前指挥部，总指挥孙康，组织部长叶向荣，宣传部长阮洪川，总务部长欧初。在各区紧急动员了1000多名抗先、妇协会员，组成宣传队、救护队、担架队、运输队、慰劳队等开展紧张的支前工作。张家边、大环至珊洲坑、李屋边一带的群众纷纷主动加入战地后勤服务。

24日，日军一部曾占领横门岛上的七坎、马鞍山、矮山；另一部登上横门沿岸部分地域。中山抗日军民英勇战斗，至下午将敌击退。次日，数百名敌人在飞机、大炮掩护下，向驻军横门的中山守备队防线发起7次进攻，仍不得逞。26日，敌军铁拖、舰艇增至20多艘，仍以飞机大炮掩护，分兵向猪乸咀、芙蓉山、玻璃围三路进犯。驻芙蓉山守备队伤亡惨重，第七中队被冲散，弃守猪乸咀防线，罗得标中队被困，敌军占领了仰天螺，包围瑞生围。27日，县长张惠长亲赴前线指挥守军反攻仰天螺、瑞生围，集结队、别动队积极配合。

7月31日下午4时，敌军突然出动多架飞机，向处于第二道防线的二洲、大王头、大环、小隐等处轰炸，以猛烈炮火掩护其在沿岸的步兵撤退。这次战役，日军伤亡近100人，一艘运输舰在玻璃围附近水面触雷沉没，在全县军民的共同努力下，横门保卫战首战告捷。

9月7—20日，敌军再犯横门，炮轰芙蓉山、玻璃围，摧毁沿江工事，再次以飞机掩护敌兵登陆，先后占据白米山、大尖峰、东利涌、灰炉涌、大王头、横山、下旗山、玻璃围、珊洲等地。中山抗日军民齐心协力，共御外侮。驻守横门的中山守军英勇奋战；抗先队员和妇协会员结队赶赴前线服务。

横门前线抗敌守军兵力虽有所加强，但考虑到敌我力量悬殊，苦战数日，予敌较大杀伤后，便退出横门前线。13日，敌兵千余人在飞机、大炮掩护下进犯三仙娘山，守军与之激战至下午3时，毙伤敌兵200余名，成为横门作战以来最大之战果。

14日，敌军以1500余人再犯三仙娘阵地，并轰炸沙边、张家边、窈窕、大环、西桠、江尾头等乡。中山守军苦战至下午2时，一直坚持战斗，并击落敌机1架。15日起，守军分向珊洲、下旗山等敌军据点反攻，毙伤敌兵10余名，缴获无线电机1台。20日，敌军出动1500人，以飞机10余架助战，进犯小隐、大环，继分三路犯江尾头。该线守军守备第九中队士兵在共产党员缪雨天的率领下奋勇抗战，击退敌兵4次冲锋，先后夺回大环、小隐、黎村、二洲等据点。日军失利后不敢恋战，于下午5时30分后留下一部在大王头设营固守，大部分兵力撤回海上。此次苦战14日，全县军民合力抗击来犯之敌，又获得横门战斗的第二次胜利。两次横门保卫战获胜，打破了"皇军不可战胜"的"神话"，极大地鼓舞了人民抗日的斗志和信心，拉开了中山抗日武装斗争的序幕。

2. 崖口伏击战

在《西行漫记》（原名《红星照耀中国》）里，该书作者埃德加·斯诺不止一次提到了红军的号手。1936年秋，美国记者埃德加·斯诺在我国西北革命根据地陕甘宁边区实地采访，埃德加·斯诺和海伦·斯诺夫妇两人根据所见所闻写了一本书《西行漫记》，封面上那张被命名为《抗战之声》的照片上的号手正是珠江纵队和崖口伏击战的领导者之一谢立全。

埃德加·斯诺将那帧照片命名为《抗战之声》，他说那是发自中国共产党人之声，是挽救民族危亡、响彻大地的号角。自此，红军的身影迅速传遍全球，来自革命圣地的军号也随之响彻西方乃至世界。

日军南侵、国家危亡之际，肖强于1939年夏天到顺德参加了接受共产党领导的广游二支队（珠江纵队的前身）。广游二支队是一支活跃在南海、番禺、顺德坚持游击战争的武装力量。中共南番中顺中心县委决定开辟中山五桂山抗日根据地后，把广游二支队第一中队60多人从顺德县路尾围调防中山九区石军沙，与中山的部队会合，对外称"挺三"第七中队，对内称第二主力中队，欧初任指导员，肖强任代理中队。

1940年，中山沦陷，为了确保石岐至唐家公路的交通线，日军派出一股部队进驻崖口乡，并建立了伪政权，汉奸、恶霸、伪中队长谭玉良的护沙中队也进驻崖口乡。谭玉良率领其手下50多人，在崖口横行霸道，无恶不作，到处打家劫舍、敲诈勒索，就连行人过桥过路也要"纳税"，还巧立名目阻止抗日游击队收军粮，迫害抗日积极分子及其家属，引起极大的民愤。

中山游击队要挺进五桂山，崖口乡将成为五桂山游击区的前沿阵地和外围，也是五桂山游击队可靠的后方。中共南番中顺中心县委根据开辟五桂山根据地的需要和民众的要求，研究决定袭击崖口谭玉良部。

1941年底，一个寒风呼啸的黑夜，在谢立全、谭桂明等的带领下，肖强中队摸黑挺入崖口，包围崖口祠堂里的伪军。这时伪军在呼呼大睡。攻击令发出后，肖强和罗章有等同志动作非常敏捷，一下子冲进谭玉良的住所。谭玉良被活捉并就地正法，崖口的敌人宣告覆灭。

1942年5月，中山县抗日游击大队在五桂山区宣布成立，大队长卫国尧，政委谭桂明，副大队长肖强，政训室主任欧初，大队下辖三个中队120人。游击大队成立后，不断加强政治教育和军事训练。肖强讲话带有很重的东莞口音，声音洪亮，讲得很生动，青年们都爱听。他还经常做群众工作，有时吃完饭，他便去同群众谈心，或做些统一战线工作。

1943年10月的一天下午，南番中顺游击区指挥部及中山县抗日游击大队的领导集中在五桂山合水口开会，获悉伪军第四十三师一个营护送1000多名青年学生从石岐去翠亨参加"军官训练团"集训。此训练团是汪精卫的妻子陈璧君向日本人献媚，让其干儿子伪军第四十三师师长彭济华在总理故乡纪念中学举办的军官训练班，以培植自己的势力。可游击队在合水口的兵力不到60人，面对敌众我寡的情形，肖强认为，虽然我们的兵力与火力都不足，但如果等主力部队回来才行动就会坐失良机，应给敌人来个措手不及的打击。于是指挥部决定以少胜多，速战速决，在崖口村外埋伏，集中力量突袭敌人的先头部队。

当日晚饭后，谢立全、欧初、肖强带领警卫班和手枪队20多人及刘震球民兵集结队的30多个民兵，跑步赶到崖口村外，队伍分3个小组埋伏在公路两旁的小山丘及树林中。不一会儿，远处传来闹哄哄的人声和杂乱的脚步声，月色中，看见敌人的尖兵班由远而近。待其进入伏击圈时，按预定部署，首先是让敌人的尖兵班安全地走过，接着是指挥员的信号枪一响，眨眼间，机枪、步枪立即交织成火力网，加上一束束的手榴弹都对准敌群，打得敌人晕头转向，乱作一团，一下子歼灭了40多名敌兵，剩下的敌兵丢盔弃甲、夺路而逃，直奔崖口村。为了歼灭更多敌人，队伍乘胜追击，肖强带领的小组立即冲下山越过公路，向崖口村方向冲锋，遭到了敌人的猛烈抵抗。冲在最前面的肖强被敌人乱枪击中了大腿，血流如注，但他仍然坚持指挥杀敌，掩护战友撤退，直到战斗结束。撤离阵地后，因医疗条件差，无法及时止血抢救，肖强壮烈牺牲，年仅28岁。此役前不久，肖强刚和谢月香结婚，新婚宴尔，如果在和平年代，正是一对新人难舍难分之际。牺牲前，他将从香港带回来的一支墨绿色的钢笔交给欧初，嘱咐将其转交给谢月香，另外把左轮手枪也交给欧初，并希望同志们继续努力。这次战役共毙伤伪军20人，缴获步枪10支、歪把机枪1挺、掷弹筒1具以及弹药一批。接着，驻扎在石门的罗章有部队连续三个晚上派一个战斗组到纪念中学附近，朝哨兵打几枪就走，训练团的学生都十分害怕，不少当了逃兵，训练团办不下去了。崖口伏击战行动果断，速战速决，以少胜多，破坏了敌人的军事训练计划，在群众中影响很大。

肖强牺牲的第二天，部队在合水口村召开了一个简单而隆重的追悼会，谢立全等许多同志以及五桂山区数百名群众，怀着沉重的心情，依依不舍地向这位英雄的遗体告别。

3. 粉碎日、伪"十路围攻"

1944年春节前，日军1000余人（其中骑兵100多名），伪军第四十三师、第三十师和5个护沙总队，共计8000多人，拟分兵十路（合水口、白企、灯笼坑、鳌溪、长命水、石鼓挞、永丰、崖口、白石、马溪）围攻五桂山区，用一个月的时间对抗日根据地进行大规模的"万人大扫荡"。南番中顺游击区指挥部预先获得有关情报，于1月23日在石莹桥召开紧急军事会议，作出"全面牵制、击敌要害、歼其一路、动摇敌阵"的作战方针；决定主力部队在石莹桥附近的山岭上，伏击从牛爬石进入的日、伪军，另一部从内线转到外线，袭击石岐、唐家日、伪军据点；刘震球民兵集结队和长江乡民兵队分别在日、伪军进入根据地的路段，采用阻击战、伏击战、麻雀战等战法，阻击和牵制日、伪军。当时，在五桂山区的人民抗日武装有600余人、民兵100多人。从大除夕开始，整个农历新年，义勇大队、逸仙大队和地方党组织、民兵集结队及山区的群众都投入到紧张的战前准备中。

石莹桥一带地势险要，正面是大帽山，山上有间华光庙，山的左侧和右侧各有一座小山丘，沿着弯曲的小溪而来的山路正好被两侧的山丘夹住，形如口袋，是伏击的最佳点。

1月30日（农历正月初六）晚，指挥林锵云、副指挥谢立全率领三个中队把住侧后方的口袋位置；副指挥兼参谋长谢斌带着两个中队埋伏在正面的丛林中；逸仙大队大队长黄鞅率领一个中队和手枪队有防于石营桥附近的大帽山左侧制高点，埋伏在右侧的是友军钟汉明部队的一个大队，义勇大队大队长欧初、副大队长罗章有带领预备队埋伏在华光庙后山腰，以作策应。1月31日清晨，日、伪军从石岐、南朗、翠亨、三乡、唐家等驻地倾巢而出，按原定计划向五桂山区发动"十路围攻"，分成两个梯队经牛爬石进犯石莹桥的一路日、伪军近千人。友军钟汉明部临战怯敌，在日军尚未进入伏击圈时就胡乱放枪撤退。目标过早地暴露,伏击战变成遭遇战,战场的形势顿时转为对游击队方不利。为挽回局面,逸仙大队大队长黄鞅当机立断,下令战士集中火力阻击敌人,争取时间,让指挥部调动兵力。欧初、罗章有率领部队冲向华光庙右侧将缺口堵住。原部署在右侧后方的3个中队迅速转移到正面与敌人交火,敌伪军的两轮冲锋均被击退。受到阻击的日军无法前进,便用山炮向游击队的阵地猛烈轰炸。一枚炮弹落在正在指挥战斗的黄鞅身旁,这位年仅22岁的年轻指挥员的鲜血洒在了大帽山上。黄鞅英勇作战,总是冲锋在前,在1942年打击李辅群势力的战斗中,奋勇抗敌,直至左手臂中弹负伤。由于伤势较重以及当时医疗条件有限,黄鞅最终成了独臂英雄,从此只能靠右手行动。伤残丝毫没有动摇黄鞅的抗日决心,他泰然地说:"左手残了,还有右手,要抗战胜利是需要付出代价的!"

战斗至下午,日军不但未达到"十路围攻"的目的,反而遭到杀伤,便无心恋战,抬着十多具尸体,扶着伤员撤退。义勇大队游击小组和刘震球民兵集结队、长江民兵队等运用麻雀战,声东击西,有效牵制了其余各路进犯的日、伪军。他们还挖断公路,毁坏大环桥和上栅桥,切断沿路电话线,使各路日、伪军难以互相接应。从南朗进犯五桂山区的一路日、伪军,因在合水口被刘震球民兵集结队牵制,连续三天不敢前进。进犯长江的一路敌人受到长江民兵队的伏击、袭击,也无法进入目的地,只好趁天未黑,退回南朗据点。指挥部抓住日、伪军各路进攻的兵力都受到牵制而无法互相接应且后防空虚的战机,派义勇大队大队长欧初、副大队长罗章有各带一部精干小部队,从内线转到外线,插入平原地区,与二区黄石生、周增源部队和六区民兵一起,乘虚袭击日、伪军在石岐和唐家的据点,并破坏其通信联络系统。进入五桂山的各路日、伪军四处挨打,行动困难,疲惫不堪。加上五桂山区群众于战前已配合部队坚壁清野,日、伪军进山后得不到粮食，且供给无法补充，只能半饥半饱，士气低落。由于后防告急，日、伪军于2月4日晚全部撤离五桂山区，退回石岐、唐家等地，他们原计划需时一个月的"十路围攻"，仅五天就被人民抗日武装打碎了。粉碎日、伪军"十路围攻"的胜利，打击了日、伪军的士气，保卫了五桂山抗日根据地人民的生命财产，提高了军民抗战必胜的信心。

4. 血战三山虎

三山虎山血战是珠纵一支队粉碎日、伪、顽军于1945年发动的"五九扫荡"中的一次著名战斗，因其以极少的兵力牵制住敌军大部，掩护珠江纵队司令部机关及第一支队主力成功转移而辉映青史。

1945年4月，日、伪、顽军制订了"扫荡"珠纵一支队和五桂山抗日根据地的作战计划。5月8日深夜，日军1000多人，伪军第四十三师2000多人和"曲线救国军"萧天祥、梁雄部等近1000人，兵分六路，从灯笼坑、长江、榄边、崖口、翠亨、石鼓挞等地进入五桂山抗日根据地"扫荡"；驻唐家、坦洲等地的日、伪军3000多人，同时向凤凰山区进攻。

5月9日凌晨，天仍未亮，大雾茫茫，进入灯笼坑一路的日军300多人、伪军近1000人，从关塘埔一直摸入灯笼坑的三山虎山脚。按照珠纵一支队的反"扫荡"部署，猛虎中队中队长梁杏林率领23名战士埋伏在三山虎山头，负责阻击经灯笼坑进入五桂山之敌，以掩护司令部及主力部队转移。当敌人行至三虎山山脚，进入猛虎中队的伏击圈后，遭到猛虎中队战士的顽强阻击。战至上午8时许，猛虎中队击退了日、伪军两次强攻，毙伤敌30多人，为掩护支队部人员安全转移赢得了时间。在猛虎中队的阻击下，日、伪军无法前进，其又调动大批部队包围过来，作第三次强攻。此时，猛虎中队的弹药已消耗大半，急需补给，便兵分两路，一路由梁杏林率领12人向外突围请援，另一路由小队队长黄顺英率领10名战士向三山虎山头转移，继续阻击日、伪军。教官陈龙、爆破班班长古柏松在转移中受伤，仍向冲来的日、伪军投掷手榴弹，掩护战友们登上山头。这时，日、伪军大批增兵又涌向山头，向猛虎中队阵地发动攻击。猛虎中队用仅存的弹药，连续多次击退大批日、伪军的进攻，最后弹药全部耗尽，8名战士牺牲，山头阵地仅余3名战士坚守。当日、伪军再次发动进攻时，机枪手郑其也流尽了最后一滴血，牺牲时两手仍紧紧握住机枪。班长甘子源身上中弹，腹部被敌人的刺刀捅得肠子全流出来，重伤昏迷。小队长黄顺英在日、伪军冲上来时，纵身一跃，从山后坡滚下去，在密林的遮掩下冲出了重围。正在这一紧要关头，猛虎中队向外请援的一路部队和民权队的援兵赶到，使因受两面夹击而暴露在山腰上的日、伪军措手不及。日军伤亡甚多，遂放弃山头，撤出灯笼坑。受重伤的甘子源，在战斗结束后被群众抢救出来。

三山虎山战斗中，猛虎队、民权队英勇顽强，以少胜多，圆满完成阻击来犯的日、伪军的任务，为司令部与支队机关转移赢得了时间。荡气回肠的"三山虎山血战"故事，至今仍在五桂山人民群众中广泛传颂。

5. 夜袭阜墟

1942年5月下旬，谢立全亲自率领中山抗日游击大队主力70多人、二区部队30多人到达阜墟，与九区的杨日韶武装会合，分三路突袭阜墟伪军何国光部。战斗从下半夜开始激战到黎明，歼灭了伪军一个连和一个伪警察中队，缴获短枪50多支，收复了阜墟。战斗中，中队长杨日韶身负重伤仍然坚持用机枪射击伪军，带领部队击退伪军的多次反扑，后因流血过多，不幸牺牲。副中队长王鎏为掩护战友撤退也不幸牺牲了。阜墟一役在政治上影响很大，震撼了珠江三角洲，鼓舞了民众抗战必胜的信心，打击了敌伪的气焰，为打开中山抗战的局面起到了积极作用。

6、勇士血染石莹桥

1945年5月9日，日、伪军及国民党顽固派经过秘密协商后，纠合4000余人，从灯笼坑、长江、榄边、崖口、翠亨、石鼓挞兵分六路对五桂山区抗日根据进行大规模"扫荡"，矛头直指五桂山心脏地带。

日、伪军及国民党顽固派进入五桂山区后，所到之处，烧杀抢掠，杀害无辜百姓，疯狂搜捕游击队员、军属和抗日群众，给根据地和人民群众造成严重损失，计30余所房屋被毁，无辜百姓100多人被害。叛徒郑兴助纣为虐，竟带领顽军萧天祥部搜捕抗日游击队员和抗日群众，在三乡杀害了11名民兵和抗日军属。梁雄部在崖口抢掠大批财物，搜捕乡民十多人。梁雄、钟汉明部还在黄茅坪烧毁民房过半。日军进入槟榔山村，放火烧毁了珠纵司令林锵云居住过的房子。

在五桂山区石莹桥附近，敌人还用骇人听闻的残忍手段杀害了16名游击队员。"五九扫荡"当天，张少筱、缪有根、刘潮、周廉、蔡耀、梁换标等16名游击队员在与敌人战斗后从石鼓挞等地突围，他们在石莹桥附近相遇，自动集结。由于敌人搜索严密，游击队员被困于石莹桥附近的大石托山上的一个破炭窑里，整整七天滴水未沾。为了查明敌情，他们派一名队员下山侦察，顺便找点粮食。不幸的是，这名队员刚下山就被日军抓获。敌人立即派出大队人马搜山，另外15名队员因多日未曾进食，身体极度衰弱，无法转移而全部被俘。敌人将16名游击队员押解到石莹桥溪边的一块大石上进行酷刑审讯，游击队员英勇不屈，守口如瓶，拒不透露游击队的半点情况。

敌人无计可施，恼羞成怒，将16名游击队员拉到石莹桥后山的大石头上进行惨无人道的肢解。壮士的鲜血染红了大石，染红了山溪。敌人离去后，在石莹桥做群众工作的中共党员潘泽和民主乡长钟大元发动群众冒着生命危险，将16名游击战士的遗体掩埋，随后又翻山越岭到合水口乡向县督导处的领导汇报。

新中国成立后,中山县人民政府在翠亨南侧建立革命陵园,位于五桂山区石莹桥村后山脚的石莹桥十六烈士纪念碑,烈士遗骨被移葬于陵园内。

7. 铁流十二勇士

他们是中山的"狼牙山勇士"!

"铁流十二勇士",即珠纵一支队铁流中队12名指战员,队指导员郑新,队长梁杏林。

1945年5月9日,日、伪军及国民党顽固派纠合4000余人兵分六路对五桂山区抗日根据进行大规模"扫荡"之后,为坚定群众坚持抗战的信心,珠纵一支队副支队长罗章有与政治处主任杨子江商量,决定成立一支宣传抗战的中山红色队——铁流队,到滨海、谷镇平原地区活动,一方面宣传、发动群众,坚持抗日斗争;另一方面监视敌情,伺机打击敌伪。

1945年5月27日,珠纵一支队铁流队在石门宣布成立,全队共12人,中队长梁杏林、指导员郑新。铁流队成立当天,即出发深入到三乡附近的雍陌乡进行抗日宣传,当晚在塘敢乡宿营时被敌人发现。叛徒郑兴及"挺三"肖瑞豪、巢添林部和国民党中山县特务大队高宋保部,还有五区伪联防队共100余人连夜出动,于28日凌晨3时包围了塘敢乡,向铁流队宿营地发起进攻。叛徒郑兴厚颜无耻地向铁流队战士诱降,遭到战士的拒绝和痛斥。在十倍于己的敌人面前,12名铁流战士毫无惧色,英勇战斗,从拂晓坚持战斗至下午4时,先后打退敌人五次进攻。在弹药将尽、无法突围的情况下,指导员郑新主持召开紧急支部会议,共产党员带头表态决不投降。12名宁死不做俘虏的战士,把仅有的几颗手榴弹和一个炸药包留给自己。他们将文件烧毁、枪支砸烂,然后围在一起高唱《国际歌》。当敌人逼近时,共产党员贺友仔拉响了连同炸药包捆在一起的手榴弹……贺友仔、李权、郑楷、郑福培、李光、梁标6名战士当场壮烈牺牲,其余重伤,落入敌手。指导员郑新和一名战士在被押送途中因伤重牺牲,队长梁杏林及另外3名战士被押解到三乡。在敌人的威逼利诱面前,梁杏林等四位铁流勇士坚贞不屈,后经地方党组织及当地群众多方营救,才脱离虎口。铁流队只存在了短短几天时间,但他们不屈不挠的英雄气概及勇于牺牲的大无畏革命精神,激励了广大抗日将士继续投身抗战事业。

  英雄的城市都是有基因的,比如中山。

  大义如天,青史做证:记住崖山殉国的马难宝,记住舍身抗英的雷氏家族,记住推翻帝制图谋共和的"第一滴血",记住五桂山上熊熊蔓延的烽火……

  碧血丹心,家国天下。英魂犹在,基因不老。

  回眸——远眺,挖掘历史,耕耘现实,开拓未来。

The
Biography
of
ZhongShan

中山传

第四章 名城：一个人一座城

珠江长，
南海远，
江海波浪翻；
潮涨潮落咸淡水，
沧桑说千年。

桂山下，
兰溪畔，
山河绿如蓝；
春来秋去翠亨村，
走出一个人。

悠悠咸淡水，
沧海变桑田；
走出一个人，
点亮一片天。

——《小小翠亨村》

纪念香山开县先贤陈天觉

城市是人的城市。中山作为名人城市，比之如韶山与毛泽东、广安与邓小平、曲阜与孔子。因为名人、伟人，一座城市的人文内涵与社会美誉度必然叠加提升。

以孙中山先生命名的中山市尤其如此，因为孙中山不仅是中山的、广东的、中国的，还是世界的。不仅对中山一个城市、对广东省，对一个国家，孙中山也是一个课题、一种象征、一种精神与文化。新中国历代党和国家领袖的高度评价，"孙中山文化"赫然于中共中央、国务院印发的《粤港澳大湾区发展规划纲要》，便是最好的佐证。

一个"没有英雄人物出现的民族是一群可怜的生物群体，而有了英雄人物却不知道崇拜和爱戴的民族则是一个没有希望的奴隶之邦"。

对于生于斯、长于斯的世纪伟人孙中山，中山人倍加自豪、倍加珍惜。

从孔夫子到孙中山

新中国开国领袖毛泽东说："从孔夫子到孙中山，我们应当给予总结，继承这份珍贵的遗产。"

习近平总书记评价说："孙中山先生是伟大的民族英雄、伟大的爱国主义者、中国民主革命的伟大先驱，一生以革命为己任，立志救国救民，为中华民族做出了彪炳史册的贡献。""中国共产党人始终是中国优秀传统文化的忠实继承者和弘扬者，从孔夫子到孙中山，我们都注意汲取其中积极的养分。"

由此可见孙中山先生的崇高地位。"三个伟大"其实也是延续着从毛泽东开始，到邓小平、江泽民、胡锦涛等领导人代表中国共产党对孙中山的高度评价，包括党的十五大第一次用了"'二十世纪的三大伟人'孙中山、毛泽东和邓小平"这样的表述。

以上这些，主要都是从政治的角度来评价孙中山的，社会各界都理解和领会得很清楚、很透彻。

然而，对于毛泽东和习近平这两代党和国家的最高领导人，都用了同样的句式"从孔夫子到孙中山"来论述孙中山，

各界却重视和研究得很不够，甚至有些忽视了。

这是从文化的角度评价孙中山的，但它与政治上的评价同样重要。可以说，有政治上的评价，加上文化上的评价，才是对孙中山的全面评价，我们才能真正看到和了解一个完全意义上的孙中山。

"从孔夫子到孙中山"，可以从以下方面来理解和诠释。

"从孔夫子到孙中山"，是指孔子所代表的中国文化和中国思想的古代传统，孙中山所代表的中国文化和中国思想的现代传统；继承"从孔夫子到孙中山"，也应该包括总结和继承中国文化和中国思想的古代传统和现代传统。另外，这里所说的"从孔夫子到孙中山"中的"孙中山"，还兼具两层含义：一个是指伟大的民族英雄、伟大的爱国主义者、中国民主革命的伟大先驱孙中山，这是政治文化的层面；另一个是指孙中山所代表的中国文化和中国思想的新传统，这是历史文化的层面。

"孔夫子"与"孙中山"，实际上包含了中国文化与中国思想的新旧两种传统。毛泽东主席和习近平总书记在谈到继承中国文化和中国思想的传统时，都强调要总结和传承"从孔夫子到孙中山"的"珍贵的遗产"，"汲

取其中积极的养分"。

"从孔夫子到孙中山"中的"孙中山",从第一层含义中又升华出第二层含义,即他既是中华传统文明的现代继承者,又是中国文化和中国思想的现代传统代表者。从这个角度上讲,孙中山的特殊性和重要性更为突出。"孔夫子"与"孙中山"虽然内涵和外延都有不同,但其间存在着历史的必然联系,存在着一脉相承的经络。这种历史的联系,这种一脉相承的东西,就是中华传统文化古往今来的延续与发展。在这个延续与发展中,有变化,有改进,还有对传统的革新。"孔夫子"与"孙中山",一个代表"古代的中国",一个代表"现代的中国"。"从孔夫子到孙中山",两段历史、两个伟人、两种文化,生动而全面地体现了这一历史的经脉联系。这种联系虽然由于时代的不同、阶段的区别而涂上了不一样的色彩,却又是始终有机而紧密地联系在一起。它是不可分割的血肉与灵魂完美融合的一个整体。

"从孔夫子到孙中山",包括了中国文化和中国思想的古代传统和现代传统两个方面,因此,发掘、传承"从孔夫子到孙中山",也应当包括总结和传承中国文化和中国思想的古代传统和现代传统。只强调继承中国文化和中国思想的古代传统,而不顾及继承中国文化和中国思想的现代传统,不发掘两者之间的内在渊源,弘扬其作为以一个整体呈现的中国文明,那都是片面的、不科学的。

"从孔夫子到孙中山",虽然表述的是两个时代、两段历史、两位伟人,然而两个人所代表的文化绝不是各自独立的,反而是不可分割的血肉与灵魂完美融合的一个整体。它们一脉相承、前后连贯、互为彰显。因为孙中山也有着极为丰富的中华传统文化的底色和含蕴,在这个优秀传统的基础上,孙中山生发和创造了一种顺应历史潮流和世界潮流的现代文化,从而使两者神奇融合,构成了博大精深、源远流长、生生不息的伟大的中华文明。

"从孔夫子到孙中山"的论述，首先从文化的维度补充和完善了孙中山的形象及作用，或者说是从更高的层面提升了孙中山的重要地位，这样也就为如何进一步研究孙中山，更好地发掘、传承和弘扬孙中山的思想和精神，更好地利用孙中山及其思想、精神为现实和未来服务，打开了一个新的窗口，提供了一条新的途径，开辟了一片新的天地。

这，就是"孙中山文化"。

2007年，孙中山的家乡中山市首倡"孙中山文化"概念，而后在文化名城建设战略中全面实施"孙中山文化工程"。

孙中山既是一个政治符号，也是一个精神符号、文化符号，孙中山既为我们留下了重要的政治遗产，也为我们留下了宝贵的精神遗产和文化遗产。为此，"孙中山文化"这个崭新的概念才应运而生。

"孙中山文化"应该包括孙中山的政治思想与理论体系、经济思想与社会主张、军事思想与战略战术，以及以上三个方面所蕴含的文化元素，更包括孙中山的文化思想、文化成果和人文遗产。"孙中山文化"的特质是，它是中国近代文化的灵魂，既领导和印证了近代中国甚至世界的文明进程，还将继续印证和引领当代中国和世界的文明走向。前者是它的历史意义，后者是它的现实意义和未来意义，具有厚重的世界性、人类性价值。

必须指出的是，"孙中山文化"的内涵与外延，都是与社会主义核心价值观完全一致的。"孙中山文化"概念的提出，其可贵之处是，走出了原有的纪念、研究的各种局限，一定程度上跳出了纯政治的框框，回到了其应有的人文本原，更丰富了内涵、扩展了外延，是一种极具价值的深化和提升。它的提出，将积极推动我们走出一直以来将孙中山纯政治符号化的僵化认识和误区，进而从人文和"大文化"的角度活化对孙中山资源的开发利用，转而从政治纪念、学术研究、文艺创作、产业利用等方面全方位地开展工作。

"孙中山文化"，是对"从孔夫子到孙中山"最好的诠释和行动。经过十年的努力，中山市在"孙中山文化"建设上做出了积极而富有成效的探索，积累了不少经验，"孙中山文化"已经成为中山市最重要的第一城市品牌，为中山市的经济社会发展做出了无可替代的重大贡献。然而，"孙中山文化"仅仅由中山市做是远远不够的，因为孙中山文化不仅是中山市的命题，也是广东省的命题，还是国家与民族的命题甚至是世界性命题。

由于孙中山的伟大性，我们坚信，随着时间和历史的变迁，"孙中山文化"将为中华优秀文化的传承和发展，为国家和民族的完全统一，为"一带一路"倡议的实施，为实现中华民族伟大复兴的"中国梦"，提供源源不断的强大动力。

中山命题·国家命题

"实现中华民族伟大复兴，实现国家富强、民族振兴、人民幸福，是孙中山先生的夙愿，是中国共产党人的夙愿，也是近代以来中国人的夙愿。我们说的中国梦，就是这个民族夙愿的生动表述。"这是习近平总书记对孙中山的又一评价。

150年前，一块孕育在伶仃洋畔翠亨村的"顽石"拱出山坳。一个半世纪后的今天，这块沐风栉雨的灵石，经受住了时间之剑的考量，已经成长为一座摩天接宇的世界人文之峰——孙中山。

150年前，一个不安分的精灵从香山的兰溪河发轫，劈波斩浪，西漂东渡，南征北战，探索真理。伴随着中国最后一个腐朽封建王朝的轰然覆灭，这个精灵被岁月的砾石砥砺为一座城市、一张国家的文化名片——孙中山。

城市因伟人而誉满神州，这座城市叫中山市，这位伟人叫孙中山。

1866年11月12日，中国两千多年封建帝制的克星孙中山在广东香山（今中山市）翠亨村呱呱坠地。毛泽东主席称其为"伟大的民主革命先行者"，中国共产党誉其为"二十世纪三大伟人之一"。

1925年3月12日，世纪伟人孙中山倒在了颠沛流离、愈挫愈勇"起共和而终帝制"的探索征途上。同年，为纪念孙中山的丰功伟绩，中华民国政府将先生的出生地广东香山县改名为中山县。

先生驾鹤而去，但在从他出生到现在的一个半世纪的时空里，中山这座伟人城市不仅记录了他的成长历史，而且整合、传承并实践着孙中山的思想、精神与文化。

孙中山既是一个政治符号，也是一个精神符号、文化符号。早在2007年，中山市就在全国首次提出了"孙中山文化"的命题，它不仅是一种崭新的文化象征、一个重要的国家命题，也是一张炫目的中国名片。"孙中山文化"，不仅属于中山、属于中国，也属于世界。

2015年11月8日，全国政协作出如下《决定》。

2016年11月12日是伟大的民族英雄、伟大的爱国主义者、中国民主革命的伟大先驱孙中山先生诞辰150周年纪念日。为缅怀孙中山先生为民族独立、社会进步、人民幸福所建立的历史功勋，学习、继承和发扬孙中山先生的爱国思想、革命意志和进取精神，巩固和发展海内外中华儿女的大团结，巩固和发展最广泛的爱国统一战线，维护两岸关系和平发展，共同推进祖国和平统一大业，最大限度地把全民族的力量凝聚起来，致力于实现"两个一百年"奋斗目标和中华民族伟大复兴的中国梦，中国人民政治协商会议第十二届全国委员会常务委员会决定届时举行隆重的纪念活动。

郁达夫说,一个"没有英雄人物出现的民族是一群可怜的生物群体,而有了英雄人物却不知道崇拜和爱戴的民族则是一个没有希望的奴隶之邦"。作为孙中山的故乡中山市,这座城市的人民自觉地扛起了以切实的行动崇拜、爱戴孙中山这位民族英雄,以孙中山文化为切入点梳理、传承与实践英雄思想精神的重任。

倒推时光,中山市委于2007年已经意识到孙中山文化的重大价值和现实意义。是年,中山市出台的《关于进一步加强孙中山研究和资源利用的意见》便确立了"进一步提升伟人故里的文明程度和城市影响力"这一主旨。这个文件可谓"孙中山文化"命题诞生的先声。2008年,中山市委在其出台的第一号文件《关于加快推进文化名城建设的意见》中首次正式提出了"孙中山文化",并确立了加强文化研究、提升时代价值、加快开发利用的三大举措。

2007年迄今,十余年如一日,中山市委、市政府和全市人民执着于"孙中山文化"的城市命题与国家命题研究,以及中山名片与中国名片的塑造!从历任市委书记到历任市长以及市政协等四套班子领导,他们无一不是"孙中山文化"不遗余力的推动者、先导者与实践者!

2011年10月10日"辛亥百年"纪念日,《人民日报》刊发了中山市委署名文章《发展是最好的纪念》,文章认为:"孙中山先生为追求民族独立、民主自由和民生幸福贡献了毕生精力,他最早提出了振兴中华的口号……他爱国若命的人生态度,百折不挠的坚强意志,天下为公的博大胸怀,放眼世界的开放心态和鞠躬尽瘁的高尚品德,永远为世人铭记和景仰,永远值得海内外全体中华儿女继承与弘扬。告慰于孙中山先生和其他革命先驱的是,他们毕生为之奋斗的革命目标和建设祖国的美好蓝图，正由中国共产党带领全国人民一步一步地变成现实……发展是最好的纪念，继承体现在行动。秉承孙中山先生博爱、创新、包容、和谐的人文精髓，中山市大力实施'文化名城'战略，唤醒市民的文化自觉……现在，我们要建设的社会主义现代化，其核心是以人为本，最终目的是人的全面发展；我们要追求的目标是实现民族复兴，为人类进步事业做出贡献。

显然，孙中山文化是中山'文化名城'战略应有之义，也是中山实现"五位一体"发展的文化支撑。中国历史学会副会长熊月之回忆说："孙中山思想，既是中山人的财富，也是整个中华民族的财富，是海峡两岸炎黄子孙的共同财富。孙中山文化的影响，早已超出了中山市的范围，超出了广东省的范围，是誉满域中的全国性文化工程。"搜索"孙中山文化"命题的建树历程，一个个节点留下了中山人坚实的足迹：

2008年，中山人"以孙中山的名义"踏上美国，寻访孙中山在异国他乡的足迹，记录华侨对孙中山的印象，听取华侨对世纪伟人的心声与家乡、祖国的憧憬。他们说，纪念孙中山最好的方式是爱国爱乡；他们说，孙中山让我们对中国人充满敬意；他们说，孙中山是中美两国共同的骄傲；他们还说，孙中山研究和资源利用工作任重道远，现在是一个新的开始。

同年，他们怀揣《发挥孙中山文化"金名片"作用，带动中山文化旅游产业转型升级》的课题，走进韶山、走进广安。缘此形成的《"伟人故居行"考察报告》借鉴了毛泽东故居、邓小平故居将开发利用伟人故居作为带动地区经济社会发展引擎的经验，提出了将孙中山故居创建为国家5A级旅游景区的目标。此后，中山市牵头创立了20世纪三大伟人故乡联盟。

以考察为基础，与孙中山文化命题的相关课题研究层层推进。

2010年,《人民日报》刊发了中山市委宣传部署名文章《孙中山文化:海峡两岸的桥梁》,文章指出:"海峡两岸同属中华民族,同文同脉,一样的血缘、共同的文化,这是两岸合作交流的原动力。在这其中,不管是国共两党,还是两岸民间,合作交流的一个重要桥梁就是孙中山文化。"同时,《人民日报》第一次向读者介绍了"孙中山文化"的内涵:它应该包括孙中山的政治思想与理论体系、经济思想与社会主张、军事思想与战略战术,以及以上三个方面所蕴含的文化元素,更包括孙中山的文化思想、文化成果和人文遗产。同年7月,《南方日报》在专家学者探讨孙中山文化的报道中呼吁"孙中山文化应成为国家命题"。

2011年,广东省省长在人民政府工作报告中说:"弘扬孙中山文化,纪念辛亥革命一百周年。""孙中山文化"升级为省级命题。

2011年,伴随中山市委宣传部署名文章《孙中山文化:一个重要的国家命题》在《光明日报》的刊发,"孙中山文化"这一城市命题第一次在中央媒体刊发,不仅得到中央媒体的认同,而且在学界产生了广泛的影响。

"孙中山文化工程",位列中山"文化名城"建设八大文化工程之首。通过几年的努力,中山人在保护和发掘利用孙中山文化资源方面做了大量的工作,取得了卓有成效的收获。

他们将以往在孙中山诞辰日举行的简单纪念仪式提升为"孙中山纪念周",再扩展为融纪念、文化、旅游为一体的"孙中山文化周";孙中山故居纪念馆成为全球收集孙中山史料最多、最齐备的博物馆和研究信息中心;"孙中山与当代中国"博士论坛等一系列研讨会在中山举办、创作推出长篇思辨体报告文学《中山路——追寻近代中国的现代化脚印》、长篇散文诗《山高谁为峰》,拍摄了大型专题片《中山路》、编撰了《中山装》一书,延伸和创新研究视角和领域;面向全国高等学校设立孙中山研究

（研究生）奖学金，促进孙中山研究青年队伍的成长；孙中山纪念堂被选定为中山市的"城市原点"，孙中山史迹径建设第一期工程成为文化旅游亮点，与湖南湘潭、四川广安联合开展"中国二十世纪三大伟人故里游"，首届"中山杯"华侨文学奖等一系列重大文化活动在中山成功举办，凸显出伟人城市的文化氛围。

孙中山文化工程的实施使中山的特色文化影响力进一步增强，新华社广东分社采写的《广东中山期待国家层面推进对孙中山文化的研究与传承》得到中央有关领导高度重视并作出了相关批示。在已经颁布的《广东省建设文化强省规划纲要（2011-2020年）》中，"中山杯"华侨华人文学奖、孙中山文化节等被列为省重大文化项目。孙中山文化工程已经成为一扇窗口，展示着伟人故里蓬勃的文化生机、跃动的文化脉搏。

"辛亥百年"的2011年，中山一位作家满怀激情地创作了组诗《孙中山》，该作采用横向切入的组合方式，多角度地塑造了孙中山这一世纪伟人的诗歌形象。以此为基础，作为广东省纪念辛亥革命100周年的重点文化项目，组诗《孙中山》与现代多媒体与交响乐巧妙融合之后，以从诗歌创作、策划、组织、作曲、演唱、指挥与演员的100%本土化特点先后在广州、中山、北京和马来西亚等地激情上演。其深厚广博的诗歌意境、史诗般的大气磅礴，以及集岭南音乐与中山民歌、传统音乐与现代音乐为一体的特色，淋漓尽致地彰显出孙中山先生文学形象与音乐形象的艺术魅力。大型交响组歌《孙中山》以歌曲视频、PPT等形象手段的传播，给听众留下了深刻的印象，引起了强烈的共鸣。

在创作孙中山题材文学作品的同时，这位中山作家又另辟新径，不失时机地举办孙中山文化讲座。从中山到广州，从珠海到深圳，从社区到高校，都留下了这位孙中山文化使者的脚步、声音。"对着孙中山这样的伟人，我有很多感想。我们要向他学习，'一心想着劳苦大众'，'一心为着人类共荣'。"2012年5月,来自越南的留学生丁氏黄兰在华南理工大学国际教育学院听了这位作家的孙中山文化讲座后这样说,"他的思想对我产生了极大影响。我明确了来中国留学的目的——学好汉语,了解中国文化,架设中越友好之桥,充当中越和平使者,最终为人类的和平与自由贡献自己的青春与力量。"一位珠海人大代表在"珠海文化大讲堂"听完讲座后留言说:"听了你的讲座很感动也很感触,收获颇丰,一种强大的力量涌动于心。我将向市人大提交推动珠海挖掘香山人文以及孙中山先生精神的思路和举措"。

2013年7月,第二届海峡两岸中山论坛在中山举行,中共中央政治局委员、广东省委书记胡春华,全国政协副主席、民进中央常务副主席罗富和,中共中央台办、国务院台办主任张志军,广东省委副书记、省长朱小丹,中国国民党副主席蒋孝严,新党主席郁慕明,亲民党秘书长秦金生等两岸500多名嘉宾出席开幕式。

中山市委领导在主旨发言中再次强调:"行动是最好的纪念,发展是最好的继承"。他表示,中山市将进一步秉承中山思想,发挥独特优势,增进文化认同,为建设中华民族共有精神家园作出有益探索。同时,也将依托"孙中山"文化品牌,整合其东部沿海资源,推进翠亨新区建设,力争将中山建设成为海内外华人共有精神家园探索区、珠三角转型升级重要引领区、岭南理想城市先行区和科学用海试验区。

显然,孙中山文化是中山"文化名城"战略应有之要义,也是中山实现"五位一体"发展的文化支撑。中国历史学会副会长熊月之回忆说:"孙中山思想,既是中山人的财富,也是整个中华民族的财富,是海峡两岸炎黄子孙的共同财富。孙中山文化的影响,早已超出了中山市的范围,超出了广东省的范围,是誉满域中的全国性文化工程。"搜索"孙中山文化"命题的建树历程,一个个节点留下了中山人坚实的足印。

通过三年的努力，2011年10月，在纪念辛亥革命一百周年的日子里，中山市成功创建国家历史文化名城。能够拿到这份盖上国务院戳子的批文和牌子，靠的就是"孙中山"，"孙中山文化"。

伟人故里中山市一个接一个的孙中山文化先导行动感动着、鼓舞着中山、广东，甚至更广泛地域的人们。2013年，广东省政协组成了由省政协领导为顾问的调研组，多次赴中山市以座谈交流和实地考察的方式进行专题调研，在广州召开省直有关部门及中山市有关单位领导参加的系列专题会议，经过近半年的努力，组织调研组开赴中山，形成了《以文化为引领高起点建设翠亨新区的调研报告》。翻阅报告，一个个振奋人心的亮点映入中山人的眼帘：

中山翠亨新区明确建设全球华人共有精神家园、珠三角转型升级重要引领区、岭南理想城市先行区、科学用海试验区四大总体定位，打造珠三角转型升级的新引擎，建设世界一流的人文丰沛、环境优美、低碳智慧、生态宜居的现代化滨海新城。对文化项目的要求，要以文化为核心、以旅游为载体、以创新为手段、以聚人为保障、以效益为目的。

中山翠亨新区最大的特点和优势是突破了传统开发区、新区的框框，以文化引领作为新区的核心和灵魂，非常符合党的十八大和十八届三中全会的精神，将可以为新时期中国"五位一体"建设和社会主义文化强国建设探索新的发展路径；翠亨新区所依托的以孙中山文化为核心，包括华侨文化、海洋文化、开放文化等的独特文化内涵发掘和利用，将可以为实现两岸和平统一、建设全球华人共同精神家园做出特殊而重大的贡献；翠亨新区规划建设的崭新模式，将可以为中国新一轮的改革开放，以及新型城镇化建设提供有益的尝试。

文化先导，文化落地，文化发力。

自此，孙中山故居5A级旅游景区进入国家视野，翠亨新区进入国家视野，深中通道进入国家视野，而且，正在一步步变成现实。

文化，一座城市的灵魂，一个国家的灵魂。文化更是一座城市与国家竞争的王牌！

2016年，孙中山先生150周年诞辰。契机难得！

中山市委、市政府提前两年开始了以孙中山文化为切入点，以布局全市"五位一体"战略为靶心的立体筹划。

中山人如是思考：一是孙中山先生150周年诞辰，中山市要敢于和善于当"主角"，要理直气壮，体现中山人民的家国情怀和坚定的发展信念。要体现在中国共产党的领导下，新中国实现了孙中山的振兴中华的思想，正阔步走在实现"中国梦"的时代前沿，孙中山的家乡实现了孙中山的遗愿，典型、生动地诠释和展示了孙中山思想、精神、文化落地、践行、成功的优秀城市形象。二是最高、最大的切入点就是孙中山、孙中山家乡，由此辐射到海峡两岸以及港澳、全球华侨华人。中山市是最早提出振兴中华的地方，是离"中国梦"最近的地方，是实现"中国梦"的典型范本。

查阅2014—2015年的工作台账，我们看到了中山人对中山先生的刻骨深情，看到了中山人匆忙有序行动的足迹，看到了市领导为了中山民生福祉的良苦用心：

2014年10月9日下午，受市委、市政府委托，市政协主席带队赴京，就纪念孙中山150周年诞辰等事宜拜会全国政协和民革中央领导，受到全国政协副主席、民革中央常务副主席齐续春等领导的接见。齐续春表示大力支持，并做出了重要指示，提出了一系列意见和建议。

10月13日，市政协向市委提交了《关于向全国政协和民革中央领导汇报情况的报告》，并抄送市政府。

12月14日，市政协在中山温泉召开孙中山150周年诞辰课题策划专责小组会议，于16日向市委提交了《关于报送"孙中山150周年诞辰课题策划专责小组会议要录"的请示》，并抄送市政府。12月29日，市委书记在专责小组提交的会议要录请示报告中做了长篇批示，认为此项工作抓得及时，意义重大，下一步要成立专门的领导组织和办事机构，负责整体活动的策划和部署，争取国家支持。

2015年1月，受市委、市政府委托，市政协领导一行带着以上报告赴北京拜会了民革中央领导，深入商议如何支持筹划好2016年孙中山先生150周年诞辰的相关纪念活动，并借此重要的历史机遇推动和争取国家的关心、重视和支持，贯彻落实习近平总书记"将中山建设得更加美好"的嘱托。

座谈会上，市政协领导详细汇报了中山市孙中山先生150周年诞辰活动近期筹备工作的进展情况。

听完汇报，民革中央领导认为，对"借孙中山先生150周年诞辰契机，将孙中山家乡建设得更加美好"此项工作，中山市领导高度重视，前期工作做得很详细。同时，提出了未雨绸缪，尽早筹划。主动作为，认真落实。深入调研，找准切入点。集思广益，建言献策等建议。修福金说，齐续春常务副主席在2014年10月10日的会谈中，对以纪念孙中山先生150周年诞辰为契机，打好中山牌、侨牌，把中山建设得更加美好提出了很好的思路。2015年，此项工作要尽早出思路，提早预热和造势。中山、翠亨村在世界的影响非常大，民革是继承中山先生精神的参政党，支持和助推中山市发展，民革中央责无旁贷，把它做好也是应该做的。民革中央将按照齐续春常务副主席的要求，主动作为，将大事办实办好。按照民革中央的分工，民革中央宣传部会跟进相关纪念活动，有关地方经济社会发展的课题，则由民革中央调研部跟进。我们的切入点要把"一带一路"和"十三五"规划结合起来，中山要列出哪些项目，准备开展哪些重大举措，要在全国"十三五"规划中找到切入点,这样切入点会定得更准,方向性才更明晰。

中山在行动,广东在行动,国家在行动。

2015年11月8日,全国政协作出如下《决定》:2016年11月12日是伟大的民族英雄、伟大的爱国主义者、中国民主革命的伟大先驱孙中山先生诞辰150周年纪念日。为缅怀孙中山先生为民族独立、社会进步、人民幸福所建立的历史功勋,学习、继承和发扬孙中山先生的爱国思想、革命意志和进取精神,巩固和发展海内外中华儿女的大团结,巩固和发展最广泛的爱国统一战线,维护两岸关系和平发展,共同推进祖国和平统一大业,最大限度地把全民族的力量凝聚起来,致力于实现"两个一百年"奋斗目标和中华民族伟大复兴的中国梦,中国人民政治协商会议第十二届全国委员会常务委员会决定届时举行隆重的纪念活动。

这一年,中山市举行了政治纪念、学术研究、文化活动、经济社会发展和城市建设、民生实事等五位一体的一百多个活动,推动了一系列建设项目,大大提升了城市的美誉度和软实力,经济社会发展和城市建设也迈上了一个新的台阶。

也在这一年,翠亨旅游景区也成功创建为国家5A级。

所有这些,都看得见"孙中山文化"这个强大而厚重的人文背景。

"孙中山文化"是中山市的名片,也是中国的名片。

翻阅这张名片的另一面,上面则书写着中山这座伟人名城的梦,还有"中国梦"孕生与落地的历史与现实。

习近平总书记说:"实现中华民族伟大复兴是中华民族近代以来最伟大的梦想。从孙中山先生第一个喊出振兴中华的口号以来,中华民族和中国人民为实现这个目标进行了不屈不挠的斗争,付出了巨大努力,作出了巨大牺牲。"他还说:"这个梦想,凝聚了几代中国人的夙愿,体现了中华民族和中国人民的整体利益，是每一个中华儿女的共同期盼。""中国梦归根到底是人民的梦，必须紧紧依靠人民来实现，必须不断为人民造福。"

要真正将"中国梦"从一张纸种植在960万平方公里的土地上，人，无疑是第一要素：让"中国梦"以一种信仰植入人民的灵魂，以一个引擎牵引人民的自觉行动，以一种因子激荡人民的血脉。一言以蔽之，就是人民必须对"中国梦"形成统一的文化认同。

"中国梦"与"振兴中华"一脉相承。

100多年前，孙中山曾对文化蓝图如此描述："物质文明与心性文明相待，而后能进步。中国近代物质文明不进步，因之心性文明之进步亦为之稽迟。"

"激扬新文化之波浪，灌输新思想之萌蘖，树立新事业之基础，描绘新计划之雏形。"

一旦文化的因子深深融入经济、政治、社会的肌理，就会成为社会生产力的重要因素和经济增长的重要推动力。

孙中山在《建国大纲》中说："建设者首要在民生，故对于全国人民之食衣住行四大需要，政府当与人民协力，共谋农业之发展，以足民食，共谋织造之发展，以裕民衣，建设大计划之各式屋舍，以乐民居，修治道路运河，以利民行。"

历史与现实已经证明，孙中山的《实业计划》是一个眼光远大、气魄宏伟、在中国近代思想史上应占有重要地位的伟大思想，它开时代之先声，是孙中山民族、民生主义重要主题之一。它是为了解决亿万中国人民的丰衣足食问题，也是使中华民族能自立于世界民族之林，对人类能做出贡献的基本方案。

寻梦：文化驭风高铁行

1. 缘起

无论在历史还是现实中，都存在一些对孙中山先生的误读、误解。在孙中山与中国铁路建设方面，不少人如此质疑：

孙中山先生在世时，有没有修建过一公里铁路？孙中山的铁路规划是不是天马行空的随意构思？

真相究竟如何？

2016年是"十三五"规划的发轫之年，更是实现一个民族"中国梦"的关键一年。同时，也是世纪伟人孙中山先生诞辰150周年纪念年。中山，孙中山先生的故乡，拿什么来纪念这位世纪伟人、世界伟人？

"孙中山文化"，一个倡导了十余年、践行了十余年，但仍需要内涵厚植丰富与平台支撑的课题。"中国梦"，一个与孙中山首倡的"振兴中华"一脉相承的理想。哪一个具体的梦更能直接衔接"中国梦"与"振兴中华"？

2016年秋，时值孙中山先生150周年之际，中山市经酝酿三年之后而启动的"铁路梦·中国梦——孙中山文化高铁行"大型跨城人文活动，以行程万里的调查、深入的挖掘整理、丰富翔实的史料与铁的现实，为我们还原了一个更加真实、立体的孙中山，一个距离"中国梦"目标最近、成绩最突出的梦——"铁路梦"。活动告诉我们："中国梦"与"铁路梦""振兴中华"一脉相承，孙中山知行合一的"实业救国、铁路强国"的思想正在中国版图落地、蜿蜒、拓展。

风自青蘋起，步从中山发。

2016年9月26日，金秋送爽的中山市翠亨村荡漾着一首悠扬的歌曲《翠亨村》："五桂山下，兰溪河畔，山河绿如蓝；小小翠亨村，走出一个

孙中山文化高铁行

人；走出一个人，点亮一片天。"

伴随着优美的旋律，"铁路梦·中国梦——孙中山文化高铁行"大型人文活动从孙中山先生的诞生地徐徐启幕，一次驭风而行的孙中山文化活动由此出发。

一路北向、东向。站在风的上方，感悟高铁的速度、梦的速度。风告诉你，伟人画笔遒劲的指向、飞扬的思想；动车告诉你，中山路与中山梦，中国风与中国梦的传奇。

驭风而行，起于中山，掠过广州、长沙、武汉、南京、上海，抵达北京。触摸一个伟人的心路轨迹，还原一种文化的质地本色。驭风而行，灵魂之行，砥砺之行；寻梦之旅，文化之旅。这是一次寻访伟人足迹的文化交流之旅，一次发现"铁路梦"与"中国梦"磨合碰撞的行动。

"乘高铁重访与孙中山先生关系密切的城市，是纪念孙中山先生一个很好的切入点，也是对铁路梦、中国梦的人文情怀抒发。"中国社会科学院荣誉学部委员、中国近代史研究大家杨天石如是说。

这是一次由政协广东省委员会办公厅指导、政协中山市委员会主办的活动，共组织专家、学者及媒体记者等近30人乘坐高铁寻访广州、南京、上海、长沙、武汉、北京等城市。这是寻访伟人足迹的文化交流之旅，这是一次发现"铁路梦"与"中国梦"磨合碰撞的行动。

此次活动的落地，依托孙中山先生150周年诞辰这个重要的纪念节点，尤其是中国高铁高速发展的现实，旨在从铁路文化的角度切入，去考察、整合、展现孙中山先生的铁路规划、建国方略与当代中国的铁路实践和成就。

交流团从孙中山先生的故乡翠亨村出发，乘坐高铁走进与孙中山先生革命生涯密切相关的城市，考察当地孙中山先生革命遗迹和文化纪念设施，进行人文交流等活动，通过重走伟人艰难而伟大的足迹，追忆和感受孙中山先生"振兴中华"的理想和抱负，见证中华民族伟大复兴的"中国梦"。

孙中山立志要改变贫穷落后的中国。他率先提出"振兴中华"的口号，并在《建国方略》中规划了宏伟的铁路计划，组织成立了中国铁路总公司，为中国铁路强国提出了指导性的思想。

近年来，以高铁发展为标志，中国的铁路事业取得了举世瞩目的成就。目前，中国已成为世界上高速铁路运营里程最长、在建规模最大的国家。高铁轨道从东部沿海到中西部欠发达地区次第铺开，并大步走向全世界。如今，曾经与孙中山先生有密切联系的各个城市，都实现了他曾经设想的"铁路梦"。

"高铁行"活动共分两条线路，寻访7座城市。其中，东行线从孙中山出生地中山翠亨村首发；第二站抵达广州，这是孙中山先生从事革命的地方，留下了许多孙中山的革命足迹；第三站抵达南京，是孙中山宣誓就职临时大总统而又请辞的地方，又是孙中山生命记忆的凝结地；第四站抵达上海，孙中山先生曾20多次到过上海，并在上海成立了中国铁路总公司，他的许多史迹都与上海有关。

第二条线路是北上线，同样从中山出发；第二站到达长沙，该市是孙中山亲密战友黄兴的故乡；第三站到达武汉，是"打响辛亥革命第一枪"的首义之城；第四站到达北京，孙中山曾三次到过北京，每一次都对他的人生、事业有着决定性的影响。

思绪，将伴随中国高铁的方向东延伸、向北延伸。

南方报业传媒集团中山记者站站长表示，此次活动既是对历史的回顾，也是对现实的展望，既是缅怀，也是鼓励，作为媒体有责任、有义务将孙中山先生的精神更广泛、深入地宣传出去。中山城建集团党委书记、董事长感慨到，"铁路梦·中国梦——孙中山文化高铁行"是一次很有现实意义的活动，能够为活动提供力所能及的支持，是中山企业的荣耀。孙中山先生的精神、思想，以及《建国方略》的思路对国家建设与国企发展具有重要的启示，对建设和美幸福与宜居宜业的中山将发挥重要的作用。

2. 真相

广州作为孙中山革命的根据地，他曾在此三次建政。

1917年8月，孙中山联合宣布"暂行自主"的西南地方军阀，在广州召开国会非常会议，议决《中华民国军政府组织大纲》13条，宣布成立护法军政府，以"戡定叛乱，恢复《临时约法》"为职责。9月1日，孙中山被选为大元帅，滇系军阀唐继尧和桂系军阀陆荣廷为元帅。9月10日孙中山就任大元帅，军政府正式成立。次年4月10日，西南军阀勾结非常国会内的政学系议员，通过了《中华民国军政府组织大纲修正案》，决定改组军政府，改大元帅制为七总裁合议制。5月4日，孙中山向非常国会辞职，5月20日，非常国会选举孙中山、唐继尧、陆荣廷、岑春煊、唐绍仪、伍廷芳、林葆怿7人为政务总裁，实际上排斥了孙中山的领导，孙中山愤而离粤赴沪。

中华民国非常大总统是孙中山在广州于1921年5月5日与1922年6月16日第二次护法时的职任名称。1920年，陈炯明将桂系及滇系逐出广州，孙中山回粤，第二次在广州建立政权。1921年5月，孙中山在广州组建中华民国政府，他出任非常大总统。政府成立后，在制度上中华民国政府制定起草了各种法制，广州首次设市，制定县自治条例，实现县长民选；在社会改造上厉行禁赌、禁烟、废娼，扫除匪盗，稳定社会秩序；在军事上积极组织西征，以彻底清扫桂系势力，统一两广，为北伐统一全国做好准备。同时以稳定的政局为基础，这一时期在孙中山的建设思想的引领下，其子孙科主持的广州城市建设取得了长足的进步，广州社会呈现一片蓬勃生机。1922年6月16日清晨，陈炯明叛变，命令洪兆麟攻击总统府，孙中山被迫离开广州，由此非常大总统一职停止。虽然陈炯明的叛乱使孙中山建立的此次政权又以失败告终，但孙中山所倡导的共和统一思想更加深入人心。

1923年2月21日，孙中山返回广州，联合多方力量，驱逐陈炯明叛军，重建大元帅府，第三次在广州建立革命政权。大元帅大本营在孙中山的领导下平定了叛乱，进行了东征与北伐；改组了国民党，实现了第一次国共合作，开展了国民革命运动；发展了教育，建立了国立广东大学与黄埔军校。黄埔军校的创办，对第一次国内革命战争乃至后来的革命历程都产生了极其深远的影响，被称为"黄埔建军"。与此同时，进行了司法改革，清理狱政，整顿司法行政；整顿军纪；等等。此时的孙中山所建立的政权仍高举谋求国家统一的大旗，以北伐武力统一中国作为此次政权的中心工作。不仅如此，在孙中山建设国家理想的形成与实践中，广州同样具有举足轻重的地位。

辛亥革命胜利后，孙中山提倡实业救国，他十分重视铁路建设，认为发展实业必须从铁路入手。1912年2月，孙中山将临时大总统的职务让给袁世凯，表示要"舍政事，专心致志于铁路之建筑，于十年之内筑20万里之线"，并认为"凡立国铁路愈多，其国必强而富"。孙中山于1912年4月1日辞去中华民国临时政府大总统职务，以在野身份专心从事有关民生主义的实业活动，在多次演说中倡行铁路建设计划。

孙中山"实业救国、铁路强国"的思想，与被称为"中国铁路之父"的詹天佑不谋而合。1912年5月，孙中山视察粤汉铁路时，詹天佑以广东商办粤汉铁路总公司总经理的身份，率领公司成员隆重欢迎孙中山视察，并请他帮助解决工程建设中的困难。自此，二人结下深厚的铁路情谊。

黄沙车站又称广州南站，多次留下孙中山先生的足迹。位于广州市荔湾区黄沙隧道口旁。1916年粤汉铁路通车至韶关后，孙中山曾多次前往黄沙车站乘车北上，或督师北伐，或慰劳部队。

1922年5月6日，孙中山从黄沙站乘火车赴韶关督师北伐，5月底得知陈炯明的部队开进广州城，察觉形势危急，于6月1日从韶关乘火车返抵广州。

1923年，孙中山返回广州建立革命政府。然而不久，北洋政府委任的广东军务督理沈鸿英宣布公开叛变，通电迫孙中山取消帅府，离开广东。4月16日，沈鸿英率军沿粤汉铁路南下，经英德、清远，进攻三水。孙中山亲往督师，与杨希闵指挥滇军抗击敌人。从4月26日至7月6日，孙中山六次于黄沙站乘火车前往北江前线，指挥作战和慰劳前方将士，终于击败了沈鸿英叛军。

次年，为推翻军阀统治，孙中山决定北伐，移大本营于韶关，亲往督师。1924年9月13日，孙中山前往黄沙车站乘火车北上，到达韶关车站后，设大本营于粤汉铁路公司养路处，接见各界人员，并立即通电各方北伐。10月23日，冯玉祥在北京发动政变成功，电邀孙中山北上共商国事。10月30日，孙中山在韶关乘车返回广州，各军政要人100多人前往黄沙车站候迎。孙中山下车与各军政要人会晤后，立即乘"大南洋"号汽船返回大本营。

粤汉铁路于1896年动议修筑，1901年由美国华美合兴公司开始承建。1906年广东商办粤汉铁路总公司成立，"中国铁路之父"詹天佑曾以粤汉铁路总公司总经理的身份在该站的大楼里办过公。1916年粤汉铁路筑成224公里，到达韶关，6月15日正式通车。1936年粤汉铁路全线通车。黄沙车站即为广州站旧址，车站有旅客站台两座，长廊雨棚140米，1947年改名为广州南站，主要办理货运。新中国成立后，广州南站发展成为华南地区最大的货运站。进入2000年后，广州的城市建设高速发展，黄沙一带道路交通压力倍增，2005年7月9日，广州南站关闭，其旧址被改造成为广州黄沙水产市场的"南站冷冻食品交易区"，使这座在中国铁道史上有着特殊意义的"百年老站"，现存与铁路有关的历史遗迹已所剩无几。

为纪念詹天佑对中国铁路发展的贡献，1998年，经中共中央办公厅同意，广州市政府在原黄沙车站旧址立詹天佑雕像一尊，雕像为著名艺术家潘鹤制作。

广东研究孙中山先生的专家告诉我们，孙中山是值得尊敬的领先时代的铁路建设先驱。

广东省社会科学院原院长张磊表示，孙中山先生虽然没有留下实体铁路建设成果，但他留下了全面的、完整的铁路建设规划。这一规划绝不是随意涂画，而是经过深入细致的研究后提出的。

张磊谈到一个细节，在广州的大元帅府里，最常见的是地图，在孙中山先生办公室甚至洗手间里，都张贴有地图。孙中山先生一有空就研究地图，在上面写写画画。这也是孙中山用心规划铁路建设等的一种体现。

中山大学教授、博士生导师、原中山大学孙中山研究所所长林家有认为，孙中山先生当年受制于国家不稳定、没有资金来源，没有修建出实体铁路是可以理解的。但是，有规划和没规划，是有很大区别的。以往，有些人认为，他的一些铁路建设规划，脱离了地理等实际，不具可行性。但新中国铁路发展证明，他的规划超越了时代，具有很强的指导意义。

中山大学教授、孙中山研究专家李吉奎指出，孙中山先生生活在广州时，广州只有三条短铁路，一条往北，是粤汉铁路广州至韶关段，一条往南，是广州至香港的广九铁路，一条往西，是广州至三水的广三铁路。孙中山先生当时就提出要修建往西广州至茂名、往东广州至梅州，往北打通京广线。今天，他对广州的铁路规划已基本实现。李吉奎还表示，孙山中先生辞任临时大总统之后，专注于修铁路，他当时提出的利用外资修铁路计划有很强的可行性，只是因为国情的变化才未能实现。直至新中国成立后，在共产党的领导下，才逐步实现了他当年的铁路梦想。

位于广东省广州市海珠区纺织路东沙街18号的"大元帅府"，不仅大有来头，富于传奇，而且留下了有关孙中山生活习惯的趣闻。"大元帅府"，用"文武双全"来概括再合适不过了。

很少人能想象得到，如此气势恢宏的大元帅府，原为一间水泥厂——广东士敏土（水泥）厂。而且，这个厂子早在1907年就建起来了。1917年，孙中山发起"护法运动"，率领部分海军南下广州，召开国会非常会议，曾征用此地作大元帅府。1923年3月，孙中山又在此地建立陆海军大元帅大本营，一个水泥厂就这样华丽地"转型升级"了。1924年春，孙中山在他的办公室撰写了《建国大纲》，提出25条国家建设方案；孙中山办公室还是国民党"一大"、创办黄埔军校和国立广东大学（今中山大学）的筹备之地，这里都有他办公留下的痕迹。大元帅府还有一个《大本营公报》的编辑室，隶属秘书处，同时负责秘书处文件的起草、誊写、校对、油印等；帅府外围驻扎过大本营拱卫队、警卫队等部队。这些部队也不简单，叶挺、张发奎等名将担任过警卫团营长；帅府的武器库，是武器、弹药等军用物资存放之处，其中有当时最新式的美国造双弹夹汤姆森机关枪。

在大元帅府，有个小物件引起了交流团的注意：地图。你说在会客厅、书房看见地图很正常对不对？但我们在孙中山的盥洗室，也看到了一张偌大的世界地图，妥妥地印证了他"地图控"的形象。"他到什么地方，都要买地图，房间里到处都是地图，喜欢在上面写写画画。"广东省社会科学院原院长、孙中山研究专家张磊说，这是孙中山先生"规划思维"的一种体现。在帅府餐厅，还复原了当时孙中山和夫人宋庆龄用餐的餐具，以西式为主。有趣的是，听讲解员说，孙中山有个奇特的饮食习惯：喜欢两个苹果就一杯牛奶。有什么说法没有呢？看起来好像是走养生路线，但这口味，也是"蜜汁搭配"……

提及孙中山，就不得不提他的《建国方略》；提到《建国方略》，就不得不提里面的实业计划，包括铁路规划；提到修铁路，也要说到当时很多人对孙中山"孙大炮"的评价。

不过，杨天石、张磊等专家有不同的看法。有人说孙中山留下的铁路建设成果甚少，说他是"孙大炮"。但我们都认为，建设是需要条件的。尽管没有实际的建设成果，但他留下了《实业计划》，看上去很枯燥，但实际上非常全面。所以我觉得孙中山还是个"近代化"的先驱。说到孙中山的实业计划，比如修铁路，确实也有不符合当时历史条件的地方。一个国家工程，涉及资金的问题，涉及科学论证的问题，等等。但是有规划跟没规划,是有很大区别的。在当时,为了解决资金的问题,孙中山已经开始计划利用外资来修铁路,他觉得借外债不是坏事,思想是很开放的。

孙必胜,孙中山先生的曾侄孙。黄伟民,辛亥元勋黄兴先生的长孙。一个长期居住海外,一个远在湖南长沙。基于这次文化活动,两位辛亥革命的后裔在长沙相逢!

黄兴1874年出生于湖南长沙一个名门望族。黄家家学深厚,祖上多有出仕为官者,但到了清朝,黄家远祖留下遗训:永不出仕清廷。在这样的家庭背景下,黄兴深受传统儒家思想和民族主义思想的浸染,22岁中秀才的他对科举功名并不热心,矢志拯救积贫积弱的祖国,1903年创立华兴会,次年谋划长沙起义,机密泄露,逃亡日本。1905年,黄兴在日本结识孙中山,携手创立中国同盟会。自此,这位辛亥革命时期的先驱和领袖,中华民国的创建者之一,始终站定支持孙中山的立场,甘当"配角",守护着脆弱的民主革命不被扼杀在摇篮之中。1916年10月31日,黄兴在上海病逝,享年42岁。1917年4月15日,受民国元老尊以国葬于湖南长沙岳麓山。

孙中山在辛亥革命胜利以后辞去临时大总统职务,袁世凯请他筹划全国铁路。当时孙中山提出了一个非常宏伟的铁路建设规划——用10年时间修建10万英里铁路,其中就提及修建一条从广州经湖南长沙到重庆的铁路。孙中山在《建国方略》里写道:此线应由广州出发,与粤汉线同方向,直至连江与北江会流之处。自此点起,本路折向连江流域,循连江岸上至连州以上,于此横过连江与道江之分水界,进至湖南之道州。于是随道江以至永州、宝庆、新化、辰州,溯酉水过川、湘之界入于酉阳,又循乌江流域至扬子江边之涪州,循扬子江右岸,上至重庆(由酉阳横过山脉而至南川,从南川渡扬子江而至重庆)。此路全长900英里,经过富饶之矿区与农区。这是一条贯通大西北和大西南的铁路，通过重庆最终可以延伸到广州，将形成一条连通西北、西南与珠三角的大动脉。

随团而来的孙中山先生的曾侄孙、中山市孙中山研究会名誉顾问孙必胜，见到了黄兴先生的长孙黄伟民。他们亲切交流，共同倡议，希望华人都能像当年孙中山和黄兴一样，团结一致，为振兴中华而奋斗。

孙必胜退休后去了孙中山曾经开展过革命的地方，发现孙中山每到一个地方，都得到了当地华人和朋友的大力帮助和支持。事过百年，还总能碰到如黄伟民等曾经帮助过孙中山革命的后人。因此，他感慨地说道："希望现在的年青一代多交朋友，共同为振兴中华而努力。"

黄伟民则动情地说道，1905年，黄兴与孙中山在日本一见如故，一拍即合，为推翻帝制、振兴中华、实现"中国梦"而共同奋斗。此次利用高铁这个载体，将广州、长沙、武汉、北京、上海、南京等众多城市联结起来，宣传和弘扬孙中山文化，对促进民族振兴、实现伟大的"中国梦"有着很强的现实意义。

孙中山为什么对铁路如此感兴趣？从亲人的角度出发，孙必胜讲述了对孙中山萌发"铁路梦"的理解。他说，孙中山年少时开始在美国接受教育，后来在那里开展革命活动，在美国有过诸多乘坐火车的经历，这种经历，让他目睹了铁路对于经济发展的意义，也加深了他对铁路建设的思考。这也许是孙中山"铁路梦"的肇始。

"如能够看到今天的发展成果，他一定深感欣慰。"从东行线到北上线，数千公里的高铁行，也让孙必胜对孙中山的"铁路梦"有了更深刻的理解。他说，孙中山当年规划铁路的宏伟计划虽还未全部实现，但百年之梦已具雏形，中国铁路建设已取得令世界瞩目的成果，高铁正成为中国的一张国际新名片。

黄伟民则以"感情"为题，分享了几件历史往事，重温了孙中山与黄兴当年的革命情谊，并倡导，无论孙中山文化还是辛亥革命的文化研究都要靠革命后人聚力而为。

黄伟民说，孙中山与黄兴曾因政见不一致发生过几次"摩擦"，但是黄兴每次最终还是选择尊重、支持孙中山，两人革命情谊历久弥坚。中国社会科学院荣誉学部委员、中国近代史研究大家杨天石讲述了黄兴与孙中山之间一些鲜为人知的故事。

1906年，讨论中华民国国旗时，孙中山主张青天白日旗方案，这一方案遭到黄兴反对。黄兴提出了井字旗方案，寓意井田制。双方争执不下，孙中山坚持己见。最终，在革命同志的调解下，国旗议案暂时搁置。这成为辛亥革命以前孙、黄之间最大的一次分歧。

二次革命爆发后，1914年时，针对讨伐袁世凯的方式，孙中山与黄兴再次产生分歧。孙中山认为应该武装反抗，而黄兴认为应该寻求司法，走和平路线。最后，黄兴未加入孙中山当年7月所成立的中华革命党，而是离开日本前往美国。

"如果黄兴没有如此早逝，孙黄在革命道路上能走得再远一些，中国近代历史也许会改写，中国当时民主革命形势会有新的面貌。"杨天石表示，孙中山建立兴中会，黄兴建立华兴会，两人的革命主旨完全一致，都是振兴中华。尽管曾经有一个时期，两人确因政见不同而关系疏远，但最终，两人还是循着同样的革命理想走回同一条道路。

孙必胜多次谈到，自己一直与国内外诸多民主革命后裔保持联系，希望有一个机会，能够促成革命后人的一场聚会。这场聚会，不仅为缅怀革命先人，不仅为延续革命情谊，更为推动孙中山文化研究。"这是我的一个愿望，这不是仅以孙氏之力、一人之力可以完成的。必须让所有革命后人共同参与进来，一起研究、传播孙中山文化，就像当年革命者因为一个梦想聚集在一起。"孙必胜表示。

谈及孙中山，孙必胜非常关注孙氏家风。他说，如果孙家有什么家风的话，无非三点：亲情、廉洁、大公无私。

作为孙中山的长兄，孙眉对孙中山的管束非常严厉。但是，在孙中山开展的革命事业上，却十分支持他，在精神上、物质上都给了他非常有力的支持。我曾经在夏威夷的档案馆中查询过资料，孙眉当年曾经有过超过100宗的土地买卖，这些钱大部分被寄回国内，支持孙中山革命，直到他最终破产。孙眉对孙中山的影响十分深远，其中亲情是非常重要的部分。而孙家在孙眉经商之前以及破产之后，非常贫穷，但是孙眉、孙中山两兄弟一直对父母非常孝顺。

后来，孙中山被推举为临时大总统后，很多人认为孙眉在革命事业中贡献卓越，希望推举他为广东都督，但是孙中山没同意。他说，孙眉善于经商，但是不擅政治。对此，孙眉也欣然接受，并不贪图仕途，而是听从孙中山的建议，在实业领域发展。大公无私的孙氏家风，由此可见一斑。

动车驭风而行，过五岭，逾湘江，渐近辛亥革命首义之城武汉。

1911年5月清政府下令实行"铁路国有"。所谓国有，就是夺取民办铁路权利，转卖给列强，而拒不归还商民已集的股金。这一掠夺措施激起普遍的民愤。在与铁路权益有密切关系的立宪派士绅和革命党人的鼓动下，很快形成全国性的保路风潮。当清政府由湖北抽调新军入川镇压民众时，武昌新军中的革命党人乘机于1911年10月10日起义，一举攻占总督衙门，并迅速光复汉口和汉阳。新军协统黎元洪和立宪派首领汤化龙等都归附革命。黎元洪被举为湖北军政府都督。武昌起义震动全国。武昌起义后一个多月，湖南、陕西、江西、山西、云南、上海、江苏、贵州、安徽、浙江、广西、广东、福建、四川等省区先后宣布独立。12月29日，17省代表在南京选举临时大总统，每省1票，孙中山以16票当选。黎元洪当选为副总统，仍留在武昌。1912年元旦，孙中山宣誓就职，定国号为中华民国，改用阳历，以1912年为民国元年，以五色旗为国旗。1912年4月1日，孙中山正式辞去了中华民国临时政府大总统之职。八天后，他应副总统、湖北都督黎元洪的邀请，从上海乘船抵达武汉。

4月9日正午，当湖北派去迎接孙中山的"联鲸""湖鹗"两艘轮船驶进汉口港时，江上所有的船舰汽笛齐鸣，岸上鼓乐齐奏，第二师师长王国华整队相迎。孙中山站在舵房高处向岸上人群挥手致意。随行的还有卢夫人、儿子孙科、女儿孙瑗、孙琬以及随员宋子文、胡汉民、汪兆铭、景耀月、程明超等人。孙中山一行登岸后，即与各机关社团代表合影留念，然后由孙武等人护从换乘"裕川"轮过江。抵达武昌文昌门后，孙中山一行转乘马车经长街（今解放路）直达"中华民国鄂军都督府"（今阅马场—红楼）。此时，沿街两旁彩旗招展，万人空巷，教导团、毕血会、陆军学堂、报界俱进会与市民都聚集在长街两旁，夹道欢迎这位蜚声国内外的革命伟人。

到达都督府大门前，孙中山下车后，与早在等候的黎元洪互致问候，手牵手一同步入会议厅茗茶餐宴。黎元洪称赞孙中山，"功成身退，光媲尧舜"。孙中山亦答："此次解职游鄂，慰劳首义同志军民，勖勉精诚团结，共同建设新中国。"在督府老园摄影留念、共进晚餐后，黎元洪即派高级武官护送孙中山一行，到黄土坡盐署特设行辕即前"湖北抚署行辕"休息。

4月10日早上，黎元洪陪同孙中山巡视起义时首先占领的"楚望台"军械库，凭吊彭、刘、杨三烈士就义处，再赴都督府与各司、镇、军事学校、水师统领等共聚。孙中山在都督府发表了题为《共和与自由之真谛》的长篇演说。

下午，孙中山登上蛇山后，抵阅马场，应武昌各界群众之请，出席露天欢迎大会，并发表演说："革命是从破坏中求建设，武、阳、夏三镇宜连成一片。汉口为商业区,汉阳为工业区,武昌为政治文化区。应在江上建筑大楼,或凿隧道,联络武汉。再从汉口后湖襄河,下至谌家矶开一运河,引汉水入江,将襄河慢慢填起,使阳、夏毗连一起。复在上游开一运河,下新河入江。于是武汉三镇,中有大江,南北有两运河,又为京汉、粤汉的两中心,形成一个大都会。若以之建设,亦是理想上之城市。"听者欢声四起,众皆鼓掌。当晚,孙中山一行下榻黄土坡。

在武汉,孙中山在短短的几天时间内,先后视察了汉阳工业基地,出席同盟会湖北支部的欢迎大会,到会者有2000多人之众。孙中山先在会上宣讲"三民主义",后来又谈到首都问题。当晚,黎元洪在都督府举行盛大宴会,孙中山再次向黎元洪提出建设汉阳兵工厂。

对武汉这个"首义之都",孙中山先生可谓情深意笃,在其论著《建国方略》中,曾提出要在武汉建长江大桥、过江隧道,要融三镇为一市,并为其未来的发展勾画了美好的蓝图。孙中山曾多次到武汉,构思把武汉建成国际大都市。

在《建国方略》中,孙中山在该书第三部"建设内河商埠"特别谈到镇江、南京、芜湖、安庆、九江及武汉的发展思路。其中,对武汉的设想如下。武汉者,指武昌、汉阳、汉口三市而言。此点实吾人沟通大洋计划之顶水点,中国本部铁路系统之中心,而中国最重要之商业中心也。三市居民数过百万,如其稍有改进,则二三倍之,绝非难事。现在汉阳已有中国最大之铁厂,而汉口亦有多数新式工业,武昌则有大纱厂。而此外,汉口更为中国中部、西部之贸易中心,又为中国茶之大市场。湖北、湖南、四川、贵州四省,及河南、陕西、甘肃三省之各一部,均恃汉口以为与世界交通唯一之港。至于中国铁路既经开发之日,则武汉将更为重要,确为世界最大都市中之一矣。所以为武汉将来立计划,必须定一规模,略如纽约、伦敦之大……

孙中山先生对武汉的战略规划要点有如下几个方面。第一，武汉的战略定位必须是与世界上最发达的城市进行竞争。第二，武汉是中国中西部经济贸易中心。第三，武汉工业前景广阔。第四，武汉应成中国铁路系统的中心。武汉是"中国本部铁路系统之中心"。即全国10万英里之铁路，武汉为中央铁路系统，包括南京—汉口线、西安—汉口线、北方港—汉口线、黄河港—汉口线、芝罘—汉口线、海州—汉口线、新洋港—汉口线。第五，武汉水运乃中国内地之"顶水点"。第六，武汉应该成为中国的首都。

高铁行所到的南京，既是六朝古都，也是一个开始"新纪元"的地方。1912年元旦，就是在这座古城，孙中山在南京总统府发表了《大总统宣言书》，宣告中华民国成立。从此，南京成为中华民国政府的政治、经济和文化中心。孙中山下令定国号为"中华民国"，改用阳历，以1912年元旦为中华民国元年元旦，这标志着一个新纪元的开始。

也是这里，孙中山在就任临时大总统三个月后又辞掉总统。虽然孙中山领导的南京临时政府只有短短三个月，但它开创了一个崭新的时代，使民主共和观念深入人心，为中国历史的发展做出了巨大贡献。

1925年，孙中山先生长眠于此。临终时，孙中山先生说："吾死之后，可葬于南京紫金山，因南京为临时政府成立之地，所以不忘辛亥革命也。"

烟雨如岚，但毕竟有许多往事并未随风而去。

中山陵位于南京市城东紫金山南麓，西邻明孝陵，东毗灵谷寺，为孙中山先生的陵墓，又被誉为"中国近代建筑史上的第一陵"。现场的工作人员介绍，倘若从空中俯瞰，中山陵如同一座"自由钟"平卧在绿绒毯上，山下的中山先生铜像是钟的尖顶，半月形广场是钟顶圆弧，而陵墓顶端墓室的穹隆顶，就像一颗溜圆的钟摆锤，寓意"唤起民众，以建民国"。

中山陵自1926年1月破土动工，至1929年春主体工程完工，主要建筑包括牌坊、墓道、陵门、碑亭、祭堂和墓室等。环绕中山陵的主体建筑，还有一系列纪念性建筑，如为便于孙中山先生家属守灵而在陵墓后上方建造的永慕庐、存储奉安大典纪念物品的奉安纪念馆以及宝鼎、音乐台、流徽榭、仰止亭、光华亭、行健亭、藏经楼等。

因为要拜谒孙中山先生，杨天石老师一身正装，每粒扣子都扣得整整齐齐。杨天石、孙必胜两位长者虽然年迈，可他们照样和年轻人一样，顶风冒雨，登完了392级台阶，来到了祭堂，向孙中山陵寝敬献花篮。

拜谒仪式之后，我们在中山陵门前、台阶中间地带留意到两个铜鼎，其中面向左边的铜鼎有两个破洞。讲解员王雯告诉我们，这是抗战时期日军的炮弹留下的痕迹，之后未作修复，也是为了铭记历史。孙中山墓碑高约9米，用一块巨大的花岗石雕琢而成，墓碑正面刻着24个镏金大字告诉世人孙中山先生葬于此。在墓碑的背后，并未发现墓志铭，王雯说本来在开始规划时拟计划让汪精卫、胡汉民撰写墓志铭文，但过了两年仍未确定下来，1928年1月7日，孙中山丧事筹委会慎重研究后认为"以总理之伟大，非墓志铭、传记文字所能包括一切，致以不用为宜"。

杨天石介绍说，南京既是孙中山就任和辞去临时大总统的地方，也是他英魂不朽的场所。在这里，南京临时政府成立后，颁布了一系列政策法令，旨在"尽扫专制之流毒"、除旧布新、实施民主政治、发展资本主义。尤其是《中华民国临时约法》的制定和颁布，用法律的形式确立了资产阶级共和国的国体和政体，成为辛亥革命时期的重要成果之一。

然而，南京并非孙中山首选定都之地。孙中山创建中华民国，定都的首选并不是南京。据有关资料记载，早在1887年，孙中山就对中国首都的选择是主张"一都四京"，一都即武汉，四京即西京重庆、东京江宁、南京广州、北京顺天。可见，孙中山关于首都的第一选择应是武汉。那么，那为何后来要改作南京呢？1911年12月2日，江浙联军攻克东南重镇南京。消息传来，在武昌开会各省代表立即作出决定，将临时政府设在南京，同时将各省代表会议移至南京召开。12月25日，孙中山回国后，分析了形势，放弃了原来的主张，转而支持定都南京。说起南京总统府，也是一个大有来头的所在。明朝初年，这里曾是归德侯府和汉王府，也是太平天国时期的天王府。清军攻破南京后，又在此重建了两江总督署。所以总统府的建筑大多保留了明清风格。里面还有个石舫，距今已有300多年，是乾隆年间的两江总督尹继善所建，有个很雅的名字——不系舟。孙中山宣誓就职临时大总统的地方，就在原两江总督衙门，也就是太平天国天王府内。为什么要在这儿宣誓？因为孙中山先生推翻帝制，是对旧制度的反抗，选在这个地方，就有向旧制度挑战、重新开始的意思。南京总统府建筑群占地面积有75亩，楼台亭阁风景如画，按照现在的标准来说，简直就是超级大豪宅，但孙中山的居室、客厅不到20平方米。在那个时代，国家内外交困，革命和建设都需要大量的资金，孙中山每天都想着怎么找钱支持革命和推动建设，生活极其简朴。我们在总统府看到，他的临时休息室和位于西暖阁的起居室，都非常简陋，基本没有什么装饰。我们在西暖阁的起居室看到，迎面是一个简陋的客厅，旁边分别是饭厅和警卫室，除了桌椅，没有其他家具；最大的客厅，面积也不超过20平方米。

孙必胜认为，孙中山先生在广州、南京、上海、长沙、武汉、北京等众多城市，都留下了众多具有重要意义的遗址遗迹及纪念设施，而高铁拉近了这些城市之间的距离，乘坐高铁到这些城市旅游，方便、快捷、舒适。他认为，将这种旅游方式优化为旅游套餐，打造成旅游品牌，向海外宣传推广，有很强的经济效益和文化效应。

回顾带领70多个国外的老同学到中山聚会旅游的经历，孙必胜说，虽然国内旅行社总体的服务很不错，但是在付费方式等细节上还有欠缺。他许多同学都想借机体验高铁，但由于旅行社在购票、时间等方面安排不到位，未能如愿。

综合同学及友人的想法，孙必胜寄语国内旅游企业，特别是铁路旅游企业能够充分发挥我国高铁优势，优化对国外散客的服务，优化孙中山文化高铁行路线，更加方便国内外游客乘坐高铁参观中山文化。

南京市孙中山研究会研究部主任卢立菊认为，孙中山先生也是"学霸级"人物，他曾以第一名的优异成绩从香港西医学院毕业，而且医生是个"高大上"的职业，他本来可以过得很好，无须辗转流亡国外，他从学医救人毅然转为革命救国，没有责任心和抱负，是很难做到的。

上海滩，既是孙中山革命活动重要的根据地，也是波诡云谲的国际大都会，还是重要的铁路交通枢纽。在从事革命活动的40余年中，孙中山先生曾先后20余次到过上海。从辛亥革命筹组南京临时政府，到撰写著作并确定联俄、联共、扶助农工的三大政策，促成国共两党第一次合作等，都与上海息息相关。

1894年春，孙中山首次来上海找到担任轮船招商局总办的同乡郑观应，请其致函盛宣怀推荐于李鸿章。6月26日，孙中山亲笔将书信交给在天津的盛宣怀，此即著名的《上李鸿章书》。李鸿章对孙中山的意见不予理睬。上书失败后，孙中山即以"广东香山来稿"名义，将《上李鸿章书》在上海的《万国公报》上发表。

至辛亥革命前，孙中山6次踏足上海。1906年7月，他再次来到吴淞口，约见同盟会会员熊克武、秋瑾、柳亚子等，了解国内革命情况。1910年6月，孙中山自海外来上海会晤革命党人。次年，同盟会中部总会在上海成立，并计划在长江流域各省组织起义。1911年10月10日，武昌首义，在不足60天内，全国14个省市先后宣布独立。11月3日至4

日，上海光复。

同年12月25日，45岁的孙中山自海外返抵上海，宝昌路408号（今淮海路650弄3号）的一幢3层楼西式洋房是他在上海的临时寓所。在这里，孙中山与黄兴等人共同商讨并确定了组织临时政府等重大问题的方案。12月29日，17省代表在南京选举产生中华民国临时大总统，和黎元洪、黄兴同为候选人的孙中山以16票的绝对多数当选。1912年1月1日上午，孙中山由上海赴南京就职。上海各界人士和民众数千人齐集沪宁车站（今上海北站）欢送，呼声响彻云霄。踏上火车之前，身穿大衣头戴军帽的孙中山在站台上留下了珍贵的照片。

1912年4月3日，孙中山解职离宁到沪，即在上海同盟会机关发表演说，阐述民生主义。同月6日，孙中山出席上海哈同花园由赵凤昌举办的欢迎会。辞去临时大总统后的孙中山，致力于"社会革命"，亲赴上海等实地考察实业，宣传民生主义，号召建设富强的新中国。

1916年，孙中山曾为筹措革命活动经费计划在上海开设交易所，后因发生府院之争离沪赴粤，计划因此搁浅。1918年，孙中山领导的护法运动因西南军阀的背叛而失败，孙中山被迫离开广州转往上海。此时孙中山处境窘迫，曾借环龙路63号（今南昌路59号）暂居。后在他人的帮助下迁入莫利哀路29号（即今孙中山故居）。1918年至1919年，孙中山在上海寓所深居简出，把奔走国事30余年的经验从理论上加以总结，写成了《知难行易的学说》又名《孙文学说》和《实业计划》。这两部书与他1917年在上海写成的《民权初步》合成《建国方略》这部重要著作。

1922年8月23日，共产党人李大钊从北京到上海，同孙中山商讨国共合作建立革命统一战线问题。此后，孙中山曾多次在上海香山路寓所召集国共两党负责人会议，研究国情，为实现国共合作召开中国国民党第一次全国代表大会做了充分的准备。

1924年11月，孙中山抱病赴京，途经上海时，于香山路寓所发表坚决反对帝国主义的讲话。孙中山逝世当日，上海市民在租界外的南市公共体育场举行追悼大会。会场灵堂横挽"德容永在"，会场大门横幅："革命尚未成功，同志仍须努力"。

孙中山先生为救中国奋斗毕生，几无私蓄，唯一的财产是美洲侨胞集资在上海赠他的一所住宅，但他留给中华民族和中国人民的精神遗产却极为丰富，激励着每一位爱国者为中华民族的伟大复兴而坚定前行。

中国社会科学院荣誉学部委员、中国近代史研究大家杨天石说："孙中山立志做大事，不要做大官，他说的做大事，修建铁路便是其一，孙中山铁路实业计划在上海完成的。"杨天石介绍，孙中山解除临时大总统职务后，开始筹备铁路建设相关事宜，在1912年8月孙中山致宋教仁的信上，更为清晰地表明了革命一旦成功，则从政治战线转向经济战线，致力于发展实业。从1912年4月至年底，孙中山将其多年来对铁路事业研究的成果条理化、深刻化、系统化，形成了他的铁道观，并将建设铁路提高到实业建设之首的位置。

1912年9月，袁世凯授予孙中山"筹划全国铁路全权"，并委任他为"全国铁路督办"。踌躇满志的孙中山一方面邀请詹天佑做他的助手，并找马君武、徐谦等人协助他办理具体事务。另一方面，他随即开始视察铁路，足迹先后遍及华北的京奉、津浦和华东的沪宁、沪杭、南浔等铁路。所到之处，他都发表演说，宣讲铁路政策，受到各地人民和铁路员工的热烈欢迎。11月14日，孙中山在上海设立中国铁路总公司。为了实现铁路建设计划，1913年2月孙中山亲赴日本长崎、东京、大阪、横滨等地考察日本铁路，并筹措筑路经费。在宋教仁被刺杀后，孙中山于当年7月12日在上海发动"二次革命"兴兵讨伐袁世凯，7月23日袁世凯正式宣布撤销孙中山"全国铁路督办"一职，中国铁路总公司暂交交通部管辖。

时令已是深秋，走进上海香山路的孙中山故居院内，孙中山先生的坐姿铜像摆放在显眼位置，院子内外高大的梧桐树交织出浓密的树荫。在这里，孙中山写成了《知难行易的学说》和《实业计划》，这两部书与他1917年在上海写成的《民权初步》合成《建国方略》这部重要著作。

踏上上海香山路，感觉这里有大都市难得的宁静。道路两旁的梧桐树，将周边一栋栋小洋楼半遮半掩起来。

上海孙中山故居纪念馆便位于这条路上，该馆主要由孙中山故居和孙中山文物馆两个展示场所组成。孙中山故居是孙中山和宋庆龄唯一共同的住所，是一幢欧洲乡村式小洋房，孙中山和夫人宋庆龄于1918年入住于此，1925年3月孙中山逝世后，宋庆龄继续在此居住至1937年。抗日战争爆发后，宋庆龄移居香港、重庆，1945年底宋庆龄回到上海将此寓所移赠给国民政府，作为孙中山的永久纪念地；孙中山文物馆由一幢3层欧式洋房改建而成，展出文物、手迹、资料300余件。

上海孙中山故居纪念馆工作人员介绍，上海在中国近代史上的特殊身份，使得这座城市存有各个国家、不同时期、不同风格的建筑，香山路就是这样的标本之一。香山路最鼎盛的时期为20世纪20年代，当时这里远离上海滩灯红酒绿，算是城郊一带，但这里的花园洋房成为新派中产阶级心目中的理想住所。

要说上海与高铁行关系最直接的一个地标，莫过于上海铁路博物馆。

上海铁路博物馆位于上海市闸北区天目东路200号，于2004年8月建成并对外开放，整个博物馆包括占地约1300平方米的室外广场展区和拥有3000余平方米建筑面积的博物馆主楼。展品主要为图片、文献史料、实物等，内有珍贵的铁路老设备、老器材和历史图片。展示从19世纪六七十年代铁路进入中国后，上海及华东铁路一百多年来所走过的历程。走进博物馆，近800件实物展现了有百余年历史的铁路发展、变迁。在展厅，我们看到了晚清修建沪杭铁路时竖立的界碑、19世纪90年代制造的钢轨、早期的火车时刻表、信号灯、20世纪20年代和40年代建造的老式蒸汽机、民国时期的铁路包厢等。

最令火车迷们兴奋的是，上海铁路博物馆室外的广场展区营造了一个早期铁路火车站的场景，据工作人员介绍，是按照当年上海北站站台的原貌复制而成，笨重的蒸汽机车和木结构的月台雨棚饱经岁月沧桑。其中一辆绿皮火车格外显眼，上面有黄色字体写着"包车"及"PRIV A T E"（即私人）两行字。据工作人员介绍，这便是当年宋美龄的包厢，从前门上到车厢内，一字排开的是厨房、警卫室、宋美龄卧室、会客厅，留出一条狭长的过道，从前门一直通往会客厅。在宋美龄卧室内，摆放着一张单人床及一张书桌、一把椅子，此外卧室还设有一个卫生间，淋浴、马桶等洗浴设备齐全；包厢最后面便是会客厅，工作人员介绍，这里不仅充当着饭厅的角色，同时肩负接待任务，一张椭圆形的桌子居中摆放，红色地毯、欧式风格软椅、造型讲究的壁灯、彩绘玻璃，这些软装饰将一列看似普通的火车车厢，打造成一个舒适的会客厅，即便在这里同时接待十余人也不会显得拥挤。

2016年10月10日，高铁行交流团抵达北京。

一百多年前，伟大的民族英雄、伟大的爱国主义者、中国民主革命的伟大先驱孙中山先生，从故乡中山出发，提出了"振兴中华"的激扬口号。他规划的铁路发展宏图，至今仍深刻地影响着中国的发展。十日高铁之行，到访七座城市，交流团追溯孙中山先生开展民主革命的历史足迹，探寻他振兴实业的"铁路梦"，体验中国铁路发展至今的"中国速度"。

孙中山文化高铁行既是缅怀伟人的一次创意文化活动，也是孙中山文化研究的一次探索。这一活动将推动中山与各城市之间多领域的深度交流合作。

在中国铁道博物馆举行的孙中山文化高铁行"中国速度"交流会上，八十高龄的中国社会科学院荣誉学部委员、中国近代史研究大家杨天石肯定道：一个世纪前，孙中山率先提出了"振兴中华"的伟大口号，这也成为其"中国梦"的总纲。而在孙中山的民生之梦中，"铁路梦"是成绩最突出、离目标最近的一个梦。

孙中山一生共到过北京三次。

第一次是在1894年7月。这年6月，孙中山带着8000多字的《上李鸿章书》，到天津，通过关系找到李鸿章的幕僚盛宣怀。盛宣怀读过，对孙中山很有好感，就带他去会晤李鸿章。当时，中日战争即将爆发，李鸿章正忙于练兵，以军务繁忙为由，仅派幕僚接见了孙中山。孙、陆两人等待无果，次月转到北京"窥清廷之虚实"，所见的是甲午中日战争在即，清廷却忙于筹备为慈禧祝寿，这次求见李鸿章没有达到预期的结果，使孙中山对改良救国不再抱有任何幻想，而从此踏上了资产阶级民主革命救国的道路。

第二次是1912年8月，孙中山应袁世凯之邀北上，到北京和袁世凯会面，两人会谈13次，袁口蜜腹剑，投孙之好，会谈中尽力附和孙中山的革命主张和政治见解，俨然一位民主共和拥护者，并得到了孙中山不竞选正式大总统的承诺。孙中山一再向外界宣示，支持袁世凯竞选正式总统，而自己则提出在10年内修铁路20万里，使国家统一富强。但袁世凯为迎合孙中山之请，颁令特授孙中山"筹划全国铁路全权"。黄兴应袁世凯之邀到北京会谈，袁商请黄兴担任总理一职。黄兴此时与孙中山一样，对政治消极，坚拒总理职务，表示追随孙中山发展实业，致力于社会事业。袁摸到孙、黄的政治底线后，便请黄兴在赵秉钧、沈秉堃两人中选择一总理人选。国民党方面开会议定以赵秉钧出任总理，并公推黄兴向袁世凯面陈此议。

第三次则是1924年底，冯玉祥发动北京政变后，电邀孙中山北上主持大局。此时，国内政局恶化，外有西方列强对孙中山的阻挠，内有段祺瑞、张作霖等军阀对他的阳奉阴违。孙中山深知北上之旅的艰难，但是为了宣传他的主张，他毅然选择北上。在北上途中，他的肝病恶化，到北京后没多久，孙中山便因患肝癌于1925年3月12日病逝。

孙中山在调查研究基础上，于1918年制定了全国铁路发展蓝图。连接政治经济中心和沿海沿江口岸利于对内对外开放；铁路与水路衔接利于经济互动；铁路环绕陆疆和海岸利于加强国防。他规划编制的111条铁道线路，成为《实业计划》的重要组成部分。

孙中山第二次到达北京与袁世凯会谈中，第一次全面系统地提出了"十年内修铁路20万里"的设想。可以说，北京是孙中山"铁路梦"实际意义上的发生之地。同年9月，孙中山受中华民国临时政府委托担任全国铁路督办，组建中国铁路总公司，全权筹办全国铁路。他在北京提出了"交通为实业之母，铁道又为交通之母"的著名论断。从这个意义上讲，北京也是孙中山开展铁路实践的初始之地。

北京正阳门，坐落着中国铁道博物馆，这是集中展示中国铁道的诞生发展历程和丰硕发展成果的地方。该馆第二部分展厅，专门梳理展示了孙中山与中国铁路的关系。柜台内展示的一张中国铁路全图，出自孙中山所著的《实业计划》，吸引了交流团成员的驻足参观。

在中国铁路博物馆正阳门展馆内，一张张照片和一件件实物向交流团成员们展示着中国百年铁路的发展历程。讲解员介绍，这座博物馆是由原京奉铁路正阳门东车站改建而成，全面展现了中国铁路从无到有，从落后到先进的140年的发展历程。如今，中国的铁路已突破10万公里，其中高铁运营里程突破2万公里，位居世界第一。

中国铁道博物院李春冀介绍，正阳门展馆的前身，是1906年投入使用的京奉铁路正阳门东车站，孙中山当年历次来往北京，都在此地上下车。令人唏嘘的是，孙中山去世后，1929年5月26日，其灵柩也是从这里被安放到火车上，一路护送至南京中山陵。

从历史走进现实，高铁行交流团成员在博物馆的展馆内，观看了《中国高铁》宣传片，了解了中国铁路最新的发展成果，进入高铁仿真模拟驾驶舱，体验了高铁发展的"中国速度"。

3. 启示

要真正将"中国梦"从一张纸种植在960万平方公里的土地上，人，无疑是第一要素：让"中国梦"以一种信仰植入人民的灵魂，以一个引擎牵引人民的自觉行动，以一种因子激荡人民的血脉。一言以蔽之，就是人民必须对"中国梦"形成统一的文化认同。

"中国梦"与"振兴中华"一脉相承"。

100多年前，孙中山曾对文化蓝图如此描述："物质文明与心性文明相待，而后能进步。中国近代物质文明不进步，因之心性文明之进步亦为之稽迟。"

"激扬新文化之波浪，灌输新思想之萌蘖，树立新事业之基础，描绘新计划之雏形。"

一旦文化的因子深深融入经济、政治、社会的肌理，就会成为社会生产力的重要因素和经济增长的重要推动力。

孙中山在《建国大纲》中说："建设者首要在民生，故对于全国人民之食衣住行四大需要，政府当与人民协力，共谋农业之发展，以足民食，共谋织造之发展，以裕民衣，建设大计划之各式屋舍，以乐民居，修治道路运河，以利民行。"

历史与现实已经证明，孙中山先生的《实业计划》是一个眼光远大、气魄宏伟、在中国近代思想史上应占有重要地位的伟大思想，它开时代之先声，是孙中山民族、民生主义重要主题之一。它是为了解决亿万中国人民的丰衣足食问题，也是使中华民族能自立于世界民族之林，对人类能做出贡献的基本方案。

习近平总书记在纪念孙中山先生150周年诞辰大会上的讲话中指出："孙中山先生在从事紧张的革命活动的过程中，一直思考着建设中国的问题。1917年到1919年，他写出《建国方略》一书，构想了中国建设的宏伟蓝图，其中提出要修建约16万公里的铁路，把中国沿海、内地、边疆连接起来；修建160万公里的公路，形成遍布全国的公路网，并进入青藏高原；开凿和整修全国水道和运河，建设三峡大坝，发展内河交通和水利、电力事业；在中国北部、中部、南部沿海各修建一个世界水平的大海港；大力发展农业、制造业、矿业，等等。孙中山先生擘画的这个蓝图，显示了他对中国发展的卓越见解和强烈期盼。当时，有的外国记者认为孙中山先生的这些设想完全是一种空想，是不可能实现的。

"的确，在旧中国的政治经济社会条件下，孙中山先生的这些宏大构想是难以实现的。今天，在中国共产党领导下，在全国各族人民顽强奋斗下，孙中山先生当年描绘的这个蓝图早已实现，中国人民创造的许多成就远远超出了孙中山先生的设想。祖国大地上，铁路进青藏，公路密成网，高峡出平湖，港口连五洋，产业门类齐，稻麦遍地香，神舟邀太空，国防更坚强。孙中山先生致力于建设的独立、民主、富强的国家早已巍然屹立在世界东方。"

在广东省各界隆重集会纪念伟大的民族英雄、伟大的爱国主义者、中国民主革命的伟大先驱孙中山先生诞辰150周年大会上，中共中央政治局委员、广东省委书记胡春华指出，广东是孙中山先生的故乡，是他一生革命活动的主要基地。南粤大地的许多优秀儿女，包括众多海外华侨华人，为孙中山先生的建国理想、革命精神和人格魅力所感召，慷慨就义、以死报国，为中国民主革命事业做出了巨大贡献。广东人民以诞生了孙中山先生这样一位世纪伟人而感到骄傲和自豪，伟大的中山精神一直激励着广东人民不断前行。胡春华强调，要继承和弘扬孙中山先生以民为本的思想理念，致力于增进民生福祉、谋求人民幸福。当前，广东正按照中央的决策部署，奋力推进经济社会发展和现代化建设各项事业。要扎实办好民生实事，切实保障底线民生，解决好人民群众关心的就业、教育、医疗卫生、社会保障、脱贫攻坚等问题，推动改革发展成果更多更公平惠及全省人民群众，努力率先建成覆盖全省城乡和所有区域、惠及广东1亿多人民群众的全面小康，率先基本实现社会主义现代化。时任中山市委书记认为：我们纪念孙中山先生，就是要继承和发扬他与时俱进、敢为人先的进取精神，向基本实现社会主义现代化迈出坚实步伐；就是要继承和发扬他锲而不舍、百折不挠的坚强意志，增创中山改革发展新优势；就是要继承和发扬他"天下为公"、无私奉献的博爱情怀，构建幸福和谐的美好家园。

回顾"铁路梦·中国梦——孙中山文化高铁行"活动，担任活动总策划的中山市政协领导感慨万千：在孙中山先生的"振兴中华"之梦中，铁路梦是非常重要的一环。这次活动最早源于孙中山文化这一概念，而这个概念的内涵需要具体的活动与载体来支撑。一个偶然的机会，我随中国作家一个代表团去武汉，那是我第一次坐高铁，快速、便捷、安全、舒适的感觉让我对高铁生发出一个"伟大"工程的感慨。一路走，一路想，便想起了孙中山和他的《建国方略》与中国铁路。《建国方略》是孙中山先生思想、孙中山文化的一个重要标志。改革开放后，诸如三峡工程、铁路发展，都与孙中山在《建国方略》中的规划有关，那是他在100多年前就提出并亲自规划设计的。而这，正是孙中山"振兴中华"的理想与实现"中国梦"的标志。在此,高铁可谓一个圆梦的范本!

"铁路梦·中国梦——孙中山文化高铁行"不仅充实并支撑孙中山文化,而且深化了对孙中山思想的研究,且在一定程度上撇清了孙中山对中国铁路建设有思想、有规划,却没有具体行动的研究误区。

孙中山不仅是伟大的思想家、爱国主义者、民族英雄,而且是中国现代化建设的先驱。其博爱、"天下为公"的思想与实践是众中所周知的。他是中国第一个站在中国看世界、站在世界看中国的人。在当时的环境下,孙中山提出了"知行合一"的思想,但针对当时民众觉醒难的问题,他的"行易知难"理念以及思想革命是超前的。而许多人尚未意识到这一点,也没有跟得上,但孙中山无论是"知"还是"行"都走在了时代的前沿。他提出"三民主义"的真正用意就是要唤醒民族。孙中山上书李鸿章失败后,走上了革命道路。革命成功后,他以很高的姿态让出总统之位,投身到建设中国的行动中。他的"行"最早的切入口就是铁路。他通过实地考察,亲自描绘出全国铁路发展规划图,清晰、深刻、生动的规划图昭示我们,孙中山正是"振兴中华"中国梦与《建国方略》的实践者、建设者。虽然同时代的人也在探索建国之路,但孙中山无论是从战略规划还是从具体实施,都是站在最高处、走在最前面的。

回顾孙中山文化高铁行,其深层价值在于有助于人们认识一个更加真实的孙中山。目前,学术界囿于各种因素的影响,对孙中山本人还存在认识的误区、误解与盲点。因此,社会与大众借此活动认识了一个更加真实的孙中山。孙中山文化高铁行又是一次学术、文化、亲情交融的行动,是孙中山的灵魂之行、思想之行、生命之行。

伟人的伟大,在于他巍然伫立于历史的高处。

伟人的站姿,出于后人对其精神理想的仰望。

纵然时移事易,他的英名也将伴随其精神思想的传承而上升至一个新的海拔。

中华大地延宕着许多希望，它叫铁路梦、大港梦、民生梦、中国梦，历史的天空中站立着一个名字——孙中山。

中国梦·中山梦

孙中山认为，革命的归宿是建设。

他的《建国方略》中全面阐述了孙中山先生激情昂扬的建国思想，其中的《实业计划》从放眼世界的战略出发，为国家的富强、民族的振兴和人民的幸福提出了大政方针。在调查研究基础上于1918年后制定的铁路发展蓝图铺画了111条线路，是《实业计划》的重要组成部分。

诚然，"在旧中国的政治经济社会条件下，孙中山先生的这些宏大构想是难以实现的。今天，在中国共产党领导下，在全国各族人民顽强奋斗下，孙中山先生当年描绘的这个蓝图早已实现，中国人民创造的许多成就远远超出了孙中山先生的设想"。

而今，孙中山的"铁路梦"已然在中国的东南西北落地延伸。统计显示，中国的铁路已突破10万公里，其中高铁运营里程突破2万公里，居世界第一位。

许多世事貌似偶然，实属必然。

在中国进入高铁时代的时候，中山市在孙中山先生150周年诞辰之际迎来了自己的高铁纪元。

2016年10月12日，"铁路梦·中国梦：孙中山文化高铁行"活动在北京画上了圆满的句号。

一个多月之后的2017年1月5日，中山市正式开通赴桂林、贵阳、长沙3条高铁线路，1月6日开通北京、上海等方向的高铁线路。信息一经公布，立即让许多中山市民兴奋不已。

1月5日，对于320万中山人来说，注定是一个特殊的日了。从这一天起，中山正式融入全国高铁网。

中山出发，直通全国，握手世界。

正如城轨中山站标语所述：中山已来到一个全新的时代，一个直通全国、握手世界的高铁时代。

据了解，从中山站开往贵阳北的D2808次列车（珠海始发），上午8:10出发，14:35到达，历时6小时25分。这意味着，早上从中山出发，中午便可到达贵阳，吃上酸辣可口的酸汤鱼。

5号先开的D2368中山站——桂林北站，无须转车，且票价只需177.5元。之前曾多次到桂林旅游的李小姐说，高铁直达桂林能省下好多转车时间。中山人去桂林旅游，如果不是自驾车，就基本上都要到广州搭车或飞机。一种选择是先坐城轨从中山到广州南，再从广州南到桂林。虽然这两趟车所花时间都不长，但要时间上衔接得好，还得认真研究车次和到站时间，才不至于在广州南站候车太久。另一种选择就只能是搭旅游大巴，时间更长。而广州机场到桂林也有直飞航班，但特价票也要700多元。"无论时间、行程还是票价上都让人觉得舒适多了。以后想发呆，就买张去桂林的动车票，说走就走。"

在中山工作的湖南人夏先生，为了体验首先车次，也抢到了5日傍晚去长沙的高速动车票。他开玩笑说，是因为想吃长沙口味虾和臭豆腐了。"就三个多小时，今后从长沙回来都可以直接打包口味虾给中山的朋友吃了。"

2016年5月初，广东省"十三五"规划纲要赋予中山全新"四个定位"，其中之一是建设成珠江西岸区域性综合交通枢纽城市，中山在全省

高铁中山站

乃至全国的交通区位优势显著提升。据市发改局（市轨道办）介绍，发展轨道交通是中山打造珠西区域性综合交通枢纽的重中之重，优先之选。

在粤港澳大湾区的城市竞合中，中山如何借助各项利好给竞争力加码？

中山"两会"期间，包括高铁在内的交通话题，是中山市许多人大代表与政协委员关注的焦点。正是在这短短的一年里，从高速公路到深中通道再到高铁，中山的交通格局迅速迎来变革。

"高铁通车势必对中山经济、社会生活产生极大的影响，小到每一位市民出行方式的改变，大到投资发展环境的改善，高铁都将带来前所未有的冲击和革新。"对于中山"高铁时代"的来临，中山市城乡规划局副局长翁计传认为，高铁通行将促进中山从珠三角的地理几何中心变成区域交通枢纽城市。

高铁网主要连接省会城市和50万人口以上大中城市，实现相邻大中城市间1—4小时交通圈，城市群内部则实现0.5—2小时交通圈。高铁拉近城市间距离，相邻城市及城市群的"同城效应"十分明显。

"过去珠江口西岸交通不发达，中山跟全国高铁网不对接，尽管是珠三角重要的城市，处于改革热土，但仍是高铁盲区。"广东省社会科学院副院长赵细康认为，中山要坚持无缝对接交通发展理念，整体的物流成本、交通成本下降，商业交往频率就会上升，人流物流更快，经济就活了。

在赵细康看来，"中山站"将真正发挥铁路站点的作用，扩大中山人的出行半径。同样，中山也成为其他城市直接出行的目的地之一，对于中山招商引资、招揽人才也将有极大的促进作用。

从城轨到高铁，再到国铁，是中山融入国家高铁网的最终目标。中山人平日乘坐的城轨只有8节车厢，拥有16节车厢的高铁被称为"长编组列车"，对轨道站场的硬件有硬性要求。这条线路在设计之初就已决定，城轨中山站是唯一能满足高铁列车停靠和开行的站点。

2017年1月3日，中山市政府领导在中山站召开的现场会上表示，中山站开通高铁后，将打开中山通向全国各主要城市的门户，可连入直通华北、华中、华东、西南的高速铁路网络，大大缩短市民出行时空距离，中山人民在家门口就可以坐火车到达北京、上海、石家庄、厦门、杭州、宁波、桂林、长沙、贵阳等城市，且使得往来中山的客商交通更加便捷，有利于进一步提升交通区位优势，助推中山打造"珠江西岸区域性综合交通枢纽"。

在中山的规划中，轨道交通是"一盘大棋"，而融入高铁网只是万里长征第一步。

中山市将以"2218"轨道交通格局为战略目标，推动城轨中山站接入深茂铁路、广州地铁18号线，将其打造成为集国家铁路、城际轨道、地铁、城市轨道"四位一体"的铁路客运站场，并联合中山北站，共同构建功能互补、协调发展的大型现代化综合轨道交通枢纽。其中，中山站将接入深茂铁路、广州地铁18号线、城市轨道2号线、4号线；中山北站将接入深茂铁路、广中珠澳城际、城市轨道1号线、5号线。此外，中山市还将推进南沙港铁路黄圃站场建设，打造连接欧洲快线的物流中心。

据悉，中山站站场将借高铁开通契机进行改造，站内设施、信息系统、候车大厅、检票方式、站内空调、上下客扶梯等细节也将进行升级，进一步增强旅客服务能力。中山站还将推进周边土地综合开发，包括站场周边环境绿化、断头路整治、站前广场改造等，将中山站打造成为展示形象的重要"城市门户"。

中山市发改局透露，未来中山的轨道交通还将"动作连连"，很快中山还将进入"城市轨道时代"。《中山城市轨道交通建设规划》已经由省发改委上报国家发改委，中山城市轨道1号线前期工作正逐步推进，将争取早日动工建设。

"未来，依托轨道交通整体规划，中山将实现30分钟直达广深等国家中心城市。"市发改局权威解读了中山的轨道交通规划。未来，中山将打造"2218"轨道交通网，其中，第一个"2"是指两条国家铁路：深茂铁路、南沙港铁路；第二个"2"是指两条城际轨道：广珠城际、广中珠澳城际；"1"是指中山站—中山北站轨道交通枢纽；"8"指的就是7条中山城市轨道和1条广州地铁18号线延伸至中山项目。

根据规划，中山北站将在现有已经运营的广珠城际中山北站基础上，新引入深茂铁路、广中珠澳城际轨道以及中山市轨道1号线、5号线。高铁经停中山的短短两分钟，并不起眼。但这一刻，中山人已经整整等待了405天。

2017年1月5日之前，每天有50多对城轨、近10对高铁从中山站飞驰而过，但只有少数几趟城轨在这里停靠。

2015年11月28日，广珠城际开通珠海至北京、桂林长途列车，珠海率先进入"高铁时代",不少中山人对此倍感失落。同年12月,南方电视台制作了一期节目《有中山站却不停靠 中山老友好失望》,引起无数中山人的共鸣。

被全省规划为"珠三角区域性交通枢纽城市"的中山,焉能不着急?2016年以来,中山明显加快了迈入"高铁时代"的步伐。

2016年4月26日,中山市市长率队拜访广州铁路集团有限公司,就京广高铁、南广铁路的长途动车组经停中山站等事宜进行会商,中山市政府与广铁集团都认为京广高铁、南广铁路的长途动车组经停中山站具有重要意义,技术条件基本具备,双方同意共同努力争取珠海开行的长途动车组经停中山站。这时,距离这位市长履新不到一个月。

2016年12月18日,中山市第十四次党代会召开前夕,市长再次率队拜访广铁集团,专门就加快中山轨道交通发展、助推中山打造"珠江西岸区域性综合交通枢纽"进行交流。

在那次会谈中,中山市提出,希望广铁集团支持将中山站、中山北站打造成为大型综合性交通枢纽站场,加快推动深茂铁路深圳—中山—江门段启动建设,尽快安排中山站开通珠海—北京西、珠海—桂林北长途跨线高铁列车。

对于中山的渴求,广铁集团给予了积极回应:广铁集团将配合将中山站、中山北站打造成集国家铁路、城际轨道、城市轨道、公路交通"四位一体、无缝衔接"的综合客运站场。同时,广铁集团将加快推动广珠城际中山站启动站场改造,为中山站未来开行珠海—北京西、珠海—桂林北长途跨线高铁列车做好准备。这次会谈,极大地加快了中山"高铁时代"的来临。

中山市第十四次党代会提出,中山要加快争取融入国家高铁网,开通至北京、长沙、桂林等方向的高铁服务,推动中山迈入"高铁时代"。

目前，市发改局已经委托设计研究院就如何打造轨道交通枢纽开展规划研究，并推动城轨中山站周边整治和综合开发，绿化美化环境、打通断头路，引入干线公路建设等综合改造，未来中山站将成展示中山形象的"城市门户"。按照市十四次党代会工作部署，周边优先布局高端医疗、教育、金融、文化等功能区，打造成为国际性服务中枢、创智型总部基地、生态文化新区。

根据市委市政府打造"2218轨道交通网"部署，市发改局谋划将联合中山站、中山北站共同构建一个集"国家铁路、城际轨道、地铁、城市轨道"等多种轨道交通于一体的，功能互补、协调发展的客运枢纽。其中，中山站将接入深茂铁路、广州地铁18号线、城市轨道2号线、4号线；中山北站将接入深茂铁路、广中珠澳城际、城市轨道1号线、5号线。

未来几年，市发改局按照市委、市政府的工作部署，将全力推动中山的轨道交通加快发展，大动作连连。中山城市轨道1号线、2号线1期已经上报国家发改委，已在推进勘察设计、PPP投融资方案等前期工作，目标是2018年内争取动工建设。很快，中山也将进入"城市轨道时代"。

梦，是理想，是目标。只有当每个人梦圆的时候，"中山梦"才能圆，也只有当无数个"中山梦"圆的时候，"中国梦"才能圆。

孙中山文化包括孙中山的政治思想与理论体系、经济思想与社会主张、军事思想与战略战术，以及以上三个方面所蕴含的文化元素，更包括孙中山的文化思想、文化成果和人文遗产。"孙中山文化"的特质是，它是中国近代文化的灵魂，既领导和印证了近代中国甚至世界的文明进程，还将继续印证和引领当代中国和世界的文明走向。前者是它的历史意义，后者是它的现实意义和未来意义，具有厚重的世界性、人类性价值。

在中山，创新早已成为中山人（香山人）流淌在血液中的活性因子。这与中山先生一生革命实践及其思想理论的永恒主题"敢为天下先"一脉相承。

在中山,博爱是伟人故里宝贵的精神元素,也是新时代文化传承与创新的重要因素。因为"为四万万人谋幸福就是博爱",因为将"博爱""天下为公""世界大同"视为理想的最高境界和追求的最远目标,它是热爱、建设幸福和美家园和祖国的民族精神之凝聚,既在中山有传承性,又有时代性,包容则成为中山人开放胸怀的标志。

在中山,包容鲜明地体现在孙中山先生身上。顺应时代潮流,博采中外学说之长,为我所用,这是与时俱进的孙中山精神的实质。

在中山,和谐已经成为一种社会境界。它与孙中山"调和"矛盾、化解矛盾的主张,人以"互助"的观点,天下大同的理想,构成一个有机的整体。

因而,"创新的活力、博爱的情怀、包容的胸襟、和谐的心态",充分反映了中山人共同的价值取向,既是孙中山的精神集中体现,也是新时期中山人新的精神。

依靠这种精神文化的支点,中山人坚持不懈地行走在圆梦——中山梦的历程上。

徜徉岐江之湄,南熏北吹的风中西交融。历经 800 多年文化的浸濡,中山以其包容的大度而雍容典雅。登上五桂山之巅仰望高远的苍穹,孙中山、郑观应等灼目的人文群星辐射大地、光耀乾坤,他们丰沛的精神能量,鼓动着昨天和今天的中山人先行的自信、踏浪的勇毅。敢为人先的中山创造出赫然在目的经济奇迹,谱写出四方鸣和的变革乐章。

从 20 世纪 30 年代的"模范县"走来,中山走进了新中国,走进了改革开放的新时代。中山人民解放思想,大胆创新,先行先试,以"杀出一条血路"的胆略和气魄,在改革开放的征程中创造出多个全省乃至全国第一,成为中国改革开放的排头兵。

1978年冬，中山在全省率先实行联产承包责任制，由此拉开了农村改革的序幕，成为全省农村改革的先行者。

改革开放之初，中山人率先引进外资兴建旅游设施和景点，引进国外先进管理经验，创下了三个"全国第一"：1980年，中山三乡建起全国第一家中外合作现代化酒店——中山温泉宾馆；1983年，办起了当时东南亚规模最大、全国第一个机械游乐场——长江乐园；1984年，建成了全国第一个高尔夫球场——中山温泉高尔夫球场。

1988年1月，中山升格为地级市并实现GDP第二次翻番，被誉为广东"四小虎"之一；1997年9月，中山市获得联合国人居奖，成为该年度唯一获此殊荣的亚洲国家。

之后，全国文明城市、国家卫生城市、全国园林城市、全国科技兴市先进市、中国优秀旅游城市、全国环保模范城市、全国生态市、中国最具幸福感城市、国家历史文化名城等多项荣誉纷至沓来，伟人故里——中山，绽放出愈加迷人的魅力。

走过工业立市，走过工业强市。走过中山制造，走进中山创造，中山人民步入小康幸福。新世纪谋定新航向，中山，再度发力、再次扬帆！变，转型升级，变，集群出击。向北、向东、也向西，那里有驰骋的无垠疆场。临海长歌，谋定而动，一个叫翠亨新区的引擎正在轰鸣、飞转，执着向南，海阔天空！

孙文故里，博爱之都：一方人杰地灵虚怀若谷的土地，一方海纳百川开明包容的乐土。不管你来自哪里，你都可以在这儿安置幸福的梦；无论你是老是少，都可共享家的和美。

站在高处俯瞰，中山如同珠江边上的一颗温润的翡翠明珠，玲珑精致，质地高贵，华光四射；若从空中打量，中山又如一位气若兰桂、腹满诗书、典雅高贵的岭南少女。

夜的岐江，灯火阑珊，碧水如飘，那是她华彩的裙带；日的桂山，身披苍翠，恍若仙境，那是她灼目的花冠。从联合国人居奖到全国文明城市，从国家卫生城市、全国园林城市到全国科技兴市先进市、中国优秀旅游城市，从全国生态市到中国最具幸福感城市，当如珠的美誉缀上花冠映入眼帘时，谁不青睐艳羡，谁又能抵挡如此的魅力与诱惑？

诗人如此感叹：

中山，孙文故里，博爱之都；

中山，岭南福地，和美之城。

一把希望的火炬烛照着伟人故里这片热土，一个敢为人先的理念催发工业富民的使命。

天时、地利、人和，三个支点撑起一片孵化创业的天地。海纳百川的中山，是国内外客商创业的福地；平安和谐的中山，是怀梦者创造财富的港湾！

探索春秋，耕耘天地。裂空冲天的中山锐意进取风雨兼程挟风而飞，熔铸出沧海桑田的变迁。浪拍江岸笔绘彩虹，在珠江之滨壮丽的画卷上，特色鲜明的产业集群与国家级基地各自崛起。"十二五"期末，中山全市生产总值突破3000亿元，年均增长10.1%；人均生产总值9.4万元，年均增长9.1%；工业增加值1566.2亿元，5年累计6930亿元，是"十一五"时期的1.7倍。"十三五"期间，中山城镇居民人均可支配收入增长8%，中山居民人均可支配收入突破5万元。

转型升级，时不我待。翠亨新区成为海峡两岸交流基地、粤澳合作示范区以及首批粤港澳服务贸易自由化示范基地，列为省重大战略发展平台。

改革开放，再度突破。中山港口岸扩大对外开放获批。与澳门签署游艇自由行合作协议。成为全国物流标准化试点城市。设立跨境电子商务产业园区，跨境电商三大平台即将建成投入使用。名列"电商百佳城市"第五。全省十大重点培育进口商品交易中心中山占两个。深入推进商事登记制度改革，实施"三证合一"，在全省率先推出电子执照，交通辐射，助推跨越。"十二五"时期，中山投入230亿元推动交通大发展，是"十一五"时期的1.4倍。

深中通道项目获得国家立项，深圳、中山两侧连接线动工！

广珠城轨建成通车！广珠西线建成通车、翠亨快线建成通车！福源路、沙古公路、105国道跨线桥、阜港公路、中环路、省道S268横栏段等建成通车！中开高速等动工建设，广中江高速、古神公路二期、纵四线等加快推进，全市公路通车里程增加近700公里，达2610公里。镇际"断头路"全面打通，建成村级公路545公里，1349公里主干农路实现硬底化。智能公交加快推进，建成快速公交首期示范线，公交出行分担率提升至26%。

百花香气赖东风，群鸟振翼恃风雷。

栉风沐雨，筚路蓝缕，中山以雄鹰奋飞的气势铺就了一条创新创业的道路：外向经济蓬勃发展，特色产业欣欣向荣，自主创新硕果累累，园区规划日新月异……

"3·28"，一个招商引智的窗口，一张"让世界了解中山、让中山走向世界"的名片，镌刻下中山跨越式发展的足迹。从中山制造到中山创造，从两轮驱动到升级转型，产业集群蓄势勃发，翠亨新区引擎扬帆，滨海新城横空出世。

福地有福地的魅力，福地有福地的磁性。所以，不同语言的创业者在此荟萃，不同国度的实业家在此聚首，多阶的创业奏鸣宛若小溪长河嘤鸣不已、奔流不息。

一块投资创业的福地赐予追梦人八仙过海的契机。中山，已为五彩梦想的飞翔预设了更多的方向和可能。

家在神仙栖居的地方，岐水荡漾的两岸，海风吹拂的渔村。家，也在水环树绕灯火斑斓的城中央。

美丽的家园，到处氤氲着诗意。

伶仃洋吹来的风吟咏着富足的生活，五桂怀抱的翠山绿水承载着健康与闲舒。岐江岸边的雕塑是历史风情的长诗，公园甬道的座椅盛满爱情旖旎的诗句，步行街的小巷回响着春雨的诗情、怀旧的慨叹。

盘点中山的"十三五"，我们看到的是这样的数据、这样的欣喜、这样的表情：

在这座"公交优先"之城，坐上诗意氤氲的快速公交、人们惬意地穿行、生活、工作在城乡。

在这座生态之城，森林覆盖22.5%的城市，700多公里的慢行绿道、1000多公里整治一新的岐江两岸也已成为市民温馨幸福的家园。

在这座包容之城，7.2万名务工人员及子女获得积分入户入学入住公租房资格。培养引进各类人才约27万人，其中紧缺适用高层次人才571人。

在这里，"百姓点菜，政府买单"的"十件民生实事"年年得以落实，逐年增长的民生支出占到财政支出近七成！中山，将城乡低保标准统一提高到579元，为高龄老人发放津贴7000多万元。新增保障房近2万套，改造双低家庭及优抚对象危房2480套，建成居家养老服务中心29个。

走进岭南水乡，鹅黄稻绿，瓜果飘香。蕉肥荔红，鸥鸟嘤鸣。置身五桂深处，层峦叠翠，飞瀑流泉，清气扑鼻，沁人肺腑。

携一家老少漫步，在绿道长廊分享每一个日子的甜蜜和喜悦。挽着情侣的手臂，将惬意留在文化广场，让浪漫与影院的时光交错。

"我想有个家"是曾经的梦，栖居诗意盈怀的家——已成新老中山人丰盈而温馨的新现实。

有幸将生活、事业与梦想定格在这座诞生过世纪伟人孙中山先生的城市，我们幸福。有幸共建同享这座城市深厚的历史人文积淀、天蓝地绿水秀人美的环境、繁荣富足和谐优裕的现代传奇，我们幸福。

中山，一座"最具幸福感的城市"。

回望800多年历史，沧海桑田的中山沃野千里，八方辐辏钟灵毓秀，物阜民丰文脉绵亘。无数先民的耕耘，奠定了今天幸福的基石；无数华侨的先行，拓展了闭塞苍凉的视野。

中山，中国近代史重要的枢纽。名人荟萃是催动中山前行步履的强大文化动力，优越的区位优势和开放先行的思维是中山在改革开放中乘风飞跃的保障。

幸福来自弥足珍贵的人文积淀，来自对先行先试的勇气承继。没有实业强市的物质积累，哪有民生小康的现实？没有博爱包容的胸襟，哪有凤

中山快速公交

崖口稻田

凰乐栖的魅力与辉煌?

丈量中山路、兴中路、博爱路,哪一条不是民生的富裕路?城市的繁荣路?民族的复兴路?在1800平方公里的中山,它们共同的希冀指向一个方向——幸福。

城市的底色是博爱,博爱的底蕴是和谐。

桂山岐水间,洇染了百年千年的"慈善"被中山人赓续,播撒于1800平方公里的家园。这条素朴、传统,又现代、时尚的河流,叫"慈善万人行"。

"救死扶伤、扶危济困、关心社会、乐于助人",以此为宗旨的中山慈善万人行活动薪火相传近30载!它是孙中山的博爱精神的当代体现,它是中山闪亮的城市文化品牌。在传统文化和现代文明的结合中,慈善万人行继承弘扬了中华传统美德,继承弘扬了孙中山先生提倡的救国救民救世的博爱精神。

中山慈善万人行,创造性地培育了现代城市新风尚,形成了当代社会新民俗,已形成独特的"中山模式"。它,已经成为中山人民弘扬博爱精神的强大载体。"全国精神文明建设创新奖""全国十大公益品牌奖""南粤慈善奖",慈善万人行一路斩获。2008年,它还摘取了全国公益慈善领域最高政府奖"中华慈善奖——最具影响力慈善项目"称号,被誉为"中华民族慈善文化的一面旗帜"。在中央电视台播出的《我们的节日春节——中华长歌行》中,中山慈善万人行再次亮相,感动中国。

基于爱的磁性,我们沐浴着真善美的春风。基于向善的自塑,我们修养身心涵养德性。敲起博爱的行板,城市的胸腔丰盈着人间的清、正、和。衣食无忧的归宿是"和",精神充盈的升华是"谐"。

没有向善的修行,哪有仁爱境界?没有博爱的胸襟,哪有和谐的家园?

博爱是温润如水的人性光芒,是坚硬如钢的精神柱石,是夯筑现代人道德堤防的核心材料,它在整座城市的修行中蓬勃地活着——活在你我的言行间、活在街头田间里,活在我们的血管中。

包孕启蒙的博爱与修身,不仅经纬着一座城市发达的精神根系,而且承载着一座城市文明、进化、繁荣、和谐的使命。

博爱离不开修身。而修身,必须从修心、修德、修行入手。源于《礼记·大学》的"修身"一词,本是儒家化人之术,但在中山,被赋予了鲜活的现实内涵——"身修、家齐、市治、一方平"。在中山,修身是公民意识培育行动、城市精神光大行动、优良品德倡导行动、传统文化弘扬行动、幸福能力提升行动、新老中山人融合行动、阳光少年自强行动、干部尚德养廉行动、和美环境营造行动。这就是全民修身的外延组合。1919年,孙中山先生写成《建国方略》,其内容由行易知难(心理建设)、实业计划(物资建设)和民权初步(社会建设)三部分组成。其首篇心理建设,其实就是精神文化建设,而它,正是全民修身的题中之义。

镜头一：

西区长洲社区烟洲小学，矗立着一座砖木结构建筑，青砖、蓝瓦、金字、白柱，古朴简约而又不失凝重典雅，这就是具有140年历史的著名的烟洲书院。书院大门牌匾下嵌刻着一副楹联："烟雨润叶榆胜迹永固，书香陶学子德礼长承"，措辞外文里朴，入木三分。大门正中是"诚勤朴爱"屏风，其后，鲤鱼跃龙门的木雕之上，一挂铜钟悬梁而垂。大堂的四壁，挂满了《诗经》《三字经》《百家姓》等竹刻经籍。

周末的上午，铜钟嗡然响起，修身学堂开课了。

"弟子规、圣人训、首孝悌、次谨信……"琅琅的诵读声，如春雨溟濛，芳香四溢。紧接着，"广东省百名好父亲"温伟群深情讲述自己帮助自闭症儿童的故事，"广东省十大铜婚好夫妻"肖国栋畅谈家庭和谐之道，而疍家歌手阿娣则自编自唱亦雅亦俗的《修身咸水歌》："全民掀起要修身咧，有益身体有益心啰呵，左邻右里好相处啰，文明有礼平近人啰呵。自尊自立要修身咧，尊老爱幼要认真啰呵，引育孩子走正道咧，善待老人有孝心啰呵……"

一家公司的董事长，只要有时间，每个周末都会来听课："整天在钢筋水泥、灯红酒绿中奔忙、寻找，其实这里才是心灵的故乡。"

镜头二：

"群众要幸福，干部先吃苦；全民要修身，干部要先行。"中山市委书记薛晓峰讲出了百姓的心声。

"我志愿成为一名公务员义工。我承诺：尽己所能，不计报酬，帮助他人，服务社会！"2012年2月25日，中山市第一支公务员志愿者服务总队成立，西区288名公务员和机关干部，举起拳头，庄严宣誓。

此后，每月第一个星期六就成为他们的统一行动日，有的骑单车去社区困难群众家里串门，有的参加"学雷锋"志愿服务集市，有的为学生讲授生活技能实践课,有的在交通繁忙路口开展文明劝导……

镜头三:

麦振伟,刚毅英俊,铁塔一样的身材,棱角分明,帅气逼人,这位最帅警察,就是中山市公安局东区分局竹苑派出所教导员。

2012年3月14日,41岁的麦振伟怀揣一纸诊断书,平静地给妻子打电话:"我被查出肝癌晚期。你别担心,没问题。"

"没问题"是麦振伟的口头禅,平时,面对工作中的困难,面对辖区内居民们的困难,他常常这么说。但是,今天……妻子的心,刹那间像木棉花瓣一样碎裂成五片,"啪"的一声坠落地上。

癌细胞疯狂地咬噬着他的灵魂,病痛排山倒海般地向血肉之躯袭来。他悄悄地把诊断书压在了抽屉的最底层,仍然和往常一样,是那个善解人意、冲锋在前、足智多谋的教导员。3月下旬,为了处理一起复杂的盗窃案,他连续工作了35个小时。他成功侦破一起影响恶劣的金铺抢劫案。

面对重新出现的逃匿9年的犯罪嫌疑人,他把刚刚入职的干警安排在抓捕现场外围,自己头戴警盔,冲在最前头……

全市修身活动开始后,他倡议成立了竹苑派出所助学基金,鼓励民警自觉捐款,现在已经累计资助辖区22名困难学生4万多元……

5月9日14时40分,他再也坚持不住了,突然摔倒在岗位上——治安监控视频台前。

英雄走了,身后留下的,是一个平安的辖区和一群坚强的志愿者!

目前,中山市志愿者服务总队已经发展到60多支,服务站350个,志愿者总数突破16万……

经济是硬实力,文化是软实力。

"十四五规划"的蓝图业已绘就,但前进的道路并非一马平川,航行的海洋并非风平浪静。为了"振兴中华"的"中国梦",只有经济硬实力更"强",文化软实力更"硬",军事实力更"壮",只有将博大精深的中国文化同特色鲜明的孙中山文化有机统一,"中山舰"才可能顺风而行一往无前,"中国舰"才可能乘风破浪抵达彼岸。

一个人依城而生,一座城因人而名。

世纪伟人孙中山:"伟大的民族英雄、伟大的爱国主义者、中国民主革命的伟大先驱。"

他属于中国,属于世界,更属于他的原乡——中山。

"天下为公""敢为天下先""振兴中华""博爱""天下大同"……思想注入城市精神,精神激励时代伟业。

站在一座城市、一个国家的高度,中山正在走向孙中山广阔博大的精神文化深处,行进在"兴中"图强的时代征途。

The
Biography
of
ZhongShan

中山传

大陆动，云贵兴，
高峡出，向海洋；
河水滔滔天上来，
岐江，我们的荣光。

亿万年沧海桑田，
甘蔗甜，稻花香；
咸淡水养育鱼米之乡，
三角洲流淌幸福阳光。

千百年翻天覆地，
风云起，壮歌响；
好儿女走进世界潮流，
一代代队伍浩浩荡荡。

啊，岐江，岐江，
我们的荣光
　　——《岐江，我们的荣光》

先声：繁星璀璨百余年

第五章

中山与周边地区一样，从新石器时期就有人类在这里活动了，但它真正作为一个行政性的地区而列于中国一千多个县治之林，却是在1152年才开始的。香山汉朝时属番禺县，晋以后为东官郡，唐代以后为东莞县地。南宋绍兴二十二年，始置香山县。

与中华文明的发祥地中原地区相比，香山可谓年轻。但古老有古老的沉重，年轻有年轻的活力。这个既年轻又远隔中原千里的地方，在经过六七百年的历史后，竟然成为中国近代和现代史中的重要肇始地区之一。从19世纪中叶开始，这个"海近皇帝远"的香山县，竟然涌现出了一大批在中国近代和现代史上扮演过重要角色和发挥过重要作用的人物！世纪伟人孙中山就不用说了，还有那么多的买办和民族资本家，如徐润、唐廷枢、莫仕扬、徐渭南，中国"四大百货"的创始人郭乐、郭标、郭泉、郭葵、郭琳爽、马应彪、蔡昌，撰写《盛世危言》的郑观应，中国最早的留学生容闳、郑玛诺，发明四角号码的王云五，中华民国第一个内阁总理唐绍仪，清华大学第一位校长唐国安，著名政治领袖苏兆征、杨匏安、林伟民、杨殷，文化名人黄佐、苏曼殊、郑君里、古元、阮玲玉、吕文成、萧友梅、方成……从政治、经济、社会至文化艺术，真可谓群星璀璨、光彩夺人，他们的光辉不仅照亮了香山的天空，而且照亮了整个中国的天空。据统计，收进《辞海》中的香山人物竟达29人之多！因此，有人这样说：一百多年前，香山是中国从大陆经济、大陆文化走向海洋经济、海洋文化的缩影。

近三百多年以来，由于地缘的特殊，香山得以开风气之先；由于人缘的缘故，香山又得以领风气之先。香山在中国的近代和现代史上写下了浓墨重彩的一笔，与其他一些地区一起，以一种崭新的蓝色文明，打开了中国的窗口，引领了中国的开放。在这期间，香山也曾经有过痛苦而难堪的记忆：18世纪中叶，世界上第一个海上强国葡萄牙，循着中国人发明的指南针，拿着利用中国人发明的火药技术制造的枪炮，强行夺走了历史上属于香山区域的澳门。这朵美丽的"荷花"，在漂泊了一百多年后，于1999年12月20日才回归到祖国母亲的怀抱，成为中华大地上第二个特别行政区。虽然因为一百多年的殖民统治，澳门到处都留下了殖民文化的印记，但在她的灵魂深处，人们还是可以感受到香山人文的浓厚气息。除了澳门特别行政区外，香山还繁衍出了另一个特区——珠海经济特区。

1979年，当中国的国门第二次向世界敞开的时候，邓小平在那个特殊的春天所画出的"圈"，幸运地包括了历史上属于香山区域的珠海县。改革开放的春风，再一次使珠海，包括作为沿海城市的中山再一次得风气之先，进而再一次领风气之先。四十个春秋过去了，这两个地方都经历了沧海桑田、翻天覆地的蜕变。香山，再一次成为中国从封闭经济、封闭文化走向开放经济、开放文化的窗口。

历史上的香山是"海上丝路"一个重要的节点城市，那些从这里走出，走向近现代的上海、香港、澳门，走向全国与世界的政治家、思想家、实业家、艺术家等，同样发挥了举足轻重的作用，乃至对改变国人思想和中国命运产生了深刻的历史与现实影响。鉴于各种文本对珠海、澳门的香山名人已有大量介绍，这里仅仅介绍中山地区的重要名人。

走近历史时空中的中山先贤，走近中国近现代的历史风云，它们的魅力于光芒仍会感染、激励、鼓舞这个新的时代。

孙中山：世纪伟人，千秋大业

孙中山幼名帝象，学名文，字德明，号日新，后改号逸仙，旅居日本时曾化名中山樵，因而得名"中山"。

1866年11月12日，孙中山出生于香山县翠亨村一个普通的农民家庭，九岁入村塾，十三岁到檀香山读书，1886年至1892年先后在广州、香港学医。毕业后，在澳门、广州行医，并致力于救国的政治活动。1894年上书李鸿章遭到拒绝，遂再赴檀香山，创立兴中会，提出"驱除鞑虏，恢复中国，创立合众政府"的主张。

孙中山

1905年孙中山在东京成立中国同盟会，系统地提出三民主义思想，并与保皇派进行激烈的论战。1895年至1911年策划多次反清武装起义，屡遭挫折而斗志弥坚。1911年10月10日武昌起义爆发，各省响应，导致清朝专制统治覆灭，是为著名的"辛亥革命"。

1912年元旦，孙中山在南京就任中华民国临时大总统，创立中国历史上第一个共和政体。1912年4月卸大总统职，致力于经济建设的宣传。袁世凯窃据大总统职位后阴谋复辟帝制，孙中山乃于1913年发动"二次革命"反袁。1914年在日本组织成立中华革命党。

1917年，孙中山在广州召开非常国会，组织中华民国军政府，被推举为大元帅，开展护法运动。1919年改组中华革命党为中国国民党，担任总理。1921年，非常国会又于广州议定组织中华民国"正式政府"，孙中山就任大总统，再举护法旗帜。1923年，孙中山第三次在广州建立政权，成立陆海军大元帅大本营，复任大元帅。同年接受苏俄和中国共产党的建议，决定国共两党实行合作，以推进国民革命。1924年1月召开中国国民党第一次全国代表大会，改组国民党，重新解释其三民主义。同年秋，冯玉祥发动北京政变，孙中山应邀北上，共商国事。1925年3月12日，因病逝世于北京。

1925年3月12日孙中山逝世后，他的革命伴侣宋庆龄在悲痛中写下了这副挽联"负改造宏谟，许世以身，有功于民，有功于国，斯人卓著千秋业；综平生伟绩，大书其事，或布在方，或布在策，此后流传万古名。"这是对中国民主革命的伟大先行者孙中山先生一生的最好写照。

郑观应：危言真箴震古今

郑观应（1842—1922），本名官应，字正翔，号陶斋，别号杞忧生、慕雍山人、待鹤山人。香山县三乡镇雍陌村（今属中山市）人。郑观应在雍陌村度过了自己的青少年时光，1858年，应童子试未中，即奉父命远游上海，弃学从商，在任上海新德洋行买办的叔父郑廷江处"供走奔之劳"。

郑观应

香山商业文化博物馆中，馆藏着一本清光绪版本的《盛世危言》，它的作者就是中国近代最早具有完整维新思想体系的理论家、启蒙思想家，也是实业家、教育家和热忱的爱国者——郑观应。当年这一套五本的小册子，光绪帝要求立马印两千册，至少六品以上的官员都要人手一册来阅读，一时洛阳纸贵。张之洞读了《盛世危言》后评点道："论时务之书虽多，究不及此书之统筹全局、择精语详。"郑观应的思想主张，还直接影响了孙中山、毛泽东，以及康有为和梁启超等一大批志在振兴中华的民族精英。

2018年7月14日下午，著名法国文学翻译家、上海师范大学教授、博士生导师郑克鲁来到中山市档案馆观摩指导。一头白发的郑克鲁先生是《悲惨世界》《茶花女》等法国名著的中文译者，他在展厅展出的《郑氏族谱》（复制件）前停留许久，对旁人说："我曾祖父原名'官应'，后来自己改名为'观应'。"

1882年，郑观应担任轮船招商局帮办，全心全意带领国家工商业与外国人进行商战，用他自己的话说："初则学商战于外人，继则与外人商战。"郑观应生活在一个内忧外患、列强称霸的动荡时期，二十多年的商战实践让他对时局认识更深，强烈的爱国情怀驱使他竭尽全力启发民智、挽救国家。

从杂务做到总买办，后弃商从政，郑观应一直要求自己洁身自好、以廉行事。"惜食惜衣不独惜财还惜福，求名求利必须求己免求人"，悬挂在澳门郑家大屋余庆堂的这副对联，可以说是郑观应一生的写照。

从1886年到1891年，蛰居澳门的郑观应在郑家大屋完成了惊世巨著《盛世危言》，内容涉及哲学、政治、经济、军事、外交、文化教育等领域。他提出了"商战"理论，呼吁国人主动跟上世界现代化潮流，呼唤社会的总体变革。

立天下之正位，行天下之大道。郑观应一生孜孜上进、胸怀世界、心系国家，时至今日，其家风家训及思想主张仍闪烁着穿透纸背的光辉，激励着一代又一代的优秀人才为中华崛起而努力奋斗、砥砺前行。

杨殷：朝闻道夕死无悔

距离孙中山故居直线不到百米，有一幢始建于清代咸丰年间的旧宅，这便是杨殷故居。

杨殷，1892年8月生，中山人，1911年加入孙中山领导的同盟会。1922年秋加入中国共产党，同年底被派往苏联参观、学习。1923年回国后在广东从事工人运动。1925年3月起，任全国铁路总工会广州办事处顾问。上海"五卅"惨案发生后，参与组织和领导省港工人大罢工。

杨殷

杨殷是著名的工人运动领袖，中国共产党早期军事工作重要领导者，党的情报保卫工作重要开拓者之一。他为中华民族的独立和中国人民的解放建立了卓越功勋、做出了重要贡献。

1927年党的八七会议后，杨殷任中共广东省委常委、工委书记、南方局委员、军事委员会委员等职务。同年12月，参与领导广州起义，负责总指挥部参谋团的工作，任广州苏维埃政府肃反人民委员。张太雷牺牲后，他被任命为广州苏维埃政府代主席。

1928年7月，杨殷在中共六届一中全会上当选为中共中央政治局候补委员、候补常委，任中共中央军事部部长。1928年11月起任中共中央政治局委员、常委。1929年1月起任中共中央军事部部长、中央军委委员、中央军委主任兼中共江苏省委军事部长。

1929年8月24日，由于叛徒告密，杨殷与彭湃等同志在上海被捕。敌人对他们软硬兼施，企图迫使他们屈服，从中得到党的核心机密，但遭到杨殷等人严词斥责，敌人一无所获。杨殷等人自知敌人绝不会放过他们，便在给党中央的信中说："我们已共同决定临死时的宣说词了。我们未死的那一秒以前，我们努力做党的工作，向士兵宣传，向警士宣传，向狱内群众宣传。"表现了一个共产党员至死不渝的理想信念和一心为党为革命的崇高风范。

同年 8 月 30 日，蒋介石下令秘密杀害彭杨颜邢四人。临刑前，杨殷一如往日镇静乐观，笑着说："朝闻道，夕死可矣！"表现了共产党人的革命气节，牺牲时年仅 37 岁。

百货先驱领商潮

上海，中国的近代"远东第一城市"，可谓亚洲金融、消费、时尚中心。当时矗立在南京路上的先施、永安、新新和大新公司被称为"中国四大百货公司"它们的创始人均来自香山。"四大百货"创造了香山商帮的传奇，不仅开启了中国百货事业的现代化进程，而且引领了中国近代商业的潮流，带动了中国商业的振兴。其中以马应彪创办的先施公司与郭乐、郭泉兄弟创办的永安公司最为著名。

1. 马应彪与先施公司

马应彪（1864—1944），乳名马味，中山沙涌村人。1881 年前往澳大利亚悉尼谋生，1890 年在悉尼创办永生果栏，运销中国国货。1894 年，由澳洲返香港，初设永昌泰金山庄，专办出口各货。1900 年在香港开设先施百货公司，自任司理、监督，首创商品标价和设女售货员的先例。1917 年又在国内建成了第一家由中国人开办经营的现代

马应彪

化百货公司——上海先施公司。有"中国百货先驱"之誉。马应彪在经商的同时追随孙中山奔走革命，发动海外、港澳人士捐款支持革命政府。曾投资岐关公路、轮船、粤汉铁路等，又捐资家乡为纪念其父马在明开办在明妇幼院，捐款创办了沙涌妇女学校和幼稚园、石岐世光女子学校和女子师范学校、广州的广东女子学校，培英中学，上海的郇光、南洋商业高中等校，并任校董或校长。又捐巨款资助广州岭南大学，成为该校第一位华人校董。

先施百货是中国近代由华侨集资创办的第一家民族资本大型百货公司。"先施"之命名，取其"先以诚实施诸子人"。先施公司的开业翻开了中国百货业历史的新一页。先施公司的创立，对于中国商场之旧习均有重大影响及改革。

1881年，21岁的马应彪从沙涌出发，经多方辗转前往澳洲悉尼谋生，淘金贩菜，历经艰辛。三年后创办永生公司，贩卖水果，终于有成。后来受孙中山影响，抱着"实业救国"之心回国。

1899年，马应彪带着筹集的资金2.5万元，在香港皇后大道中172号开设先施百货公司，并于1900年正式开业。他把西方先进的商业文化成功地引进国内，推动了近现代中国的商业革命。

1900年1月，澳洲悉尼华侨马应彪等12人，集资2.5万港元，在香港创办先施公司。1911年和1917年先后在广州、上海设分公司。上海分公司设有商场、东亚酒店、先施乐园，成为旧上海四大公司中创立最早的一家。同时在新加坡设分店，并先后在日本神户、英国伦敦设庄。1935年又在澳门设分店及东亚酒楼。先施声誉显著，营业兴盛，成为亚洲第一流百货公司。

1910年先施在广州设立分行，成为当时广州最大的百货公司，并附设东亚大酒店，后来还附设汽水厂、化妆品厂、皮鞋厂、饼干厂、玻璃厂、人寿保险公司、信托银行等企业，成为国内最早的较有影响的华侨资本百货集团公司。

1912年在广州设立先施公司，资本40万港元，1915年4月29日广州先施公司正式向香港政府注册，注册资本40万元。广州先施公司和东亚大酒店都是五层大楼，有升降机上落，天台设游乐场。在当时，百货、旅业、游乐场综合经营，可谓国内首创。

1917年10月20日，先施公司在上海正式开张。该公司内部装潢美观，富丽辉煌，中西货品，兼收并蓄，比之香港总行更新颖、更壮观。上海先施公司另设有"东亚酒楼""东亚旅馆"及尤为著名之"先施乐园"。"先施乐园"百艺杂陈、夜夜笙歌，成为上海家喻户晓的娱乐中心。

马应彪不仅在上海创办了第一家民族资本的大型百货公司，还首创商品标价和不二价制度、售货一律开发票、从业人员逢星期日休息、雇佣女店员。公司刚开业人手不够，便贴出招聘女店员启事，月余无人应聘。马应彪的妻子霍庆棠冲破旧意识，挺身而出做起第一个女售货员。在她的带动下，终于有女性来应聘售货员。

马应彪深谙"实业救国""教育兴国"的道理，根据自身业务和市场需要，其从开办化妆品厂开始，先后兴办汽水厂、皮鞋厂、玻璃厂、木箱厂、饼干厂、糖果厂、玻璃厂和木箱厂主要是解决自产的化妆品、汽水、饼干等包装需要，也接受别厂订货，甚至生产蒸汽电船、铁器皮革，直接与英、美、日货竞争。

先施在香港、广州、上海三地开设的公司，均以"搜罗环球百货"为口号，又根据各地特点，适当增加经营项目，开设先施银业信托银行、先施人寿保险公司、先施水火保险公司等，由原来纯商业性的贸易购销，发展为综合业务，多种经营。并在天津、济南、澳门、北京、江门、长沙、南京、汉口、福州、梧州、石岐以及新加坡、暹罗（今泰国）、越南和英国伦敦等地先后开设先施的分公司或支店、终使先施公司成为"中国始创最大连环百货商店"。

先施百货率先实行的明码标价和"不二价"售货、开具发票、雇用女性店员与送货上门等措施，为近代中国城市大商店的现代化经营做出了范例，其先进的经营理念对后世产生了巨大的影响。

统办环球货。旧时商家售货，好东西轻易不肯示出，而普通货品又单一，无可选择。先施首次引入"环球百货"的概念，搜求各国货品，种类繁多，开风气之先，用琳琅满目的商品吸引顾客眼球、留住脚步。

首倡"不二价"。当时的中国商店，售价不一、顾客讨价还价，习以为常。如此费时不说、顾客还往往吃亏。马应彪极力提倡明码实价、划一不二，顾客按价选货。此种做法打破中国传统经商之窠臼，一开始颇受怀疑，不久就取得信誉，引来很多顾客。

雇用女店员。为了方便女顾客，马应彪决定效法西方，招聘女售货员。无奈招聘启事贴出已久，却无人应聘。于是其太太霍庆棠亲自出马站柜台，还带动其两个小姑和她一起售货。她仪态端庄、善于辞令、熟悉商品性能，周旋于顾客之间得心应手，深受男女顾客欢迎。"三个女人同台站"的佳话传遍坊间，谁都想见识一下，公司生意倍增。为了工作方便，霍庆棠还带头剪去发辫，同时劝导公司内其他妇女员工一起剪辫。从其时起，女性短发之风才开始在社会上流传开来。

培训员工。先施公司初期全体员工仅有25人，后增加至400多人，皆为从乡间招募的男女青年。虽经短期培训，但业务知识仍缺乏，如不懂货品的英文名称，遇外国顾客询问无法应答，珠算不够熟练等。针对这些问题，先施公司分别举办英语补习班及珠算补习班，每星期二、星期五晚上9时停止营业后上课一小时进行补习。

送货上门。凡购买大件商品或商品数量较多、个人难以携带的，可以在发票上写上送货地址，委托任何一个柜台通知送货部门送货上门，顾客无须随同，一般按规定24小时内送到，不收任何费用。

在多元发展，营造自己商业帝国的同时，马应彪积极践行"先施"理念，回馈社会并追随孙中山奔走革命。

1918年，马应彪萌生了一个想法，要为故乡中山建公园，这在当时的中国，是何其新鲜的事物："都市中之公园，是供给清新空气与市民之窗户，无公园之都市，宛如无窗户之家屋，吾人居之，于卫生上实有大害云，是则公园宜设在人烟稠密之区也。"1918年6月18日晚上，马应彪在香港住宅内举行思亲纪念典礼的时候宣布：决定捐出白银5万两建设沙涌公园。这一年，他捐巨资在沙涌建造了中山历史上第一个人造公园、第一所幼儿园、第一个人工游泳池，并立下遗嘱把捐赠项目向政府备案。

孙中山奔走革命期间，马应彪曾任广东都督府庶务长、财政厅总参谋、广州红十字会主席等职。在任职期间兴办了广州方便、光华、广东公医，中山惠爱，香港雅丽氏、何妙珍等医院；而且倾情教育，关心桑梓，热心社会公益，建树良多。亲情而乡谊，家国而天下，映照出这位爱国商人丰盈而华彩的独特灵魂。

1944年，马应彪因病逝世，先施百货公司延续发展至今。他一生大多漂泊在外，也对未能常年奉养父母耿耿于怀："应彪系出寒微，素承庭训，壮年经商海外，得信福音，托庇树立，洎归故国，父母健在，正思有以尽鸟哺之私，讵未几面先后弃养。"他在故乡以父亲名讳建在明幼稚园、在明书塾，以寄托对父母的怀念。

2. 郭氏兄弟与永安百货

郭乐（1872—1956），字鸢辉，号景崇，中山竹秀园村人。1892年前往澳大利亚谋生，1897年与同乡数人在悉尼创办永安栈（后改名永安果栏），继而联合开办生安泰果栏和在斐济岛开辟果园。1907年，郭乐向华侨招股，与其二弟郭泉在香港开办永安百货公司，任董事局主席。1910年在香山开设广东银号。1914年在广州创办大东酒店。1918年在上海开设永安百货公司，除百货外，增营旅业、酒馆、舞厅、游乐场以至银行、保险等业务，是当时全国著名的四大百货公司之一。

郭乐

郭泉（1876—1966），又名官泉，字凤辉，郭乐的二弟。15岁时赴檀香山做工，后转赴澳大利亚协助其兄郭乐经营永安果栏。6年后在斐济创立生安泰蔬果公司，并经营百货。1907年与兄郭乐回香港创设永安百货公司，任总经理。经其精心经营，业务日进，很快在香港设立永安水火保险有限公司、永安人寿保险有限公司，并将业务推进到上海等大商埠。1918年在上海开设永安百货公司。后在上海、香港等地加入开设永安纺织公司、永安银行等。

1918年，上海永安公司开业，确立以经营环球百货为主的经营方针，并附设旅馆、酒楼、茶室、游乐场及银业部。后陆续在英、美、日等国设办庄采办百货，组织土特产出口。当时在中国和世界享有良好声誉，是中国四大百货公司之上海永安百货公司于1918年8月1日开业，商场内部布置由郭乐亲自调查及安排设计，其把1楼定为销售各种日常生活用品，如牙膏、香皂、手巾等，2楼为绸缎、布匹等，3楼为珠宝、首饰、钟表、乐器等贵重商品，4楼为家具、地毯、皮箱等大件商品。商场因设计先人一筹而赢得了更多顾客。

永安商场配置与先施百货相似，但场地更加宽阔。为了在竞争中获胜，永安还增加了一些先施没有的项目：如开设了上海第一家对外营业的舞厅——大东跳舞场、上海最早的旱冰场——永安溜冰场，还首次在商场内举办大型时装表演,在一层朝南京路的地方装饰了大型玻璃橱窗,以里面的服饰模特,吸引过往行人的眼球,招揽不少生意。

永安公司提倡的顾客永远是对的;统办环球货品发售,输出中华诸般土产;商品实行明码标价与货如轮转等经营理念影响深远。

顾客永远是对的。永安公司的创始人郭乐明确提出"顾客永远是对的"这一口号,并将它做成霓虹灯招牌,高悬于店堂之内,作为要求员工恪守的准则。这个永安公司员工人人牢记于心的口号,给顾客留下了良好的口碑。

统办环球货品发售,输出中华诸般土产。郭乐从永安公司开业第一天起,提出"统办环球货品发售,输出中华诸般土产"的经营方针。搜罗世界各地最有特色的商品,实行明码标价,做到货真价实。对外国厂商和洋行来推销的一些新颖商品,实行约定包销。输出中华诸般土产的经营方针。

货如轮转。经营上奉行"货如轮转"的原则,努力在"办货""推销"两大环节上下功夫,注意市场行情的涨落、商品信息的回馈,甚至用歌舞表演、附送赠品及大减价等促销手法吸引顾客。

作为中国四大百货之一,永安公司绘就了近代中国工商业史上浓墨重彩的一笔。耐人寻味的是,永安公司在1939—1949年还创办了文化杂志——《永安月刊》。该杂志的每期封面均请来当时的明星、名媛、大家闺秀"撑门面",并刊登小说、散文、小品、摄影、漫画、书法、油画等形式多样的文化作品,洋洋大观,一度成为潮流的风向标。还记得,40多幅《永安月刊》封面女郎图片2015年底曾在我市的香山商业文化博物馆展出,置身其中,可明显感受到昔日上海滩十里洋场的海派文化及民国风情。

永安,意为永远的安定或长久的安居,既代指过去的中国历史年号,又是如今的一个共享单车品牌。放眼中山，由旧至新，永安这一名号还分别代表着村落、社区、街巷、百货、侨批局、酒店乃至楼盘，足以唤起中山人的诸多回忆。

时至今日，中山的坦洲一个叫下永安的村落内，依然横贯着一条3300米的永安街。三乡前陇村，藏匿着一条永安巷。南朗横门渔港，同样有一条永安巷，它建于1975年，长71米。横门渔港对出的横门水道南岸，嵌着一块面积约400亩、过去种植水稻的永安围，隶属于火炬区。港口镇中心区域的永安街建于1956年，永安一街、永安二街与永安三街则隶属于该镇群众社区。东升镇同乐村福龙二街沿线连着一条120米的永安巷。

从中山南部往北，在南头、东凤、黄圃、古镇与小榄5个镇的连片区域，"永安"之名号，同样绵延其间。南头永安路，长800米，连着南头大道西，密集的货车流折射着小家电集群区域的特色。东凤永安村，得益于地缘优势及便利交通，现发展为一个果蔬塘鱼、工业物业并举的自然村。黄圃有一条名为永安街的老街，以及由其衍生的永安路。

无独有偶，不曾谢幕百年传奇依旧在今日被郭氏后人弘扬着。他们在南区投资的楼盘、酒店人气趋旺，竹秀园内标着"永安"字号的历史物事同样保留不少。为凸显侨乡底蕴，铭刻传奇风云，2009年南区经批准，把辖区内的3条主干道更名为永安一路、永安二路与永安三路。

距孙文西路不远的治安街一隅，4幢8户民国初期、外西内中特色的青砖大屋分两排矗立。四周筑有围墙，围墙临街的一段镂空作为大门，门额上印着"永安里"的朱红石刻。大门左侧，分别钉着一块"中山市不可移动文物"的花岗石牌匾、"中山市历史建筑"的不锈钢牌匾。关于永安里的兴建时间、房子主人等疑问，近年来众说纷纭。其中，一说是前往上海入职永安公司的中山乡亲发迹之后回乡按统一样式"抱团"兴建；另一说是永安侨批局就近物色的员工宿舍；还有一说是由一支缪氏族人迁居海外之前所建。个中渊源有待厘清，但有一点是可以肯定的，此处当年是殷实人家的聚居区。假若以现在的眼光看，倒像是一片独立的别墅群。

永安里往南，民权路附近有一处地方名为永安坊。永安坊的特别之处，在于近百年前缔造了房地产行业的雏形。据《中山市地名志》记载，"据传，1911年前此处三面环涌，仅有一宰牛栏和腐竹寮，因有人在此晾晒薯莨衣布，俗称晒布地。1925年由李成方地产置业公司建'井'字形住宅群，名为永安坊"。因为是"井"字形住宅群，所以此处脉络分明，分别辟有永安坊一直巷、永安坊二直巷，永安坊一横巷、永安坊二横巷、永安坊三横巷与永安坊四横巷。因初建时三面环涌（九曲河），所以永安坊早期只有一个出入口，即如今从接源里进去见到的那座小牌坊。当时，既有水上景致，又有静谧空间，这样的小区建设理念不得不让人叹服。另外，史料显示，此处夜晚还有专人打更巡逻，可见"永安"之称谓确实取得名副其实。

往事并非如烟，作为一个时代的传奇象征，之所以会留下诸多的印记，不仅仅是怀旧、艳羡，更多的是其议程勖勉后人前行的楷模与力量。

吕文成：划时代的音乐大师

吕文成是20世纪粤乐进入成熟期的领军人物，是与阿炳、陈天华并列的"二胡三杰"。吕文成不仅是高音二胡的首创者，一生创作的300多首各类作品中，粤乐作品占了200首，其对"广东粤派"产生基石作用的粤乐理论在近百年来具有可观的建树，是一位榫接古今、中西合璧的划时

代音乐大师。

吕文成（1898—1981），香山县石岐镇南门新墟（今属中山市）人。幼年随父亲到上海谋生，在银匠店当过童工。十岁时才免费就读于广肇义学，并利用课余时间，开始了他的音乐生活。由于他从小就酷爱民间音乐，常常聆听老艺人的演奏，勤学苦练，自学成才，不到二十岁，就已很有名气。1919年，上海成立了"中华音乐会"，该会以研究音乐、陶冶性灵、提倡美感教育、养成高尚人格为宗旨，吕文成是最早的会员之一。1925年担任该会沪乐科干事，同时兼任上海精武体育会音乐部教员，还参加了由上海铁路职工组织的"俭德储蓄会"粤乐队的活动，并担任指导。

岭南文化具有浓郁的世俗性，街巷市井中俗世烟火的离合与悲欢，是它最典型的呈现场景。每年春节，总有这样一首曲子热烈地回响在岭南各个商场，它在万千幸福而凡俗的家庭中欢快流淌，它在数不尽的人生大喜之日里像春风一样荡漾，无论是游子还是原住民，当乐音入耳的时候都会不觉恍然：快过年了！它就是岭南名曲《步步高》，作者为粤乐宗师、中山人吕文成。

早在青年时代，他就已擅长演奏二胡和扬琴，有"二胡王"之称。1919在上海参加中华音乐会，兼任该会粤乐组指导和演奏员，赢得一致好评。在沪期间，他常与小提琴家司徒梦岩合作演出。在司徒的启迪下，把二胡的丝线外弦换为钢线，并用两腿相夹琴筒的演奏方法，成功地制成了高胡；并运用二、三把位走指法和滑指法进行演奏，从而丰富了乐器的表现力，使高胡成为广东音乐和粤剧伴奏中独具一格的主奏乐乐器，丰富了演奏形式，增加了表现手法，促进了广东民间音乐的发展。

1926年，吕文成参加精武体育会组织的旅行表演团体到北京、天津、武汉等地巡回演出。演出期间,除伴奏和演奏外,他还擅长运用粤曲"子喉"唱腔自弹自唱《燕子楼》《潇湘琴怨》等曲。由于嗓音清脆动听、行腔婉转自如、吐字坚实清晰,在演出中独创一派。

"一·二八"事件发生后,吕文成离开上海,到香港定居。居港期间,被香港"新月""和声""歌林"唱片公司聘请为固定艺员,长期从事灌制广东音乐、粤曲唱片工作和乐曲创作,并为"高亨""百代""胜利"等公司录制唱片。据不完全统计,各大唱片公司所灌录的由他演奏和演唱的乐曲和粤曲,就有270多张。

1981年8月22日,吕文成年高体弱,积劳成疾,在香港病逝,享年83岁。他把毕生精力投入广东音乐的发展事业,为广东音乐的发展、传播与繁荣做出了杰出贡献。他的一生,历经了中国自近代跨入现代的历史大变局,这也是蛰伏千年的岭南文化迸发光彩的一个世纪。他的音乐创作如梅花历寒弥香,是这跌宕起伏的时代最好的伴奏。

萧友梅:中国现代音乐之父

萧友梅(1884年1月7日—1940年12月31日),广东广州府香山县人,中国首位音乐博士,上海音乐学院创始人之一、作曲家、教育家、音乐理论家,是中国现代音乐史上开基创业的一代宗师、现代专业音乐教育的开拓者与奠基者,被誉为"中国现代音乐之父"。代表作有歌曲《问》《国立音乐院院歌》,大提琴曲《秋思》等。

萧友梅早年加入同盟会并追随孙中山先生。

萧友梅

与蔡元培先生共同创办中国第一所高等音乐学府——国立音乐院（上海音乐学院前身），并担任教务主任。1929年，学校更名为国立音乐专科学校，萧友梅先生在蔡元培的推荐下亲任校长，使国立音专在困境中得以发展。萧友梅任校长以后，按照自己的理想尽力推进中国的现代专业音乐教育。经过数年坚持不懈的努力，终于使国立音专成为具有相当规模与国际水准的中国最高音乐学府。

1912年元旦，孙中山就任民国首届临时政府大总统时，萧友梅被委任为总统府秘书员。同年秋再次获官费赴德留学，同时就读于莱比锡大学和莱比锡音乐院，并于1916年秋以第一篇系统研究我国民族乐队历史的专论《17世纪以前中国管弦乐队的历史的研究》获莱比锡大学哲学博士学位；萧友梅同时在莱比锡国立大学攻读哲学与教育学；之后，他又转到柏林大学选修哲学、教育学、伦理学、儿童心理学、音乐、美学等课程；写有《中西音乐的比较研究》《古今中西音阶概说》等文章。同时，他在施特恩音乐学院研究作曲配器、指挥及古谱读法。

萧友梅回国后，先任教育部编审员兼北京高师附属实验小学主任。次年受北大聘，任该校讲师及所属音乐研究会导师，并与赵元任等发起成立乐友社。决心实现自己的理想，毅然选择了开创音乐教育事业的艰苦道路。

萧友梅不仅是一位杰出的音乐教育家，更是一位爱国者。1928年"五卅惨案"发生后，他曾创作过乐曲《国难歌》和《国耻》。1931年"九·一八"事变后的第五天，萧友梅主持的国立音乐专科学校就成立了抗日救国会，萧友梅率师生为抗日义勇军募捐了1000多元，汇寄给黑龙江马占山军，他还为义勇军创作了一首歌曲《从军歌》，传唱一时。

抗日战争全面爆发之后，萧友梅的音专一直没有停止教学，一直坚持到抗战胜利。1937年11月，萧友梅在音专创办的《音乐月刊》发刊词中写道："在此非常时期，必须注意利用音乐唤起民众意识与加强民众爱国心。"1940年汪精卫成立汉奸政府，敌伪利用留日与同盟会的老关系威逼利诱，妄图拉萧友梅下水。此时的萧友梅，虽然贫病并加，且处于险恶的环境中，但他不为所动，显示了高贵的民族气节。

萧友梅是我国现代专业音乐教育的开拓者，他毕生主要精力投献于教育事业，同时在音乐创作上有显著贡献，共写有歌曲100余首及其他体裁的作品。1922年和1923年先后出版了创作专辑《今乐初集》和《新歌初集》。影响较大的歌曲作品有《问》《卿云歌》《南飞之雁语》《五四纪念爱国歌》《国耻》等。此外，他还编写了《普通乐学》及许多介绍西洋技术理论的书籍和教材。

同时，萧友梅先生还为我国培养了一大批杰出的现代早期音乐人才，如冼星海、贺绿汀、江定仙、李焕之等。

1940年12月31日，因结核菌侵入肾脏，萧友梅在上海体仁医院病逝，享年56岁。

阮玲玉：香消玉殒魂犹在

阮玲玉（1910—1935），原名阮凤根、阮玉英，中山市南朗镇左步村人，是20世纪二三十年代蜚声影坛的著名电影女明星，1910年4月26日出生于上海，1935年3月8日逝世。阮玲玉表演才华横溢，光芒四射，达到了中国无声电影时期表演艺术的最高水平，赢得广大观众由衷的倾慕。在25岁的美好年华消逝的阮玲玉，短暂一生中有过美好，有过安稳，有过甜梦，有过波诡云谲，

阮玲玉

有过风流云散，有过挣扎，也有过决绝。

左步村中的阮玲玉故居，位于阮氏大宗祠侧，原为十三坑砖木结构平房，阮玲玉父亲赴上海经商时已卖给他人。该屋在日寇侵华中山沦陷时被拆毁，后由阮玲玉堂叔将屋基购回，现由阮氏房亲买回辟为花园，尚存古井一眼。

1926年，上海明星公司招考演员，阮玲玉由著名影星张慧冲介绍前去报考被录取，处女作是根据文明戏《一缕麻》改编的《挂名夫妻》。1928年，阮玲玉脱离明星公司，加入"大中华百合"，后并入联华影业公司，拍摄了《自杀合同》《故都春梦》《野草闲花》等片。鲜为人知的是，早在1930年5月，《影戏杂志》举办"电影明星选举"，阮玲玉以6179票当选第一名（胡蝶得3784票）。1934年，阮玲玉主演《人生》一片，扮演了一名"路柳墙花"的角色，从少女演到老妪。该片当年曾被评为"最佳国产无声片"，阮玲玉自己也认为："在我主演的所有影片中，《人生》是我最满意的一部。"

阮玲玉曾有一只小藤箱，里面装满了青年男子求爱的信，她既不加以嘲笑，更不忍心将这些痴心人的信撕毁，就把它们藏在这藤箱里，上面加了把锁，还贴了一张纸，写着"小孩子的信"。1935年3月7日，因感情问题被小报报道，流言蜚语向阮玲玉袭来，敏感的她不堪忍受社会舆论的压力服毒自杀，年仅25岁。

1995年12月，为纪念中国电影诞生90周年，电影系统举行了隆重的庆典活动，并颁发了"电影世纪奖"。阮玲玉荣获"最佳女演员奖"，由她主演的影片《神女》荣获"优秀影片奖"。

方成：世态人情无所遗

1918年6月，方成出生于北京，从小说一口北京话。因家中人多，四五岁时，母亲带方成兄妹几个回家乡广东省香山县南朗镇左步村居住，直到八岁才离开。

2013年12月，中山市南朗镇左步村，冬雨寒意侵骨，虽然稻田早已收割完毕，但闲不下来的村民又种上了土豆和青菜，绿意犹存。他这样回忆自己的左步乡村生活：在左步村里，因为同伴是农民孩子，都跟随父母去田里玩，我没伙伴，于是就和弟弟妹妹去村里自己玩。记得在一家人的墙上见到一幅山水画，我闲来无事，就在地上、墙上模仿着画。在"人"字下面画两竖就成了一间房子，再画上个篱笆和远处的山，就成一张画了。

方成

从中山左步的原野与山水出发，方成童年的爱好慢慢萌芽、成长为一生的事业。在中山调研的著名漫画家老九来到村里方成祖居湿漉漉的后院，他不禁心潮澎湃，拨通了这位漫画界大师、好提携后辈的长者的电话。当方成得知老九在他的老家时，非常惊喜。老九问："您喜欢吃些什么家乡的东西？我给您带回去。"方成回答："真想啊！可惜吃不动了！"幼年仅在中山生活三四年的方成，对故乡却一片深情，他曾自豪地说："全国的漫画家最多的是什么地方呢？是我们广东中山市。"对于家乡的文化建设，方成向来不遗余力。据中山市博物馆馆长张潮介绍，方成曾先后三次向该馆捐赠漫画，累计已有数百幅。

方成与华君武、丁聪被并称为中国漫画界"三老"，是中国漫画界成就卓越的大师。

方成 20 世纪 30 年代涉足漫画，1942 年武汉大学化学系毕业后，入黄海化学工业研究社任助理研究员。1946 年在上海从事漫画工作，1947 年夏被聘任《观察》周刊漫画版主编及特约撰稿人。1948 年在香港参加"人间画会"，在《大公报》连载连环漫画《康伯》。50 年代誉满艺坛，笔墨绵延半个多世纪。1949 年任《新民晚报》美术编辑，1951 年起任《人民日报》美术编辑。1986 年被聘任国际漫画杂志 WITTY WORLD 编辑，曾任中国社会科学院研究生院新闻系硕士生导师、中国新闻漫画研究会名誉会长。绘著各种漫画、杂文集 30 余部，主编有《当代中国漫画选》和《世界幽默笑话精品》等。他的作品《武大郎开店》以构思奇崛、意念鲜明见长。透过熟练的线条、独特的造型，他把各类典型形象汇诸笔端，仿佛一面时代的镜子，又如一把社会解剖刀，将世态人情表露无遗。

2018 年 8 月 22 日，度过百岁寿辰两个月后，方成因病在北京友谊医院逝世。著名漫画家郑化改在听闻方成离世的消息后表示："他的去世，仿佛在中国漫画史上翻去了一页，这一页象征着一个时代，一个'漫画大家林立'的时代。"

2019 年第十一届中山书展上，历时三年多的编辑，由方成在世时亲自题写书名、作序的《方成全集》（1—16 册）正式问世，这是故乡人民对于百岁漫画大师的诚挚敬意。

马乐山：妙手天真一乐天

马乐山 1927 年生于一个显赫世家，其兄马绍廉是先施公司董事。马乐山自幼喜好捏公仔，20 多岁时只身来到香港，进入世界第四大玩具制造商马克斯玩具厂香港分厂，在模型部专门做手模。20 世纪 70 年代，史努比开始被做成各种玩具，一家美国玩具公司准备生产史努比造型的肥皂，花了半年时间也未能令原作者舒尔茨满意。这家公司辗转找到马乐山，当舒尔茨见到马乐山的手模时不由大加赞赏。他特别交代，凡是马乐山制造的手模都不用修改，可以直接做成模型。几十年过去了，马乐山制作了全球一半以上的史努比玩具手模，"史努比的中国爸爸"美誉传遍业界。

马乐山

史努比，这只原型为米格鲁猎兔犬的简笔白色小狗，是一个全世界家喻户晓的漫画卡通人物，于1950年10月诞生。史努比及其衍生产品风靡全球，陪伴过无数人的美好童年。很少有人知道，让史努比实现从二维到三维完美蜕变，成为我们可以触摸到的立体实物的，却是来自中山的世界手模大师马乐山。

卡通产业中，手模是不可或缺的一环。马乐山在世界卡通领域声名远播，就是因为他的手模工艺形神兼备，精准还原原作的神韵。

此后，白雪公主、米老鼠、唐老鸭、维尼熊、阿拉丁等卡通明星的手模制作纷纷找上门来，马乐山逐渐成为世界级卡通手模大师。

1986年，在香港居住工作了几十年的马乐山回到南区沙涌祖屋。马家祖屋是一个开放式的庭院，两座两层青砖房呈现"7字形"排列。他每周一次，蚂蚁搬家般地将自己创作的3万多件卡通公仔从香港搬到祖屋里收藏，下到地面，上到屋梁，走廊墙角，高柜矮台，床前门后，处处都是五颜六色、形态各异、栩栩如生的卡通模具，百年老屋因此成了一个童话世界。

在公仔们的包围中，马乐山总是神采奕奕，走路说话都像一个童真未泯的老顽童。他说，除了公仔自己没有其他嗜好，唯有迪斯尼动画，他是每集必看。去商店，也是看新出来的公仔。

回到中山的他并没有闲着，依然在进行手模创作，近年来，除了一贯的卡通玩具创作，马乐山还在专注一项特别的工作——制作中山有影响力的人物雕像。仅 2012 年，他就完成了 16 座中山名人雕像。马乐山说，做雕像，一方面是兴趣使然；另一方面，希望挖掘这些中山名人背后的故事，也算是为家乡的人文资源贡献力量。

为了更好地传承自己的手艺，2008 年 4 月 14 日，马乐山在自己的祖屋与中山职业技术学院签订协议，马乐山工作室正式落户中山职业技术学院，开始开课授徒。家乡曾为马乐山举办过多次展览，每当他的手模展出时，展场反响都极为热烈。2014 年 3 月 19 日，马乐山因心肺功能衰竭在香港律敦治医院病逝，享年 87 岁。妙手著天真的大师已经逝去，而他以一生心血构建的史努比等卡通形象将会流传下去，成为陪伴一代代人美好童年的温馨梦境，永远不会老去。

　　仰望香山的星空，每个星座都是一个温暖人心的光源：政治的、思想的、经济的、艺术的……

　　尽管时空变迁，但每颗星的光芒仍然熠熠闪耀。从一个世纪到下一个世纪，照射、温润、感染、激励着人心。

　　这或许正是一座城最精彩的内涵、最迷人的魅力。

人说中山奇,
人说石岐好。
中山有岐岐,
石岐有岐妙。

中山乳鸽叫岐岐,
美名数第一。
肥香酥脆滑,
吃完还是心思思,
又叫老板来一只,
来呀来一只。

石岐乳鸽叫岐妙,
厨艺比天高。
焖卤炖红烧,
神仙吃得哈哈笑,
吃得饱饱走不了,
走呀走不了。

人说中山奇,
人说石岐好。
中山有岐岐,
石岐有岐妙。

哎呀哩,真奇真奇!
哎呀哩,真妙真妙!
(注:岐岐、岐妙系石岐乳鸽卡通形象)
——《石岐乳鸽之歌》

中山 传

The Biography of ZhongShan

第六章 乡愁:美味惊艳在舌尖

中国有四大菜系——鲁、川、苏、粤，它们萌芽于先秦，形成于唐宋，发展于元明清。及至清末，中国四大菜系个性越来越鲜明。全球有6000万华侨旅居在世界各地，其中3000万是广东的华侨，粤菜因此成为世界熟悉的中国菜。

中山美食大师李晓荣介绍，自秦汉以来，中原汉人不断迁入岭南，他们不但带来了先进的生产技术和文南越王墓里的铜姜礤、铜烤化知识，也带来了"烩不厌细、食不厌精"的中原饮食习惯。在先秦五谷、五畜、五菜、五果、五味的基础上，广东地区的食料进一步扩充。广府是粤菜的中心。从南越王墓的出土文物中，就有原支的非洲象牙和西亚银盒，说明早在2000年前，广州已通过东南亚、南亚的海路，与西亚、非洲等地有了交通贸易往来。形形色色新鲜蔬菜，增加了素在陆路，张骞通西域后，相继从阿拉伯等地引进了茄子、天蒜、西瓜、黄瓜、扁豆、刀豆等蔬果，增加了素食的品种。汉代已经出现了豆腐，不久，豆腐干、腐竹、千张、豆腐乳等豆制品也相继问世。同时调味品生产规模扩大，还汇集了白饧糖（饧指的是糖稀，也指糖块、面剂子等变软后的产物）、黑饴糖稀、琥珀饧、煮脯、作饴等糖制品的生产方法。尤为重要的是，从西域引进芝麻后，当地人学会了用它榨油。从此，植物油便登上了历史的舞台，促进了粤菜的快速发展。在动物原料方面，这时猪的饲养量已占世界首位，猪肉取代牛、羊肉的位置而成为肉食品中的主角。

根据西汉《淮南子·精神篇》关于粤菜选料精细、取材广泛的记载，可以想象千余年前的广东人已经对用不同烹调方法加工不同的菜肴游刃有余。唐宋时期，广州崛起为世界贸易大港；大庾岭通道的开通，由桂入粤的西江通衢的开发，使各地大量商人进入广东，广东粤菜师傅的烹调技艺迅速提高。唐代诗人韩愈被罢黜至潮州之时，在他的诗中有描述潮州人食鲎（hòu）、蒲鱼、章鱼、青蛙、蛇、瑶柱等数十种异物，每见到当地人食用，感觉诧异。但到了南宋时期，章鱼等海味已是许多地方菜肴的上品佳肴。

"无问鸟兽虫蛇无不食之"，这是《岭外代答》对广州人饮食习惯的记载。生食鱼片，包括生滚鱼粥等习惯至今依然保留。而将白切鸡以仅熟、大腿骨带少许血为准，则至今仍旧如此。同时将粤菜的刀工精巧、配料讲究相得益彰、口味清而不淡等诸特点表现得淋漓尽致。商业的发达促进了饮食业的快速发展，餐饮市场上南北交流，粤菜的各种地方风味，如广府菜、潮州菜、客家菜等百花齐放。这一时期，粤菜形成了独树一格的食制。在宴会餐中，汤（羹）的上菜顺序，历来南北有别。餐后上汤（羹）是北方食制，而粤菜则是先上汤，后上菜，这种食制至今不变。

到了南宋，广东烹饪及饮食文化迎来了全面发展的机遇期。大批中原士族南下，宋皇室在蒙古大军追击下南逃，将具有高超烹饪技艺的御厨及官厨带到广东，让中原高超的烹饪技术得以完整地传授并融合到素有"南味""南烹"的粤菜师傅手中，为粤菜与鲁菜、苏菜、川菜等组成中国四大菜系奠定坚实的基础，并且由此积累起蜚声海内外的"食在广州"的口碑。

秦汉以来，中原人不断迁入，逐步改变和提升广东饮食风味。至今汉族成为我国人口的主体。汉民族中就有广府、客家、潮汕之分，他们之间方言差异大，饮食风格也不同。传统粤菜主要由广府菜、潮州菜、客家菜等三大流派组成，具有独特的南国风味。三个地方菜的风味互相关联又各具特色，构织起粤菜选料广博奇杂精细、口感讲究爽脆嫩滑、调味偏重清鲜镬气，以"鲜"为最高境界的风味特色。

广府菜取料广泛，凡各地菜系常用的家养禽兽、水泽鱼虾、深海物产、名贵食材等，广府菜无不用之，一经厨师之手，顿时变成味道鲜美且极富营养价值的珍馐美味，让人叹为观止。

广府菜取中外烹饪技艺之长，融汇成了丰富多样的烹调方法。自唐代发展至今，广府菜烹调方法达数十种，尤以炒、煎、焖、炸、煲、炖、扣等见长。即便是相同的烹饪方式，因用料、刀工、口味、菜式的不同，具体操作时又有所不同，如"炒"便有生炒、熟炒、软炒、拉油炒等四种炒法。广府菜烹法取中外烹饪技艺之长，具有丰富性、多样性，它在火候、油温、调味、造型等配合下，制作出数千款菜肴来，使广府菜格外丰富多彩。不同于北方菜肴的重油、重味，广府菜口味清淡，追求清、鲜、嫩、滑、香。名菜如白切鸡、白灼虾、清蒸海鲜等，其制作仅把食材蒸熟或煮熟，烹制时不加任何佐料，食用时配以熟油、姜、葱、盐或生抽等调成味汁，原汁原味，清鲜可口。由于天气的原因，广府菜还十分注重汤水。

粤菜能在众多地方菜中独树一帜，为社会所公认，被美食家所称颂，令专业研究者折服，并在餐饮行业中享有盛誉，与其精湛的工艺和清鲜的岭南风味分不开。粤菜工艺上的特点和风味上的特点联系紧密，相辅相成。

广东地形复杂，物产丰富，北有野味、南有海鲜，瓜果蔬菜四季常青，家畜家禽品质优良。而且广东处于我国对外贸易的南大门，引进国外的原料方便，为菜博采原料创造了条件。同时，粤菜讲究烹调技法的多元化，调味讲究因料施味，本味先行。

广东烹饪原料丰富，既有山区的山珍野味，又有江海的鱼虾蟹鳖；既有肥嫩美的各类禽畜，又有四季不断的各种新鲜蔬菜和笋、菌。除了一些共同使用的常用调味品之外，粤菜中还有油、鱼露、柱侯酱、咖喱粉、柠檬汁、沙茶酱、豉汁、西汁等品种繁多、质地优的酿造调味品和种植调味品。

"敢为天下先"是粤菜师傅名扬天下的精神支撑。广州紧邻港、澳，面向东南亚，自古以来就是一个极具开放性和包容性的城市，这点在粤菜中体现得淋漓尽致。飞禽走兽、蛇虫鼠鳖，广东人从不忌讳。一方面是广东拥有丰富的物产资源；另一方面则由于广东古为"蛮夷之地"，受正统封建思想影响较小，粤菜师傅思想更加自由和开放，有敢为天下先的勇气。

据不完全统计，全国以粤菜酒楼为核心的各类粤菜门店总数量达到9万多家，占全国餐饮门店总数量的2.1%，在全国各菜系的门店中名列前茅，同时在全国各地分布广泛。其中广东门店数量占据全国半壁江山，粤菜发源地地位凸显。门店保有量达到4.5万多家，渗透率达12.4%，更是占据全国粤菜门店总量的近50%。粤、港、澳三地粤菜渗透率遥遥领先，粤菜繁荣度集聚呈现。广东餐饮百强企业营收总额达500亿元，百强企业集中度接近15%．相比北京、上海，广东餐饮活力十足。

"粤菜师傅是广东人展现好客性情、包容情怀、纯真乡情的一张文化名片，通过粤菜美食输出自己的文化、理念和品牌，恰如其分地彰显了广东坚实而亲和的文化软实力。"

多年从事粤菜师傅教学、研究工作的李晓荣认为，粤菜需要融入世界，世界需要粤菜，粤菜师傅架起与世界沟通的桥梁。通过粤菜师傅的精湛技艺、健康的形象、高尚的职业情操去展现粤菜独特的魅力，提升粤菜在世界烹饪界的影响。

中山菜作为粤菜的一个重要的源头，其烹饪技艺的进步与优越，在清末民初开始显露。

今天中山市孙文西路大庙下被称作"为食街"，一到晚上，土洋兼备的各类灯光通亮，在约百米的街道上，茶楼酒肆一家挨一家。大字号的有高升茶楼、叙贤茶楼、新国民饭店、三元饭店等。这几家餐厅都是一日四市：早茶、午、晚饭和宵夜市。中等的有联记饭店、新胜记饭店，小吃类的有面食（巢记、洪记）、甜品（比灵、民强、池记）、卤味烧腊（新顺记）、炖品（笑嘻嘻）、饼铺（利强）、牛腩粉（安栈）、肠粉（波记），等等，小小的大庙下有数十家大小餐饮店铺。此外，除了大庙下，凤鸣路有金山楼、黄荣记、黄笋记，孙文西路有新生活、方波记、香江楼、天一酒家、金龙酒家、洞天酒家，等等。

民国时期中山人就已有饮早茶的习惯，所以中山也是广式早茶的发源地之一。茶市点心有烧卖、虾饺、叉烧包、腊肠卷、荷叶饭、粉卷、肉丸、蒸排骨、酥角等。茶楼有茶市，酒楼无茶市，随到随点做菜肴，主要包办宴席；饭店供应饭菜，也有炒粉汤面。除了茶楼酒楼饭店，石岐还有艇仔粥。在长堤路天字码头有十多艘水上人家，经营艇仔粥。长堤路和悦来路一带，还有路边的打边炉，类似现在的一人火锅，随时落座随时吃，夜间尤其热闹。

中山能成为粤菜的发祥地，菜式丰富多样，与中山多元文化交融有密切关系。

中山菜有四大流派：一是民田地区菜，也叫隆都菜。以沙溪、大涌为正宗，讲究色香味和口感，代表菜是"隆都三宝"：扣肉、白切鸡、焖洋鸭；二是沙田地区菜，港口、民众为正宗。就地取材，讲究实惠、开胃，如咸鱼茄瓜煲、虾酱炒通菜等；三是小榄地区菜，以小榄为正宗，讲究刀工火候，代表菜是炸鱼球、菊花肉等；四是五桂山区菜，由东江客家菜演变而来，油重味浓，耐放不易变质。代表菜是盐焗鸡、酿豆腐。

进入近代，中山菜形成了五个流派，那就是"西洋派"。受港澳带来的西餐西菜的影响，中山菜吸收新的烹饪手法，如大名鼎鼎的石岐乳鸽、红烧乳猪，就是葡萄牙菜的做法。

改革开放之后，中山得风气之先，经济腾飞，餐饮业也获得新的发展，菜式、特色更加多样、明显，红烧石岐乳鸽就是中山名菜名点的代表。

有趣的是，中央电视台拍摄的纪录片《舌尖上的中国》，就是当年纪录片频道的领导在中山市采访与中山人士饮早茶时聊出来的灵感，因此才在该片播出后不久，央视与中山合作拍摄了《中山味道》，并且作为地方的第一个美食纪录片在央视播出。

石岐乳鸽：舌苔上的惊艳

无论是跨越大洋万里归国的游子，一别数载再莅中山的游客，或者慕名而来不禁食客蛊惑的旅人，都无法抵挡一道中山佳肴——石岐乳鸽，又叫妙龄乳鸽的深度诱惑。

味蕾上的乡愁如同一种文化基因，镌刻在舌尖上的记忆又是眷恋一个地方最直接的触点。所以，中山与石岐乳鸽就这样孪生成唤醒一个人的乡愁、激活一段旅程印象不可或缺的味觉元素。

中山菜是中国八大菜系之一粤菜的重要一源，石岐乳鸽正是中山菜、粤菜令人青睐的一道美味。以石岐乳鸽为食材，经过一代代厨师近半个世纪的探索，这道菜已经衍生出生炸、红烧、脆皮、明烧、白切、卤水等各具风情的菜式。

鸽子补肝、肾，益精气，石岐乳鸽以脆、鲜、嫩出名，是用生长21—28天的乳鸽腌渍之后烹饪而成。鸽子皮脆肉嫩，中间有一泡汤汁。此汤汁鲜纯，却不油，感觉清爽而鲜美。鸽子性味比较平和，体质热、寒的人都可以吃。咬一口皮后，吸干里面的汤汁，再慢慢品尝它的肉。皮是脆的，汤汁是鲜的，肉是嫩的。

四五十年前，由于食材稀缺，即便是中山人也很难能品尝到"石岐乳鸽"。改革开放之后，由于石岐鸽的产业化生产以及菜式的丰富，石岐乳鸽逐渐从高档酒店走进百姓餐桌，继而发展成中山旅游经济的一个重要产业以及伟人故里中山市的饮食文化名片。

18岁就进入高档次的酒店做餐饮，而今修炼成中国注册烹饪大师、广东省粤菜师傅大师工作室主持人、中山名菜石岐乳鸽传承人的郑耀荣，迄今在饮食界深耕了35年，他对石岐乳鸽可谓了如指掌。

"石岐乳鸽"是中山为数不多带有地理名称的优质产品，但改革开放前，知道及品尝过"石岐乳鸽"的人极少。正是温泉宾馆的推广，才让这一地方特产重回大众视野，成为日常菜肴、国宴名品，成为中山饮食业的一个亮点和饮食文化的一张名片。石岐乳鸽的由来，鸽子除了用来"传书"之外，更多的还是食补肉品。经典药书记载，鸽肉性温平，入肾肺，主治肺肾伤损、久病体虚、头晕目花、腰膝酸软，还可以治疗皮肤恶疮、癣毒、癫疯、溃疡，具有独特的食疗保健作用。古时民间有"一鸽胜九鸡""要吃飞禽，鸽子鹌鹑""无鸽不成市"之说，认为鸽子是名贵食物，是一种高档营养滋补品。

中山石岐乳鸽的产生，是爱国华侨的功劳。1914年，旅居美国的中山华侨想为家乡谋福利，为亲人多增加点肉食，带回美国良种肉鸽"白羽王鸽"，又称"落地王"。与本地原生的石岐鸽混养杂交，意外培育出了新品，体大易养，抗病力强。此后，养鸽爱好者利用华侨的渠道，引进美国的"贺姆鸽"、西班牙的"仑特鸽"、比利时的"卡奴鸽"、日本的"钦麻鸽"和澳大利亚的"地鸽"，经过杂交培育，在20世纪30年代，培育出一个集合上述几种名鸽优点、适合本地饲养的优良肉用鸽品种。这个品种的鸽子产卵周期短，孵化成功率高，易于饲养，生长快速，三四周后，体重就可以长到一斤以上，毛色白羽素裹，具有嘴长、体长、翼长、尾长的特征；体态丰满，胸肌肥厚；吃起来则细皮嫩肉，骨软而脆，有一股独有的香味，用来炖汤味道鲜美，营养价值高。这种大型肉鸽新品种，因产自石岐及周边地区，故被人们命名为"石岐鸽"，中山本地人因它有一身白羽毛而习惯称之为"白鸽"。至今，石岐鸽仍是中国优良肉鸽品种之一。

声名远播的石岐乳鸽　石岐鸽主要用豆类、谷物饲养，这些饲料对粮食较为紧缺的中山，价格不低。因此，饲料成本一直局限着石岐鸽的大规模饲养，其诞生后二十多年，只有少数人家少量饲养。1949年以后，在中山县也只有几家大酒楼有石岐鸽这道菜，做法大多是炖汤。当时人们认为，鸽子罕有难得，炖汤食用才能发挥最大的滋补功效。

独创"红烧石岐乳鸽"且令其走出中山，扬名海外的是澳门中葡菜餐厅佛笑楼。

民国初期，中山长洲的黄民成来到澳门，在清平直街开创一家"佛笑楼"餐厅，后来迁到福隆新街。由于澳门与中山同属香山一脉，一直以来，澳门的主副食品主要依赖内地供应。澳门当时被葡萄牙人占据，受葡萄牙烹饪方式影响，也为迎合澳门那些土生葡萄牙人的饮食习惯，佛笑楼的大厨创制出一种烘烤的石岐鸽吃法。佛笑楼红烧石岐鸽的烹制方法是选用生长21—28天约8两重的乳鸽，用白卤水腌渍之后，经烤箱烘烤而成。做成的石岐乳鸽，皮脆肉滑，甘香鲜美，幼嫩可口，油而不腻，色香味俱佳。最大的特点是脆皮之下肉质中间饱含鲜醇浓香的肉汁，用手撕开咬皮吸汁，实在是一种莫大的享受，广受中外人士赞赏，店家美其名曰"红烧石岐乳鸽"。

澳门是粤港澳往来通衢之地，中外过往人员非常多，佛笑楼的红烧石岐乳鸽因此传播开来。尤其在国家动荡时期，红烧石岐乳鸽更成为港澳同胞、海外华侨思乡愁绪的寄托。港澳地区的高官、富商每每将有红烧石岐乳鸽的宴请视为高档。佛笑楼因红烧石岐乳鸽而扬名，红烧石岐乳鸽也因佛笑楼而传播海内外。直至中华人民共和国成立前，佛笑楼仍专船到石岐采购石岐乳鸽。香港十分出名的"沙田红烧鸽"，用的也是石岐乳鸽，全部来自中山。

改革开放前，石岐乳鸽的养殖仍停留在民间零星饲养水平。为给国家多创外汇，中华人民共和国成立后的30年，广东省出口港澳的46种商品中，中山商品数量占73%，其中主要产品是石岐乳鸽。供销社从农村收购来的石岐乳鸽，几乎全部用于出口，中山本地市场极为少见。

从1970年开始，中山县部分农业集体单位开始养白鸽，规模较大的有沙溪龙头环、圣狮、龙瑞，张家边的大环，南朗的南塘等白鸽饲养场，年饲养种鸽在1万对左右，产乳鸽约3万只，全部出口港澳地区。

中山传统家禽类名菜以鸡、鸭、鹅为主，少见鸽子。老一辈中山人，第一次吃到"红烧石岐乳鸽"多是开放港澳游以后，在澳门佛笑楼或香港沙田才能一尝美味。20世纪70—80年代，内地肉食比较缺乏，人们一般将石岐鸽饲养30—40天，长到一两斤重后上市出售，务求食用时肉多而丰满。中山石岐乳鸽的制作"多选用胸部有三指大，重一斤四两，两翼有乳包，头有黄色奶毛，软身的嫩鸽"，用蒸、炖、卤、炸等方法烹调。澳门"红烧石岐乳鸽"的烹制方法，在当时的中山县几乎无人会做。

1980年温泉宾馆开业时，为办好开业宴，霍英东曾专门吩咐自己的管家，从澳门带厨师到温泉宾馆，示范"红烧石岐乳鸽"的烹制方法。

宾馆开业庆典上，霍英东邀请1000多位中外嘉宾，应邀嘉宾80%以上是港澳及海外的政商名流、侨领。这些嘉宾见多识广，品尝过不少中外山珍海味。但在温泉宾馆开业庆典宴会上，很多人特别关注的一道菜就是"红烧石岐乳鸽"。中国改革开放的大门刚刚打开，来到石岐乳鸽原产地——中山品尝正宗的石岐乳鸽，的确是一件让港澳同胞、海外华侨十分激动和欣慰的事。这除了对闻名于世的美食的期待外,更多的是浓浓的乡愁。"红烧石岐乳鸽"是一道隆重的菜式,传统正宗的吃法是先为客人递上一条雪白的热毛巾,供客人擦手。最佳上菜方式是按位上,即原只整上,一位客人一只。客人无须拘礼,直接动手撕开乳鸽,趁热品尝。无数老到食客都认为只有手撕的吃法方能尽品滋味,切开分件的做法风味尽失。吃完后,服务生会再为客人备上热毛巾擦手,高级餐厅会在为客人撤去骨碟时再递上另一条干净的热毛巾。整个过程畅快、优雅、舒适。传统观念认为,宴会的档次体现在乳鸽的整只位上与热毛巾的服务。温泉宾馆开业宴会上的"红烧石岐乳鸽",却是每席端上1盘,盘中只有3只乳鸽,每只被切分成4份,每位客人只能分享到四分之一只,不免令人失望。有三位在澳门吃惯"红烧石岐乳鸽"的客人私下嘀咕,如此高规格的开业宴会上,霍英东竟如此"孤寒"。直到温泉宾馆开业10周年纪念庆典时,其中一位私下嘀咕的客人才对吴励民开玩笑地"坦白"此事。事隔10年,中山石岐乳鸽产量已翻了好几十倍,客人盛赞中山经济快速发展时,才提起那段"小气"的往事。后来有人将这一小故事转告李斌,引起他一番感慨。李斌回忆:"改革开放初,中山县物资并不丰盛,石岐乳鸽供应严重不足。开业宴会并非霍英东吝啬,而是当时想多上点也没办法,每人四分之一只也是通过行政手段,由接待办与经贸办各派一名主任专责协调,动用全县力量,准备了整整一个月,才勉强备得此数量的乳鸽。"林藻还记得,当时用石岐乳鸽接待需要特批,每用一只都要向县财委报告。

1979年,中山全县年产乳鸽不足3万只,合格的全部用于完成国家下达的出口任务,一般情况下只有10%左右不能用于出口的残次鸽才留作内销。由此推算,温泉宾馆开业宴会这一顿饭,不仅吃去了中山县当月全部内销乳鸽,还会影响出口任务。

自宾馆开业宴会上"红烧石岐乳鸽"一举闻名后,石岐乳鸽就成为中山菜的名菜代表。温泉高球会餐厅是依托温泉宾馆饮食部建设起来的，主要为前来打高尔夫球的客人提供餐饮服务。打高尔夫球的客人属于一个独特的消费群体，他们喜欢个性化体育运动，追求美食、注重健康饮食。到温泉高尔夫球场打

红烧乳鸽

球的客人，几乎都是港澳同胞、海外人士，他们对闻名遐迩的"红烧石岐乳鸽"十分感兴趣。打高尔夫球的客人多喜欢独自用餐，注重健康饮食的人不主张一人食用一整只鸽，量大超标吃不完，丢掉又觉得浪费可惜，但切件开边的"红烧石岐乳鸽"又失去了原有的风味。高尔夫球会餐厅开业初，经常有客人反映这些情况。针对这一情况，几位年轻的餐厅经理与厨师共同商讨对策，后来受烹调禾花雀的启发，对石岐乳鸽的做法进行改进。改用出生10—15天个体较小的幼鸽。它的个头比以往的乳鸽小，体重在四两半左右，做出的"红烧乳鸽"大小刚好适合现代人的一人分量，比传统的"红烧石岐乳鸽"骨软肉嫩，风味更佳，改良后颇受客人欢迎。

这款新菜当时没有专属名称，只是简称为"球会烧乳鸽"。不久，这种做法出现在温泉宾馆的中餐厅。当时，新旧两种做法并存，餐厅部为客人点菜时常要仔细询问客人是要"传统大只的红烧乳鸽"还是"球会那种小只的红烧乳鸽"。这种新式石岐乳鸽，很快在中山其他酒店传播开来。后来经过富华宫及怡景假日酒店一些大厨的多番改良，制作方法从传统的浸卤后下锅油炸变成了挂卤风干后再用西式淋油方式制作，方法更便捷、更适合幼鸽个小的特点，出品口味更佳。而"生炸妙龄鸽"的名称则是在几位厨师与香港食客随意调侃时得来的。"妙龄鸽"实际上比"乳鸽"饲

养时间更短，但其制法和吃法更为美妙，后来这个名称广为接受和传播。

红烧石岐乳鸽是霍英东最喜欢的一道菜，霍英东每次到温泉宾馆就餐或者宴请宾客，也必定少不了这道菜，甚至每次临走前还要打包数只带回香港与家人分享。霍英东拜会国家领导人之时，也每每提及中山温泉宾馆的红烧石岐乳鸽，推介其香鲜美味。当时不少国家领导人南下考察，下榻中山温泉宾馆，红烧石岐乳鸽也成为他们的必点菜式之一。

温泉宾馆第一代中餐主厨何合和回忆，有一次，杨尚昆下榻中山温泉宾馆，对红烧石岐乳鸽一食倾心，竟连吃四只，高兴之余提出要见做乳鸽的师傅。何合和走进房间之后，杨尚昆主席十分亲切地与他握手，与他开玩笑："明年不知你还在不在这，我还要来吃你做的乳鸽。"邓颖超也曾在中山温泉宾馆吃过石岐乳鸽。

改革开放初期，邓小平要求中央领导及部委办负责人尽可能到南方走一走，以正确认识改革开放的重要意义。

温泉宾馆开业的前几年，中央政治局常委以上的领导基本上都到过温泉宾馆考察，各部委办的负责人更是多得难以统计。中央领导在温泉宾馆考察、调研用餐时自然也少不了石岐乳鸽这一道中山名菜。"红烧石岐乳鸽"给许多中央领导留下深刻印象，这也为石岐乳鸽成为国宴名菜打下基础。

1994年5月，郑伟枢接到相关部门电话，要求派两位厨师到北京钓鱼台国宾馆为国宴烹制石岐乳鸽。钓鱼台国宾馆只知道石岐乳鸽出名，根本不知道也无法区分传统红烧乳鸽和生炸妙龄鸽，只是简单地提出用石岐乳鸽做食材的要求。郑伟枢与主厨何合和商量后，决定选用适合国宴菜品整只单人位上的生炸妙龄鸽，并派出温泉球会餐厅的陈钢强、林炳忠两位擅长烹制的师傅。经过大半天的忙碌准备，150只预处理好的妙龄鸽、卤水汁、配料等，冷藏好后整理装满5大箱，由中山市政府派出特殊车队一路护送直奔广州白云机场。登机时，考虑到随行物品的特殊性，温泉宾馆厨师团队四人坚持所有物品随身携带，不托运。但是机场方面因为他们的行李中带有大量的动物、液体，要求他们出示卫生检疫和安全许可证件，否则禁止登机。由于任务来得突然，证件未来得及办理。为此，领队郑伟枢多次与白云机场交涉，可是白云机场坚持按规章办事。无奈之下，向上级领导汇报经其同意后，郑伟枢向白云机场最高负责人出示传真密函。白云机场与北京方面确认后，才同意放行，并派专车走专用通道送他们上飞机。

到北京后，钓鱼台国宾馆派专车接机。第二天早上，两位师傅开始为国宴做准备，不料突然被告知，从中山带来的乳鸽数量不足以应付晚上的国宴。再从中山空运已来不及，郑伟枢及助手只能通过各种关系，在北京临时准备20只乳鸽及配料，但品质与从中山带来的根本无法相比，无奈事出突然，稍次的出品只能在上菜时刻意分派给中方陪同人员。

经过一轮紧锣密鼓的工作，两位师傅出色完成任务，国宴宾客对这款来自中山的美味赞叹不已。从宴会菜单上，郑伟枢等人才知道是李鹏代表中国政府宴请到访的俄罗斯联邦政府主席切尔诺梅尔金和夫人以及代表团成员。

中山温泉宾馆厨师在钓鱼台国宾馆制作红烧乳鸽留影石岐乳鸽作为地方名菜飞上国宴餐桌，成为中山城市文化的一张亮丽名片。石岐乳鸽的烹调技艺，亦由中山温泉宾馆的厨师传授给钓鱼台国宾馆的厨师，后来还遍及北京的各大饭店，成为北京的一道名菜。

1991年，郑耀荣经过数年摸索，首创了"生炸石岐乳鸽"，其外面金黄，皮脆肉嫩，鲜香含汁，余味留齿的特点赢得评委首肯，荣获亚洲美食金奖。之后，石岐乳鸽的菜式不断推陈出新，相继诞生了更多贴近百姓口味和生活的乳鸽菜式。

时至今日，走进粤菜酒楼，招牌菜式一定有它。提及中山的旅游美食，石岐乳鸽不可或缺。因此，中山人进出任意酒楼，都可以点上一整只石岐乳鸽，大快朵颐。同样，回家探亲的华侨、接待外地的贵宾，亲友聚会、喜庆宴会，都少不了石岐乳鸽，甚至在国宴上也留下石岐乳鸽的美味与美名。这首先得益于现在中山专门的石岐鸽育种饲养基地，其年产量达几百万只，其次是烹饪技术的进步与菜式的丰富。

归根结底，石岐乳鸽离不开石岐鸽，因为"石岐乳鸽"这道菜扬名时，采用的食材正是石岐鸽种的乳鸽。

石岐鸽这一特色本地品种的形成，大致可以追溯到清末民初。据记载，1914年旅居国外的中山华侨带回外国优良种鸽"王鸽"和"贺姆鸽"等，与中山本土优良种鸽配对杂交，逐步育出新品种"石岐鸽"。

石岐鸽的饲养环境在珠江口冲积平原，赤红壤含有丰富元素，有利于"石岐鸽"的成长。养殖"石岐鸽"，除了要求血统纯正、特定孵化、喂养原粮及山泉水之外，在养殖过程中还需要喂养蚝壳片、中粗沙、红土等调配而成的保健沙等，经过一系列的标准养殖才能养出体型较长、眼睛较细、鼻长嘴尖、胸圆脚红的"石岐鸽"。

早年的"石岐鸽"有多种羽色，如有白色、灰二线色、红色、雨点色、浅黄色等。20世纪80年代后，经养鸽专业人士不断改良选育出以白羽色为主的石岐鸽品系，成为驰名的肉用鸽种。石岐鸽孵化成功率高，易于饲养，中山人又有食鸽的习惯，广受农户喜欢。从20世纪70年代开始，中山的沙溪、南朗等镇开办了集体白鸽场，年饲养量均在1万对以上。后随着改革开放的到来，"石岐乳鸽"越来越受到国内外市场的欢迎，中山各个镇区养殖"石岐鸽"的农户越来越多，连食品出口部门都先后办起4个大型养鸽场，中山一跃成为石岐乳鸽出口基地。据统计，1999年末全市年产乳鸽150.7万只，目前中山市范围内的石岐鸽出栏量约210万只，其中三乡占了9成以上。

在市场化进程中，石岐鸽走上了产业化轨道。中山市三乡镇竹溪村，正是中山市石岐鸽养殖有限公司"石岐鸽"养殖基地的所在，这里也是"国家后备种鸽养殖标准化示范区"。

在这里，采用玉米、高粱、小麦、豌豆等天然原料为主进行科学化标准化饲养的一对对的石岐鸽，正在养殖房里养育乳鸽；孵化房里，上万枚鸽子蛋躺在自动孵化箱中，每枚鸽子蛋上还写着对应种鸽的编号，每隔2个小时孵化板自动翻转45度，使石岐鸽仔发育得更好。整个孵化房的温度、湿度、二氧化碳等指标都可以通过物联网收集，3秒就能生成数据，可在手机终端时刻查看。最终，鸽蛋经过筛选、消毒、入孵、落盆、捡鸽仔等9个步骤，专业化、自动化孵化18天后，一只石岐鸽仔就诞生了。走进"石岐鸽"后备种鸽舍，上千只羽色洁白的后备种鸽在鸽笼来回走动、啄食。专家介绍，后备种鸽是乳鸽出生后经过28天饲养，再从成千上万只乳鸽中挑选出来的，然后经过6个月的集中饲养，乳鸽性成熟自由恋爱后，便两两组合放进小鸽笼组建成"家庭"。种鸽养殖舍离后备种鸽养殖舍不远，与后备种鸽养殖舍统一饲养不同，种鸽养殖房被划分成大小均一的小鸽笼，且都标有编号。"鸽子跟天鹅一样，是一夫一妻制，这样更能确保后代乳鸽血统纯正。每对种鸽产下鸽蛋之后，工作人员也会标上对应的编号，这样能更直观地了解每对种鸽的繁殖、孵化情况。"产蛋18天后，母鸽会自动"呕乳"喂养刚孵出的幼仔，现在每个鸽笼中的种鸽都承担着照顾、喂养乳鸽的责任。

基地负责人"情鸽王子"李正晟说，色香味营养俱全的石岐乳鸽最初的扬名，跟石岐鸽这一食材有很大的关系。烹饪艺术与食材相得益彰，以石岐鸽为食材生产的石岐乳鸽肉质鲜嫩多汁、肉味鲜美、带有丁香味，当年石歧乳鸽经过厨师巧手烹饪，遂成为名菜石岐乳鸽并声名远播。

为了更好地宣传和保护"石岐鸽"这一区域特色品牌，2020年10月，中山市申报的"石岐鸽"通过国家农产品地理标志专家评审，获得农产品地理标志。

石岐乳鸽如何走得更远、飞得更高？中山人正在探索联合餐饮行业协会、腊味行业等，推出以石岐鸽为原料的香辣口味腊味鸽子等加工产品，使石岐鸽成为类似北京烤鸭等地方特色手信。

咀香园，"齿颊留香"逾百岁

早茶是广东特色，其中的糕点更是闻名海内外。

在中山，有家百年老字号叫"咀香园"，历经100多年变迁，这家小作坊的产品已从最初的杏仁饼开始，发展到包括咀香园月饼、绿豆糕、老婆饼等多元产品为一体的现代化、规模化企业。早在100多年前，香山县县令就对这家萧姓人家创制的杏仁饼大加赞赏，挥毫题字："齿颊留香"。

无论是咀香园杏仁饼还是咀香园杏月饼，已经凝结成中山人、广东人，尤其是广东海外游子本初的记忆与乡愁。

说起杏仁饼的历史，在20世纪80年代大学一毕业就在咀香园工作、现在主管咀香园技术、荣获"改革开放四十年中国焙烤行业杰出人物奖"的张元杰教授可谓如数家珍。

中山城区孙文西路，

咀香园杏仁饼

就是那条著名的文化旅游步行街,这里有条非常不显眼的小巷——兴宁里,因为一个小小的杏仁饼载入了历史,也因此闻名遐迩。

香山立县之后,经济得以逐步发展,及至明末清初,毗邻港澳的中山迎来了商贸繁荣时期,吸引了中原地区文人墨客迁居香山,中原文化与岭南文化传统习俗在中山兼容并蓄,形成了中山独特的饮食习俗。从清末民初开始,受到社会环境的影响,中山商贸逐渐低落,但是,百姓的传统生活习俗却一直沿袭下来。比如为家中长者祝寿的习俗就一直为民间所重视。

清光绪末年,香山县城兴宁里8号有一书香世家萧友柏家道日渐衰落。时值其老夫人寿辰,萧友柏为经济拮据难以招待亲友而发愁。家中婢女潘雁湘来自顺德,她曾跟糕点师傅做帮工,略懂制作饼食。为解主人燃眉之急,潘雁湘在萧友柏的妾侍林大姑指导下,采用绿豆粉、用糖腌制过的肥猪肉片,精心制作成绿豆夹肉饼用作孝敬老夫人之用,并以此招待宾客。此饼入口甘香松化,肥而不腻,咀嚼之下有杏仁香味,宾客品尝后赞不绝口。从此,绿豆夹肉饼成了节日送礼招待亲友的佳品,因其形状似杏仁和有杏仁香味,故称杏仁饼。宾客对杏仁饼赞誉有加,主人萧友柏鼓起勇气向时任香山知县的覃寿堃呈奉该杏仁饼,知县品尝后大加赞赏,当即挥毫写下"齿颊留香"四个大字,这就是现在的咀香园杏仁饼前身。

咀香园传统制作工艺的始创者萧家所处的兴宁里,位于香山县城石岐繁华的"十八间"商铺附近。民间商贸的兴旺令家道中落的萧家放下了书香世家的面子,融进了民间商贩的行列。1911年,萧家为帮补家计,以传统手工艺开始了作坊式生产杏仁饼,并让婢女到地处"十八间"地段的泰东戏院内叫卖,广受欢迎。民国七年(1918),萧家正式进行工商登记生产杏仁饼,店号"咀香园"。1928年注册商标为"玫鹤牌",又名"梅鹤牌",产品全部零售。后来,港澳同胞、海外华侨也来光顾,并通过香港的"金山庄"将产品寄往北美洲、东南亚等地，使咀香园杏仁饼声誉更佳。

辛亥革命成功后，石岐大庙下泰东戏院开业。为帮补日益见拙的家计，萧老夫人带领萧家众人，在潘雁湘指导下，在家大做绿豆饼。当时深受父辈宠溺的萧家大少，名干伟，字嘴，加之绿豆饼咀嚼且有杏香，取其字称为"嘴香杏仁饼"；由于嘴字笔画太多，饼模不好雕刻，萧家兄弟、清朝举人萧策勋便把"嘴"字简化成"咀"字，在萧家后院生产杏仁饼，然后使婢女到戏院叫卖。因该饼风味独特，深受食客欢迎，有些华侨甚至要求多买些带到外埠，在无奈的情况下，从书香世家支使婢女偷偷卖饼维持家计逐渐转变为家庭式作坊生产，正式开门卖饼。

1918年，政府规范工商税收，萧家正式工商登记，挂牌经营，店号为"咀香园杏仁饼家"，1928年以"玫鹤"牌为注册商标。挂牌经营后，咀香园独味杏仁饼，选用上乘绿豆作材料，冲洗干净，烘干，慢火炒熟，去皮，磨成细粉，配以糖腌肥猪肉片，一只猪只能采取背部肥肉十斤左右，其余不要。用砂糖浆等捞成湿粉。用两个木桶顶盛，内放炭炉烘熟，烘饼时精工细作，稍有瑕疵都除去，由于举家专心制作，饼味甘香，松化适宜，件件保质，一下子食客大增，供不应求，海外华侨都以咀香园杏仁饼为家乡特产赠送亲友，要求批发到外埠代销，但被萧家一律拒绝。而后华侨来款，逐一登记，再寄到香港金山庄委托转寄交货到外埠，信誉甚佳，无一失误。

咀香园创始人萧友柏逝世后，由其儿子萧干伟接管咀香园生意，并于1930年1月重新更名换新的开业执照，继续经营咀香园生意直至1956年公私合营。

1935年，咀香园杏仁饼参加在美国檀香山举行的国际食品展览会上荣膺"金鸡奖"。从此，咀香园杏仁饼作为正宗的中山特产而名扬海外。咀香园人用勤劳、智慧传颂了"花来岭南无月令,豆到中山有杏香"的佳话。

1956年,随着公私合营政策的推行,国家对咀香园饼家进行公私合营,成为糖果商店咀香园加工场,萧干伟担任车间主任一直到1961年病逝。后来,该企业历经改制,但厂家坚持继续生产杏仁饼,产品也遍及全国各地和海外市场。

咀香园杏仁饼传统制作工艺自从清末由萧家婢女潘雁湘等人首创后,历经民国时期由家庭小作坊走向工商登记、注册商标生产,到1956年饼家经历公私合营成为糖果加工场,再到后来生产企业历经多番改制和搬迁,传统制作工艺却一直被传承下来。正是一代代人的坚守,成就了一个百年品牌,2006年,"咀香园"被商务部授予"中华老字号"。

值得一提是,2010年7月,"咀香园杏仁饼传统制作工艺"亮相上海世博会宝钢大舞台。作为具有浓厚岭南特色的《华彩广东——广东非物质文化遗产项目传承人技艺展示》之一,当咀香园杏仁饼传统制作工艺神秘面纱揭开之时,其浓浓的饼香吸引了海内外游客,传承人现场演绎传统打饼技艺,更是吸引大批观众纷纷加入到打饼的互动行列。杏仁饼的百年传统手工技艺,从岐江河畔传承到了黄浦江畔,其生生不息的历史文化魅力展现在融会了全球多元文化的国际大舞台上。一个木刻饼模打成圆圆小饼这种最传统的手工技艺,居然也能吸引如潮游人。同行,如此热闹场面,也连续几年出现在深圳国际文化产业博览会上。小小的打饼台边引来大批海内外好奇的观众,还引来了大批传媒的聚焦。而在企业的本部,每天旅游大巴停满车场的场面,更是让人慨叹传统文化的无穷魅力。从2004年开始,咀香园的经营者提出了发展工业旅游的意念,他们与中山市旅游局合作开辟工业旅游线路,将省港澳和珠三角地区的游客带到企业车间来,让游客亲眼看到用传统工艺制作杏仁饼的全过程。2010年咀香园杏仁饼传统工艺亮相上海世博会。咀香园还在企业内开辟展览区，以历史图片、工具实物和场景再现等展览形式，让游客了解传统制作工艺所蕴含的传统文化，同时还在现场准备了饼模、粉团等，让顾客亲手学做杏仁饼。这种体验式的工业旅游大受游客的欢迎，特别是青少年对杏仁饼的传统制作工艺大感兴趣，争先动手学做饼。而企业通过工业旅游的方式，让百年传统制作工艺在下一代中得以传承。

经过多年的实践，咀香园的工业旅游取得了出色的成绩，2007年3月，被国家旅游局授予了"全国工业旅游示范点"牌匾。如今，以传统工艺作为主要卖点的"工业旅游"在咀香园日趋成熟，每年游客量达到30万人次，庞大的游客量不仅为企业带来了经济效益，也对传统制作工艺的宣传和传承发挥了作用。而且，历史上澳门归属香山管辖，从民国时期开始，萧家部分后人将咀香园杏仁饼的传统制作工艺从中山传授至澳门，并在澳门也得了很好的活态传承，成为世界各国游客了解中华传统饮食文化的一个重要载体。

回眸咀香园转制之后的18年历程，我们惊喜地看到了体制创新、管理创新、科技创新和市场创新的魅力，也看到老字号转变为现代化龙头企业的成功实践。

百年沧桑，咀香园从当年的家庭小作坊，成为今天集各式美食为一体的知名食品企业。厂房面积是过去的5倍，生产能力是过去的10倍，今天的"咀香园杏仁饼"，不断投入现代化设备和进行工艺改革，不但保持了传统的香醇浓郁、入口酥化甘香的特色，而且饼质更加细腻，口味更加丰富，装潢更加美观，全部用独立保鲜包装，新鲜卫生，因而更受欢迎。今天的咀香园杏仁饼，产量比原来增长了千倍，产品远销美国、加拿大、澳洲、南非、东南亚和港澳地区，深受国内外消费者喜爱。在1988年香港国际博览会上，中山咀香园杏仁饼参与了世界食品群雄的角逐，再获

"特优奖"殊荣,并荣获省优质产品和部优质产品称号。近几年,咀香园杏仁饼摘取奖项多达数十个。以杏仁饼为基础,咀香园月饼在众多的月饼企业中脱颖而出,荣获"中国名牌月饼"的称号,"莲蓉第一家"之称的白莲蓉月饼系列、五仁蛋黄月饼系列驰名中外,咀香园出口海外的月饼约占总销量的30%,出口量则每年以15%以上的速度增长,在美、加、澳洲等地的华人聚居地都有其知名度和市场影响力,今年还开拓了荷兰、英国市场;家乡蛋卷系列、中式饼系列、健康美味方便羹系列、饼干系列、曲奇饼系列等优质食品,深受大众喜爱。产量不断增加,产品销售、利税不断增长,企业健康稳步扩大,咀香园以全新的姿态跨进新时代。

一饼香飘百年,一饼思牵万里。

咀香园杏仁饼、月饼的味道,就是老家的味道,故土的味道。

菊花,一桌金黄成华宴

菊花可餐,亦可成宴?

的确如此。中山有个镇叫小榄,美称菊城。我国种菊最多而又作蔬食的地方,其盛应首推小榄。菊城人的菊花宴更是菊花餐、菊花酒、菊花茶一应俱全,由此将菊花之用演绎至极致之境。

菊花除了观赏价值,还具药用、饮用和食用价值。《神农本草经》中就把菊花列为上品并这样写道:"主风头眩,肿痛,目欲脱,泪

菊花宴

小榄菊会

出，皮肤死肌，恶风湿痹，久服利血气，轻身，耐老，延年。"这主要是因为菊花含有大量的菊甙、挥发油、黄酮类化合物、维生素 B1、氨基酸等活性成分，能增强毛细血管抵抗力、降低血压。

"菊花酿酒可延年，两鬓丝丝烧鹤发。"这是著名诗人陶渊明赞美菊花酒的脍炙人口的诗句，由此可见国人酿菊花酒、饮菊花酒已有悠久的历史。菊花茶的饮用更是家喻户晓，广为流传，深受人们的喜爱。

关于食用菊花，最早在屈原的《离骚》中如此记录："夕餐秋菊之落英。"《楚辞·九章》曰："播江南与滋菊兮，愿春日以为糗芳。"（糗，米麦磨粉作成干粮）又如《牧竖闲谈》记载道："蜀人多种菊，以苗可入菜，花可入药，园圃 悉植之。"又《续博物志》曰："杞、菊、山芋、牛蒡、道家以为住蔬。"到了晋代傅立《菊赋》："掇以纤手，承以轻巾，揉以玉蓝 纳以朱唇"；司马光《晚食菊羹诗》："采撷授厨人，烹渝调甘酸，毋令姜桂多，失彼真味完"；唐朝陆龟蒙《杞菊赋》："天随生（陆龟蒙的别号）宅荒少墙，屋多隙地，著图书所前后，皆树以杞菊。春苗恣肥，得以采撷供左右杯案。夏五月，枝叶老硬，气味苦涩，旦暮尤责儿童辈掇食不已"。苏东坡《后杞菊赋》载："吾方以杞（指枸杞头）为粮，以菊为糗，春食苗，秋食花实而冬食根，庶几乎西河南阳之寿。"古来食菊演变至今不断进步，据悉，清朝的慈禧太后就有吃菊花火锅的喜好。但历史上的食菊规模也远远比不上今人。清代的陈士铎认为大剂量服用菊花可以延年益寿，"夫菊得天地至清之气，又后群卉而自芳，傲霜而香，挹露而葩，而花又最耐久，是草木之种，而欲与松柏同为后凋也，岂非长生之物乎。但世人不知服食之法，徒作茶饮之需，可惜也"。由此可见吃菊花的妙处。

小榄人爱菊，历史悠久。

小榄自南宋开村距今，已有850多年的历史。而小榄人最初与菊花结缘，可朔自宋末金元时期：中原战乱，士夫避难南迁，南宋咸淳十年（甲戌）金秋，从南雄珠玑巷南来小榄的先民，为当地遍野的黄菊所吸引，便在此垦荒定居，而后将野菊移植于园圃中。同时又将中原文化尤其是菊花文化带到小榄，与本地区的菊花文化交融，形成了独特的民俗活动——小榄菊花会，这是"中国市镇早期菊展的发源地之一"。

菊花品性高洁，对陶冶性情，提高人的文化素养，对外文化交流具有重要的熏陶和促进作用，颇得文人雅士的青睐。

到了明代，乡中名门望族者，应试科举，踏上仕官之途。其荣归故里者，多营府第、园圃，以栽花艺菊为乐，借菊会友，借菊吟咏。如里人刘士迁著有《种菊吟》《治圃吟》各一卷。当时小榄较具名气的园圃有"翁陔园""玉溪园""云水东庄"等。明代广东理学大家陈白一次来小榄，留宿榄山书屋，别时写有《别榄山》诗，诗云"主人更道秋来好，收拾黄花待我回"。明南京礼部尚书李孙宸所撰写描述家乡的《两榄风景地势》一文已有"岁岁黄花看不尽,诗坛酹酒赏花村"的赞美之句。

自清嘉庆十九年(1814)起,迄今已历200多年,"小榄菊花会"已按传统举办了四届甲戌盛会。此外,新中国成立后,小榄镇先后举办了颇具规模及影响力的中型菊花会。

小榄菊花会是以菊花为主题的颇具特色和个性的民间综合性文化活动,既有赏菊、赛菊,亦有咏菊、餐菊,借此以菊会友,推动各项经济、文化活动。"小榄菊花会"数百年来传承至今,形成了规模宏大的传统民俗文化活动。

餐菊,尤其是将菊花制作成承载美味佳肴的菊花宴席,正是菊城人创造的美食文化。这与菊城人的渊源、菊缘、菊情紧密相关。

菊花的栽培在许多国家都属稀少植物,唯独我国多有种菊的,且我国古代早都有作蔬食且售于市的记述。中山小榄种菊之盛,集中于每六十年一次的菊花会。其间,小榄人要制菊花肉、菊花菜肴和菊花点心。明朝的《岭南杂录》记载:小榄之菊花饼,中含菊花,尤为美味。菊花肉丸风味亦殊不俗,非他处所可比拟者也。当然,我国吃菊不仅盛于小榄,珠江三角洲,即广州、佛山、南海、顺德等地都普遍地种植可供吃花瓣的菊花。小榄和上述各地均善用菊花做高贵的配料,做成一道道宴会上色、香、味均臻上乘的菊花名菜。2020年小榄菊花会上,笔者有幸一品丰盛的菊花宴,菜品包括"菊花鱼头羹""菊花刺身""菊花椒盐明虾""菊花咕噜肉""菊花炸鱼球""菊花咖喱金菇肥牛卷""腊肉蒸菊饼""菊花蚬肉生菜包""菊花绿豆让莲藕""菊花柚皮焖鳝""菊花八宝糯米饭""油炸菊香条"等,饮品则有菊花酒、菊花茶。由它们搭配而成的筵席称为"菊花宴",传至海外,特别销至港、澳而传誉。其中的"菊花炸鲮球"是一道风味独特的家乡菊菜,厨艺大师麦广帆厨师说,这道菜起源于明代小榄山,是一群自北南下的难民传授下来的,到1979年的菊花会,此菜更是名噪海外。菊花炸鲮球之所以有特色，除以菊花为菜食外，又因中山所产鲮鱼，尤为肥美。笔者有幸在小榄菊花会期间品尝了菊花宴，而且获得了菊花炸鲮球的祖传制法：以鲮鱼1斤净肉，配入生粉2两，水面，腊肉粒（或肥肉粒）1两，另蒜茸、陈皮、盐糖、味精、胡切粉、花生油适量。把洗净的鲮鱼肉，以毛巾裹着抓干，用刀剁，放盐，搅拌至起胶；又放入生粉、开水，再搅拌，放入配料，以顺同一方向，由慢至快地搅拌，然后挤成球状，入油镬炸之。炸至金黄色，便可上碟。碟边再以食用菊花生菜丝铺成图案装饰。食用时，还可佐料配蚬蚧汁，其味益加香甜独特。

除菊花菜品之外，菊花点心与茶可谓绝配。

明朝笔记《岭南杂录》这样写道："小榄之菊花饼，中含菊花，较之杏仁饼尤为美味。"可见菊花饼自明朝就开始为人所赞赏的了。除了以绿豆粉和菊花糠为主料制成的送礼和茶点佳品菊花饼，这里还有菊花肉、菊花蛋卷、菊花水榄、菊花酒。菊花酒以菊花为主粮酿制，酒香扑鼻，清醇可口。

追溯古代，我国以菊花制饼食由来已久。《楚辞》所写的"播江离与滋菊兮，愿春日以为糗芳"，这里所讲的"糗"就是用花混合于米麦之中，捣粉而后制成干粮。明代《五杂俎》也讲过菊饼："今人有采菊叶煎面饼食之者，其味香尤胜枸杞饼也。"中山过去都有过以杏仁、菊花、榆札为材料制作饼食的，后两种常为明朝人所嘉许。

菊花自晋陶渊明"采菊东篱下"时期就开始向观赏方面分化、发展。在小榄，也可以看到菊花的这种分化。小榄人酷爱种菊，闻名遐迩。这里有所种的菊，除了观赏，有部分是可食用的菊。可食的菊又向药用和茶用方面分化、发展。如一种被称作"九月菊"的，人们采来作药用或茶用。后来还出现了杭菊、贡菊等类甘菊。菊花的药性又为中医认定，如疏风、散热、平肝、明目、祛烦、解毒等，功效显著。西医也认为菊花具有抗菌的功用，能降血压和治冠心病，等等。

城因菊而名，酒以菊而特，茶因菊而贵，宴以菊而华，诗因菊而雅。

试想，行至中山而聚小榄，菊花会、菊花宴、菊花酒、菊花茶、菊花诗济济一堂，赏、餐、饮、吟融为一体，该是一件何等赏心悦目的美事、雅会？

禾虫，岭南水乡的"冬虫夏草"

十月秋风起，禾虫上市时。

为一品禾虫这一岭南水乡的"冬虫夏草"的美味，中山神湾镇每天来往的车辆就会激增，各大海鲜酒楼常常爆棚。

清初岭南著名诗人、学者屈大均所著《广东新语》对禾虫已有详细记载："夏暑雨，禾中蒸郁而生虫，或稻根腐而生虫。稻根色黄，禾虫者稻根所化，故色黄，大者如箸（筷子）许，长至丈，节节有口，生青熟红黄。霜降前，禾熟则虫亦熟，以初一二及十五六，乘大潮断节而出，浮游田上，网取之，得醋则白浆自出，以白米泔滤过，蒸为膏，甘美益人，盖得稻之精华者也。其腌为脯作西酱者，则贫者之食也。"

禾虫含有丰富的蛋白质、脂肪、铁、磷和各种维生素，营养价值高，其味鲜美甘香、性温，能补脾、暖胃、生血、利小便、去脚气，属滋补食疗上品，城乡居民历来喜爱，视之为席上佳肴。禾虫作为一道著名的粤菜，质软味香，营养丰富，是许多广东人喜爱的珍馐。而神湾禾虫更是禾虫中的精品，由于"其利颇多"，食用历史已超过百年。

禾虫的学名叫疣吻沙蚕，只生长在河口水域禾田表土层里，以腐烂的禾根为食，在早晚两造水稻孕穗扬花时成熟，破土而出，故名禾虫。禾虫又被称为水中的"冬虫夏草"，在珠三角地区一向被视作盘中佳肴，不少地方一直有食用及护养禾虫的传统。清朝嘉靖年间的《香山县志》记载："禾虫如蚕，微紫，长一二寸，无种类，禾将熟时由田中随水出，俗以络布为罾收之，人所嗜食，其利颇多。"近几年，由于水环境改变和人工捕捞增多，野生资源逐渐枯竭，导致珠三角地区禾虫量少价高，供不应求。

神湾禾虫之所以备受追捧，在于它对生长水质要求极高，广东唯中山、佛山、江门及番禺一带才有。神湾禾虫以其纯天然、地道备受市场追捧，成为中山知名特产，被誉为"最贵的虫子""水中珍品"。

神湾镇的竹排村是中山市主要的禾虫产地，竹排村地处神湾镇最南部，四面环海，依傍西江支流磨刀门水道出海口处，是咸淡水的交汇处，滩涂广阔，是禾虫天然的栖息地。竹排村以农业为主要产业，污染较少，为禾虫提供了一个得天独厚的栖息环境。禾虫是一种特别的虫子，它对水质的要求非常高，稍有轻微污染或喷洒过农药的地方都不能生存。正是由于这种特性，禾虫的产地越来越少，而神湾这里由于生态环境好，渐渐成了禾虫的主要产地，其中又以竹排村为最。

禾虫一出土必须马上捕捞，否则不是被鱼吃掉，就是它自己爆浆而死，这是神湾禾虫农户都熟知的护养经验。很多人只知道禾虫营养天然，价格不菲，却并不知道捕捞禾虫的日子基本是固定的。每年春秋两季，成熟的禾虫钻出淤泥，浮游在水面上，这时就可以捕捞了，不过在农历三四月出水的叫"荔枝虫"，这时期的禾虫体型小，吃时带点腥味。而在农历八九月出水的"金花虫"，不但数量多，而且肥美质佳。一般是八月十五之后就开始有禾虫了，最晚到农历十一月初。

捕捞禾虫时一般选在初一、十五夜潮水大时，放水进禾虫滩，退潮时禾虫会借助潮水的退力从河滩的泥土中"破土而出"，现身水面且随水流走，这个时候，就是捕获它们的好时机，退潮时在滩涂口设一张较密的眼网，亮起手电筒或点一盏灯，禾虫见光便随水"自投罗网"，这个特定的时节和时间，多是出现在三更半夜时分，因此为了捕捞禾虫，农户会从晚上11时一直坚持到翌日凌晨四五时。禾虫被捕捞出来之后，一般会直接送到批发市场进行销售，不少海鲜饭店直接订货购买，因为禾虫的产量并不高，所以大部分的新鲜禾虫直接在神湾就被订光了。如果其他地方的买家想要货，半夜就要赶到神湾等货，而那些想要品尝正宗新鲜神湾禾虫的食客，就不得不驱车专程赶到神湾才能一饱口福。

　　天气、水量和水质都会影响禾虫的生长和成熟。在三四个月的成长期，雨量充足灌溉滩涂，禾虫就容易生长，反之则减少繁殖。而八九月的成熟期，水位过高水量过大，尤其咸潮倒灌，都会影响禾虫的生长和成熟。

　　神湾镇地处西江磨刀门水道咸淡水交汇处，滩涂平坦广阔，自然生态好，护养禾虫由来已久。由于所产禾虫绿色天然，已经成为该镇一大特色水产品牌。

　　那么，禾虫究竟怎么吃呢？

　　禾虫的吃法有多种，可以煎、煮、蒸、炖，其中以瓦钵焗禾虫最显风味，如炖钵仔禾虫、禾虫蒸蛋、生炒禾虫、酥炸禾虫煲禾虫莲藕眉豆汤等都是令人回味无穷的佳肴。

　　其中的炖钵仔禾虫，风味十足，最受食客喜爱。

　　钵仔禾虫的做法并不是很复杂。将禾虫洗干净后放在钵仔里剪碎让禾虫充分出浆，再加上适特捣碎的蒜蓉、陈皮、粉丝、蛋白、榄角和油、盐等调味拌匀，放钵于锅中隔水炖熟，再将钵仔禾虫移至慢火炭炉或电炉上烘至干水有焦香味即可上桌；也有人先把洗干净的禾虫放在花生油里面，让禾虫喝饱油，然后打几个鸡蛋到钵中，这时再将禾虫剪碎，再把各种配科加在一起搅拌，然后放锅中炖，最后把瓦钵架到风炉上，用炭烘起瓦钵，把禾虫慢慢烘干水分。这道钵仔禾虫吃起来外面一层有点脆，甚至还有一点焦的香味，吃到里面是滑滑的，很鲜美，但一点都不油腻。

脆肉鲩，一尾鱼的传奇

一道沙田的家常菜登上央视《舌尖上的中国》之后，无数游客、商家趋之若鹜。后来，这道菜甚至登堂入室，走上国宴。

为什么？关键在一个"脆"字。它让随处可见的草鱼化普通为传奇，瞬间成为餐桌上的"香饽饽"。这就是和中山小榄镇相邻的东升镇主产的"脆肉鲩"。

脆肉鲩并非新的物种，生物学意义上仍然属于草鱼，属鲤形目鲤科雅罗鱼亚科草鱼属。一个偶然的机会，养殖户将蚕豆加入饲料喂鱼，结果在烹饪时发现这

脆肉鲩

种蚕豆喂养的草鱼肉质明显筋道了许多，并非原来那样一煮就熟就烂，而是很难煮烂，既富有弹性又爽脆弹牙。原来，是豌豆这种饲料的作用性，草鱼的肉质发生了变化。

脆肉鲩原产于中山市长江水库，利用水泥池引入长江水库的水源，初期喂养饲料，后期喂养蚕豆进行脆化，运用活水密集养培育而成的名特水产品，因其肉质结实、清爽、脆口而得名。养出来的脆肉鲩外形如旧，但肉质已变，蛋白质较普通鲩鱼高12%，味道更为鲜美，还具肉质软滑、爽

脆与众不同的特点，尤以鱼肚部分为最佳，因这种鱼肉质带有韧性，故烹调制作繁多，生炒切片炒口感更佳、蒸（并非整条蒸）、炖、火锅（广东人居多）等各具风味。

东升镇，一个典型的沙田镇，也是笔者30年前到中山的第一站。而今，因为结实爽脆、肉味清香的脆肉鲩，摘得"中国脆肉鲩之乡"的桂冠，名闻遐迩。中山脆肉鲩成为广东省中山市地理标志产品，远销港澳地区、东南亚、南美等部分国家，已经发展为一条鱼的现代农业产业。历经30年精心培养，这种具有地理标志性产品一如武昌鱼、临武鸭等那样，已被打造为驰名国内外的中山美食文化名片。

一种食品何以成就一种产业文化？脆肉鲩这张名片凝聚着东升人几十年探索拼搏的智慧和勤劳。2007年，东升镇举办以"餐餐有鱼"为主题的首届脆肉鲩美食节，吸引八方宾客，宣传脆肉鲩文化。从此，脆肉鲩美食节就成了东升最盛大的固定节日。2008年，为突出体现脆肉鲩的形象、效益，东升投入1570多万元在105国道边建造了脆肉鲩主题休闲公园，内树高度13米、以花岗岩做成的中山脆肉鲩雕塑，成为"中国脆肉鲩之乡"的标志性建筑，脆肉鲩的形象通过叠加记忆与反复传播，从川流不息的105国道走出中山、广东、中国。

一条鱼的传奇在于化凡为不凡，在于由小而大，集养殖、销售、加工、物流、餐饮为一体的产业链条。早在十年前，东升镇脆肉鲩的养殖面积已达12631万亩，为全国养殖面积最大的专业镇，年产量达22100吨，年产值达到5.525亿元，给农民带来了直接利润2亿元左右。脆肉鲩，俨然成为一条名副其实的"富民鱼"。

"中国人讲究入乡随俗，语言、风俗都能随之变迁，但只有我们的胃对食物的感情是不会变的。"作家穆涛在东升品尝过由浓汤脆鲩片、冰镇脆肉鲩、豉汁蒸脆腩、七彩脆鲩丝、椒盐脆鲩骨、杂锦脆鲩丁、九王炸鱼球、姜葱焖鱼头和鱼腐谩时蔬等组成的脆肉鲩鱼宴时如是慨叹，认为以此为代表的饮食文化其实是岭南文化的精髓之一，值得大力推扬。资深媒体人、广东作家张宇航到东升调研采访时感触颇深，他这样评价：在义化强镇的建设上，脆肉鲩是东升镇经过30多年精心培育成长起来的特色富民支柱产业，是镇域经济中的一张"特色名片"。

　　一花成宴，一鸟成宴，一鱼成宴，一虫亦成宴。
　　美味总与乡愁骨肉相连，总和一个地方的自然人文水乳交融。品山，品水，更深刻的记忆大概总在味蕾深处。
　　新粤菜的代表——中山菜，时时散发着一座岭南古邑千年不绝的味道。

中山传

The Biography of ZhongShan

第七章 风情：岭南景致多旖旎

珠江西岸，
南海之滨
巍巍耸立五桂山。
横向是大屏障，
挡住了多少风雨雷电；
纵向是大脊梁，
养育了多少英雄好汉。

啊，五桂山，
我的英雄山。

远古西来，
向东走过，
滔滔蜿蜒岐江河。
流的是咸淡水，
滋润了一片土地肥沃；
淌的是摇篮曲，
成就了代代美丽传说。

啊，岐江河，
我的母亲河。

——《我的五桂山，我的岐江河》

孙文西路步行街

小小翠亨村 大大翠亨村

到广东不去孙中山故居翠亨村，就如同到陕西不去兵马俑，到北京不去故宫、长城一样遗憾。

又是一个春和景明的日子，我们再次来到翠亨村瞻仰孙中山的故居，寻觅伟人当年的成长印记，领悟今天的变迁，也寄托对明天的憧憬。作为生活居住在这个城市的一份子，记不清来这里多少次了，每一次都会有新的感受和感悟。然而，总不变的一种感受，是它的低调，而它的低调，总可以用一个字来表达："小"。

小小的翠亨村地处位于广东省中山市南朗镇，南、北、西三面环山，东临珠江口，距中山市城区20公里，距广州城区90公里，距澳门30公里，隔珠江口与深圳、香港相望。翠亨村前面是南海，是文天祥唱着"人生自古谁无死，留取丹心照汗青"经过的伶仃洋，是浩浩瀚瀚的太平洋；面积只有27.41平方公里，又藏匿在方圆300平方公里的五桂山中。在这样一种环境中，翠亨村，确实很小很小。

翠亨，据传清康熙年间（1662—1722），蔡姓人在此建村，地处山坑旁，名蔡坑。后人见这里山林苍翠，坑水潺潺，风景优美，且方言"蔡"与"翠"、"坑"与"亨"谐音，又寓意万事亨通，于是在清道光初年改称翠亨，沿用至今。名字的来由，十分朴素实在，当然，也透出那么一点儿的浪漫。

孙中山出生的故居，就在翠亨村的东南角。一条公路从故居门前蜿蜒

孙中山故居

而过,让故居门前孙中山手迹"后来居上"四个大字,更显出一种强大的冲击力。

沿着一条百来米长的林荫小道走进来,循着孙中山夫人宋庆龄先生书写的手迹"中山故居公园"的指引,一幢两层楼的红色小屋展现在眼前。

这就是孙中山故居。这是一幢砖木结构、中西结合的两层楼房,里面设有一道围墙环绕着整个庭院。故居外表仿照西方建筑,楼房上层各有七个赭红色装饰性的拱门。屋檐正中饰有光环的灰雕,环下雕绘一只口衔钱环的飞鹰。楼房内部设计则用中国传统的建筑形式,中间是正厅,左右分两个耳房,四壁砖墙呈砖灰色勾出白色间线,窗户在正梁下对开。该建筑门多、窗多、通道多。居屋内前后左右均有门通向街外,左旋右转,均可回到原来的起步点。而窗户的门,所有都是木质百叶窗。从孙中山的设计,可以看出他的传统和开放、继承和多元的思想。参观者都会注意到,故居室内保存着孙中山日常使用过的书桌、台椅、铁床。1893年冬,孙中山曾在此研读古今书籍,探索救国救民真理,并曾在这里草拟《上李鸿章书》,提出"人能尽其才,地能尽其利,物能尽其用,货能畅其流"的主张,与友人商讨救国方略,还曾在这里为乡亲治病。故居建筑最有意思的是厨房和浴室的区别。厨房完全是中国式的,而浴室则放置了一个白色的浴缸,这是从国外引进的,至今还能使用。更让人惊讶的是,当年孙中山在建造住房时,在周围矗起了一盏盏西式的路灯,这可能与他的父亲做过更夫有关,同时体现了孙中山的爱心。

房子落成时,孙中山在正门亲自撰写了一副对联:"一椽得所,五桂安居。""一椽"之所,真是小啊。庭院右边,有一口往年遗下的水井,其实这个地方才是孙家最早的居所。孙家最早的居所是仅仅30平方米的平房,那正是孙中山1866年11月12日诞生的地方。孙中山的祖辈是一般的农民,父亲只不过是村里的更夫,因此一直很穷。后来孙中山的哥哥孙眉去了檀香山办起养牛场而致富,寄回钱来,孙中山亲自设计并施工,才有了今天我们看到的故居。

故居前院的左边,孙中山种下了一棵当年从檀香山带回来的酸子树,一直长势良好,郁郁葱葱,但20世纪60年代的一场台风将树冠吹倒了,它顽强地匍匐着生长,倒长成了龙的形状。当年故居管理人员用这棵树的树子儿植的一棵新树,现在也已经长得粗壮高大。两棵树,一卧一立,煞是好看。每次看见酸子树,我们总会想起1962年郭沫若到访孙中山故居写的一首诗:"酸豆一株起卧龙/当年榕树已成空/阶前古井苔犹绿/村外木棉花正红/早知汪胡怀贰志/何期陈蒋叛三宗/百年史册春秋笔/数罢洪杨应数公。"

故居门前是一个小小的广场,草木茂盛,一片绿荫。在一棵苍老的榕树下,有一尊青铜雕像,述说的是孙中山小时候的故事。话说孙中山从小就喜欢听故事,尤其喜欢听英雄故事,而雕像体现的正是一位太平天国遗兵名叫冯爽观的老人在向孙中山讲述太平天国洪秀全的事,一老一少,写实逼真。

翠亨村有东、南、西、北四个村门,当地人称这些拥有近百年历史的村门为闸门。从大理石构造而成的南闸门进入，门楣上的匾额雕刻着字体圆润的"瑞接长庚"四字，在"瑞"与"接"两个大字之间有一道明显的裂缝。关于这个裂缝，有一段经典的历史，据说这道裂缝是1892年孙中山与陆皓东等人在此门附近试验炸药时，因震裂了门上的石匾而留下的。

从故居后面的通道，可以直接进入翠亨民居展示区。民居展示区内部保存、复原了许多清末民初以至现代的当地民居，立体再现了翠亨村当年社会各阶层家庭的生活状况。从伟人故居跨入百姓生活，一个普通村落的完整面貌便呈现在眼前。

改革开放后，富裕起来的翠亨村民进城的进城，建新房的建新房，逐步搬迁，有心的管理者将村里的老房子购买下来或者进行托管，以孙中山故居为中心进行适当的改造，一幅翠亨村的"清明上河图"就完整、生动地展现在游客面前。

从故居后院出来，我们还可以看到一片不大的农田，这也是管理者的巧思所在。这片农田叫作"龙田"，为孙中山一家当年所耕。今天走在这里，春夏看到绿油油的禾苗，秋天收获金灿灿的稻谷，冬天收获沉甸甸的番薯，村庄幢幢，鸟语花香，孙中山当年生活的情景又活生生地出现在我们眼前。

翠亨村外，一条小溪蜿蜒而过，这就是兰溪河。据说，孙中山小时候经常与小伙伴们在这里玩水。兰溪河可以通到大海，相信孙中山很早就从这里见到过南海，见到过伶仃洋。孙中山那么早就有开阔的视野和思想，应该与这一条小河很有关系。珠江与南海在这里交汇，让孙中山从小就接受咸淡水文化的熏陶和滋养。

翠亨村的小，还在于它的人口不多，孙中山出生那会儿，整个村也只不过300人。然而，那么小的一个村庄，却出现了许许多多的名人。首先是孙中山与结发妻子卢慕贞的长子孙科，还有人们称之为"四大寇"中的杨鹤龄，孙中山的战友杨心如，为共和牺牲的第一人陆皓东，还有中国共产党早期领导人、中国工人运动的先驱杨殷等。"村小乾坤大",确实名不虚传。从这个角度来说,翠亨是小,但又不小,正如大型交响组歌《孙中山》中的歌词所说:"五桂山下／兰溪河畔／山河绿如蓝／小小翠亨村／走出一个人／点亮一片天。"

从故居纪念馆南门出来,一大片古色古香的建筑映入眼帘。这就是著名的中山纪念中学。中山纪念中学是孙中山先生的长子孙科秉承其父"谋建设,培人才,为富强根本"的遗愿于1934年创办的,初名"总理故乡纪念中学校",时任国民党政府行政院长的孙科亲任校长;1949年,学校改名为"中山纪念中学"。最初的建筑是红墙绿瓦,后来则是红墙黄瓦。整个校园建在五桂山脚下,占地860多亩,夏季凤凰花开,冬天红棉满园,一年四季树绿花红,景色美妙惊艳。这是全中国最漂亮的中学,"祖国高于一切,才华贡献人类"的校训传承和弘扬了孙中山的精神,教育质量闻名遐迩。

近年来,翠亨村开始发展文化产业。最早是与中央电视台合办了一个影视城——中山城,以近代中国主题为主打,从电影《孙中山》开始,已经拍摄了一百多部电影和电视剧。中山城兼具旅游功能,在这里每天都有体现近代史的情景表演让游客们欣赏。在孙中山故居前门的右边,是2011年修建的辛亥革命纪念公园。园内最具特点的是一幅巨大的花岗岩日记碑墙,墙长56.2米、宽2米、高3米,墙上刻有孙中山、黄兴、蔡炎培、毛泽东、朱德、董必武、宋庆龄等人在辛亥革命时期的日记、回忆录以及诗词等26则。

顺着人流走进翠亨村的更深处,则是另一片天地。在那些年华逐步老去的村居,居然可以随时碰到一些极具国际范儿的艺术家。前几年,翠亨村民的老房子开始进驻画家,没想到今天竟然形成了一个规模不小的画家村,办起了国家和国际级的美术展。以歌曲《弯弯的月亮》红遍华人圈的著名音乐人李海鹰，是孙中山的正宗老乡，前年，"北漂"的他居然也回来了。家乡人干脆帮他建了个"李海鹰音乐工作室"，这更让翠亨村充满了艺术气息。

回眸20世纪的一百年，总有一个人的名字会深深铭刻在我们的心中，历久弥新，永存不逝。

他，就是我们的孙中山。孙中山是一个凡人，他也是啼哭着来到人世间的。那是1866年11月12日，在珠江边五桂山下的翠亨村，一个乳名叫"帝像"的小孩诞生了。当这个小孩第一次乘轮船前往夏威夷的时候，一样会与平常人那样惊叹"轮舟之奇，沧海之阔"；小时候的他，也与平常小孩一样做了砸碎北帝庙之类闯祸惹麻烦的事情。

孙中山是一个伟人。他是一直用忧郁和思考的眼光看着这个世界，他是一直用一腔热血、满怀志向拥抱我们这个国家和民族的。

13岁那年，从中国香港前往夏威夷的时候，他就有"自是有慕西学之心，穷天地之想"。孙中山28岁上书直隶总督、北洋大臣李鸿章，提出了"人能尽其才，地能尽其利，物能尽其用，货能畅其流"的改革主张；当改良的希望彻底破灭时，他毅然决然走上了革命的道路，第一个提出了"振兴中华，建立共和"的号召。他一遍又一遍地为革命筹钱，一遍又一遍地领导起义；他一次又一次地遭受失败，一次又一次地遭受生死危难。然而，孙中山却愈挫愈勇，从不言败，终于推翻了封建帝制，让灾难深重的中华民族从此走向民主、走向共和。

为了国家和民族的前途，他自愿放弃"大总统"的位置，

转向充分考量振兴中华的"三民主义""建国方略"，之后又一直与复辟分裂势力做殊死斗争；直至生命的最后一刻，我们的孙中山还竭力呼喊："革命尚未成功，同志仍须努力！"

"和平、奋斗、救中国！"

孙中山是真正的伟人。他与华盛顿、甘地一样,是争议最少、公认度最高的伟人。他有伟大的政治主张、政治理想;他有伟大的建国思想、建国方略;他有自由博爱、天下为公的伟大胸怀;他既有深厚的中华人文传统,又吸纳了大量的世界先进文明。所有这些,在孙中山的身上体现得如此突出、如此典型、如此全面,并如此精妙地融为一体。

更让我们无限崇敬和景仰的是,孙中山先生提出的思想主张,100多年来仍然闪耀着光芒,像阳光一样继续照亮人类社会的路程。

"五桂山下,兰溪河畔,原野飘香,宛若天堂;翠亨春晓,醒来的阡陌上,走过来一个人,我们的孙中山……"

一条名叫孙文的步行街

这是中国第一条以孙中山的名字孙文命名,散发着浓郁的岭南风情与南洋风味的文化旅游步行街。

1998年9月,经过历时一年的改造,集游玩、饮食、购物、休闲于一身的多功能、立体化、集约型的中山市孙文西路文化旅游步行街竣工。至此,全国首条以伟人孙中山命名的文化旅游步行街——完成了全部改造。

孙文西路两旁共有"南洋风格"骑楼186幢,改造面积39405平方米,马路总长529米。1998年9月24日,中共中央政治局委员、广东省委书记李长春等领导视察中山市孙文西路文化旅游步行街工程时,连声称赞,认为改造得好,建设得好,并指示随行有关领导要很好地将这条富有历史与名人价值的南洋风格骑楼街作为"文化旅游步行街",长期保护起来。把以伟人名字命名的首条文化旅游步行街推向全国乃至全世界,这才是保留式改造中山市孙文西路文化服 游步行街的历史价值和现实意义所在。

为纪念伟大革命先行者孙中山先生，1925年4月15日，县易名为中山县。同年，中山县政府把岐阳里、怀德里、武峰里、观澜街拓建成为孙文西路，后来又先后兴建了孙文中路、孙文东路和以孙中山的"三民主义"思想命名的民族路、民生路、民权路。孙文西路两旁的骑楼已是数十年、上百年的建筑物、由于中山风气早开，华侨众多，受西方建筑文化的影响，这些房屋在建筑风格上既承袭了中国建筑传统，又融合了西方古典建筑造型，至今仍然保存着工艺精湛的木雕、灰塑等。每幢楼、每间房都有两根"顶天立地"的前腿，一字形并肩有序地横列在马路两旁，这就是具有岭南特色的"南洋骑楼"。骑楼建筑造型奇特、艺术风格各异、贯通中外古今，通过科学规划、科学设计、科学施工后，让这条传统建筑艺术老街重现风采，闪烁辉煌。

思豪大酒店位于孙文西路步行街，建于20世纪40年代末，是一典型南洋风格的五层楼建筑，曾经是中山市石岐最豪华的五良"星级酒店"，也是当时中山名气最大的酒店，除了有中餐及茶市服务外，还在中山市首次引进西餐，洋文化餐饮由此开始在中山传播，到2000年，思豪大酒店结束了长达半个多世纪的经营历史。孙文西路步行街改造后，思豪大酒店一、二楼由商家进驻经营服装。

步行街两旁商店共有151间。其中服装类有68间、金饰店有10间。其他包括电信、饼店、饰物、玩具、药店、眼镜店等。

孙文西路步行街西面紧连岐江，东面有中山百货大厦，西北面是旧城改造后的时尚兴中广场，北面毗邻中山公园。此外，步行街上还设有固定摆摊亭，商品琳琅满目，应有尽有。每天，孙文西路步行街都是人头攒动，热闹非常。尤其是元旦、"五一"劳动节、中秋节、国庆节、重阳节、圣诞节和新春佳节等重大节日，孙文西路步行街的脚步声、叫卖声、欢笑声汇成了欢乐祥和的海洋，成为中山市旧城区一道亮丽的风景线。自从孙文西路步行街改造后，街道整洁了，人气兴旺了，商店效益提高了，到孙文西路步行街观光旅游、购物休闲平均每天有1万多人次，每年至少有400万人次，把这座名人城市推向全国，推向世界。"不去孙文西路步行街，就不算到中山来"已成为省内外、国内外观光旅游嘉宾的共识，这也是保留式改造孙文西路步行街的成果。

位于孙文西路步行街上的国内首座商业文化博物馆融合了南洋建筑风格和新旧时代文化气息，为孙文西路文化旅游步行街增添了新的文化内涵，是一座展示清末民国时期中山的商贸发展、商业文化、商业名人等内容的博物馆，也是我国首座以商业文化为主题的博物馆。博物馆的展厅总面积2124平方米，共分3层，每层分不同商业主题，展馆收藏了2000余件珍贵展品，具有代表性展品包括开平矿务局、粤汉铁路的股票，郑观应在光绪年间奉旨出使公差的木牌，先施公司的土地证，永安公司创办的《永安月刊》的创刊号等。中山市商业文化博物馆也是中山市孙文西路文化旅游步行街的重要组成部分，已成为游客参观必到之地。

历史并非如烟。

蓦然回首，穿越老旧的街区、走过青石板小巷，孙文西路昔日繁华的商业景象与掌故不时成为石岐区老人的茶余饭后的谈资。

1924年，香山县修筑了第一条马路——孙文西路。这条全长1870米、宽15.2米，按照澳门新马路样式修筑的商街道无疑承载了令人慨叹的商业繁荣与时代风情。

宽阔的街道两旁，漂亮的南洋骑楼林立，当时太平洋公司、先施公司、永安公司、汇丰公司、多多公司、昭信公司、福和盛、生发、宝昌、永安金铺、天宝、信发百货、满新、雨贞布匹、公益纸料行、亚细亚、德士古、美孚等18间商铺的店铺门面、室内陈设，经营范围、商品特色，商业用语，商贸活动，工艺制作，招幌市声，店员衣着和精神面貌，既是传统商业在近代社会的延续，又是现代香山商业文化的雏形。新旧杂糅是这个时期最大的特点。以18间商铺为核心的孙文西路，吸引着电影院、银行、照相馆、百货商场等各种新型商贸业进驻，新兴工商事物层出不穷，孙文西路及百具附近仿佛是缩小版的"十里洋场"，成为民国时期香山商贸业最繁荣的区域。当时，这条街堪称香山的华尔街城。

香山的金融业主要是以钱庄为主的"钱银店"和"典押店"当时县城石岐，"钱银店"就有28家之多。第一次世界大战爆发后，国力到海外谋生的人日益增多，当时在国外打工薪酬较高，经商的利润可观。一部分海外华侨累积一定资产后回国创业，一部分留在国外的华侨也经常汇款给家乡的亲友。一战结束后，广东生丝大量出口，每担可卖2000两白银。香山作为广东重要的桑丝基地，桑丝出口也大量增加，由此带动侨汇迅速增长，给传统钱庄的经营带来挑战，部分钱庄开始拓展汇兑结算业务，县城石岐的钱银店由原来的28家发展到48家，钱银店的业务范围也比原有的"钱台"广泛得多。业绩最突出的有上海四大百货公司中的先施、永安两家公司，他们在石岐开办银业部，与美国、新加坡、澳洲、香港和澳门等地有直接的业务联系，又掌握着大量的侨汇，吸收了大量流动资金，因而资本雄厚，信用度高。除经营一般性的存贷业务外，还开办了按揭、保险、金银兑换等业务，甚至投资工商业等，开展现代金融业务，使传统的金融业逐步向近代化方向蜕变。

澳大利亚归国华侨郑泗泉在孙文西路刚刚修成时，便选址位于孙文西路上的石岐旅店，创办了中山第一家现代民营银行——香山银行，该行"联合各埠华侨厚集资本，专营汇兑按揭信托来往储蓄及银行一切业务，以流通市面金融，便利工商各界为宗旨"。之后更名为华美银行，资金约为100万银圆。华美银行经营存贷款业务，同时还兑付国外侨汇。经过两年经营，业务开展困难，随即自行停业。虽然香山银行和华美银行都经营时间不长，但它不同以往钱庄的经营方式和理念，对其他钱庄产生了很大影响。

郭泉、郭乐是祖籍中山南区竹秀园村的华侨，他们早年在澳洲发家致富，并在上海成功创办了现代意义的永安百货公司，得知家乡侨汇增多后，迅速入驻设在孙文西路的汇源银号，将其改组为永安侨批局，并斥巨资将楼房改建为钢筋混凝土的五层半楼房，地板用水麻青砖铺设，装修高档新颖，成为孙文西路标志性建筑，一时吸引了无数眼球。永安侨批局主要业务是办理侨汇兼营找换、储蓄、按揭、保险等。由于创办永安的郭氏家族在香港和上海都享有盛名，华侨因信赖这块招牌，永安公司侨批局在当时侨汇业务中占75%—80%的市场份额。无独有偶，祖籍南区竹秀园村的马应彪、马焕彪在澳洲致富后，在上海和香港分别创办了先施百货公司，在永安公司回家乡设立侨批局的同时，先施公司也在石岐设立银业部，除办理储蓄存款、按揭和保险等现代银行的常规业务外，先施公司洞察到中山是鱼米之乡，便特设了谷米按揭业务，受到石岐商人的青睐。在先施公司的质押贷款业务中，最多的是谷米质押贷款。

看到经营谷米有利可图，一些拥有大量资本的商人，便大量兴建谷仓，囤积谷米伺机获利，但是囤积谷米需要短期内筹集大量资金，于是便将仓存的谷物仓单向先施公司银业部抵押贷款，再用贷款买入谷米进行囤积。先施银业部一般按存仓单价值的70%放贷，月利率2%以上，这种特设的谷米按揭使先施获利丰厚。

华侨纷纷回乡创办银行业，吸引了其他钱庄进驻孙文西路，如"罗勤记"钱庄在孙文西路194号、"合成昌"钱庄在孙文西路205号、"永盛隆"钱庄在孙文西路247号，"杨堂记"钱庄在孙文西路277号、"裕詹生"钱庄在孙文西路291号、"天和"钱庄在孙文西路301号。孙文西路成为当时香山金融业的聚集区,俨然成为香山的华尔街。由此,石岐取代小榄镇成为中山金融业的中心。据史料记载,邮政汇兑业务始于1896年,从1919年起,开办邮政储蓄业务;1930年3月15日,民国政府在原邮政局经营的储蓄汇兑业务基础上,在上海成立了邮政储金汇业总局,经营定期储蓄、活期储蓄、邮政汇票、电报汇款、抵押放款、贴现放款及办理保险业务。

1924年,香山成立石岐钱银业同业公会,加入公会的钱银店有50家,其中金饰业19家、铜饰业8家、钱银业23家,华侨创办的银行,带来了先进的经营理念和全新的业务领政,给传统钱庄带来巨大冲击。一些小钱庄为了生存,不得不进一步创新金融产品,开始进行买空卖空的现代金融交易。

1932年初,钱银业同业公会开创作地升市头卖黄金、金币,港币等金融产品。每天早、午两市交易,田谷钱银庄号派出买卖手负责人市买卖,只凭买卖手签字,即作为成益父芴,这些交易不是现货交易而是期货交易,期限分为三天、五天、七天三种,到期即计数算账。结算盈亏由各买卖手所代表的钱银庄号负责清算,头卖手必须靠国内外金融信息和自身钱银庄号的资金多景以及信管才能在转手之间为老板获取高额利润。

1948年,国民政府多次取缔钱庄,加上通货膨胀,金融市场秩序混乱,一些钱银庄号无法经营,相继关闭停业,逐渐减少至9家,1948年8月,由于民国政府进行币制改革,发行金圆券,持有、买卖黄金和外汇被禁止,钱银庄号经营更加困难,到1949年10月仅剩3家。

当时,虽然在价值层面并未出现"产业集群"概念,但中山工商业事实已出现产业集群雏形,归国华侨在孙文西路今邮政营业部址兴建了第一家一站式购物消费中心——汇丰公司。1912年建成一间高四层、有八个

岐江河

铺面的楼房，装修精美，员工个个熟悉商品性能，接待顾客热情礼貌，主营百货，分设服装、鞋帽、钟表、眼镜、文具、唱机唱碟、自行车、罐头、烟酒、糖果、床上用品等舶来品专柜。为招徕生意，公司在四楼还开设了茶楼，并在天台设茶座，兼演粤剧，这种一站式购物消费场所，吸引了大量顾客，生意之兴隆列全县之首。

香山除孙文西路集中了主要新式工商业外，还以孙文西路为中心，其他商业街道成扇状梯次辐射开来，都呈现成行成市的特色。

在这里，中山饮食中的艇仔粥留下一段意味深长的记忆。据说，艇仔粥渊源于一个美丽的神话故事。传说一位蛋家姑娘曾经放生了一条被捕捞的金鱼，后来，她父亲重病，无钱医治；昔日被她放生的金鱼原来是贪玩出游的龙王三公主。龙王三公主得知疍家姑娘的父亲生病后，化身成三娘前来报恩,她教会了疍家姑娘熬煮艇仔粥。疍家姑娘喂父亲吃粥,父亲身体很快就调养好了,艇仔粥由此流传开来。艇仔粥实际上是石岐的传统风味小吃,因在长堤路天字码头附近水上居民的船艇上生产而得名。当时约10艘小艇在岐江河上穿梭叫卖,如果岸上顾客需要,船家便将煲好的热粥送到岸上,这种经营可以大大节省铺面费。

民国时期,石岐有果菜栏数十间,其中较大的有18间,主要集中在岐江河东侧的凤鸣路。果菜栏集中收购水果与蔬菜后,再批发给圩市的各个小商贩,货物流量较大。而当时石岐对外交通还基本靠水路,凤鸣路靠近岐江河,这些果菜栏便依河而建,方便货物装卸船艇,节约经营成本。果菜栏的店面设前后两个门牌,前门对外批发销售,后门在码头收购进货。那些从事水果零售的商店,则大多集中在石岐阜峰里。

南基路与安栏街因靠近岐江河畔,方便鲜鱼运输,成为鲜鱼栏集中之地,当时14家鲜鱼栏中有9家在这条狭长的街道上。香山靠近海洋,清以前,香山南部大多山海一体,近海捕鱼成为居民维持生活的主要来源之一。由于当时没有保鲜条件,捕到的海产品大多腌制成咸鱼。南基路在民国时期号称"咸鱼街",足见这里咸鱼行业的繁荣,根据同业公会记载,1949年,15家咸鱼铺全部集中在南基路上。南基路横街与和平街的旅馆业成行成市。南基路横街紧靠当时最繁华的孙文西路,闹中取静,成为旅馆业聚集之地。当时,规模较大的旅店共有11间,其中金华旅店、来安旅店、中华旅店、大观旅店等规模大、档次较高的在南基路横街,兴记、崧记、悦来、国记规模较小的设在和平街。

此外,孙文路上的建筑业,太平路上的纸料业和凤鸣路上的调味品、批发零售业也成行成市。

由于金融、商业集中发展,孙文路的文化娱乐中心地位也逐步形成。1914年,位于石岐孙文西路大庙下大笪地的泰东戏院正式开业。茶东戏院规模很大，有2000多个座位，楼内分为大堂、二楼、三楼。这是香山第一家正规戏院，初期上演的节目基本以粤剧为主。1925年5月，美国波士顿大魔术社曾在此演出，还公演过《苏俄怪兽陈列》，都是演员现场表演。1931年，合安机器店老板何本，看到"天外天"电影院生意好，认为在娱乐市场上，电影将会取代戏剧表演，便游说泰东戏院老板兼营电影业，何本以投入发电机、放映机及增加电器设备作入股资金。事实证明，何本的商业嗅觉十分灵敏。泰东戏院最初实行晚上首场放映电影，再演两场粤剧。但由于看电影的顾客太多，生意火爆，于是白天也开始放映电影，并且改为全天三场均放电影。表演粤剧类节目，需要好的戏班、好的角色，同时戏班的演职人员不可能像机器一样，不吃不喝不休息，不确定性因素较多。但工业化的电影则不同，好的影片可以在不同影院同时放映，反复播放，不受时间限制。其间，电影已逐渐从无声影片发展到有声影片，彩色影片也开始面世，影片的推陈出新，吸引观众进场。当时主要播映上海、香港、澳门的影片，也播映附解说字幕未翻译的西方电影，泰东戏院的电影生意红火。

抗日战争期间，戏院被日军破坏，成为日军军马场。抗日战争胜利后，张溪乡人林卓芝投资重建泰东戏院，并更名为模范大戏院，主营电影、粤剧、曲艺等，1949年11月后更名为红旗电影院。

1919年，五四新文化运动兴起，时任广东省参议员的濠头乡人郑彦闻，创办《中山仁言报》。他将电影院也作为宣传西方思想的阵地，在石岐龙母庙街口投资开设天外天影画部，整个电影院分为两层，楼上为雅座，楼下为普通座，共30多个座位。1927年，郑彦闻将天外天影画部迁往孙文中路，装修成正规电影院，但座位也只有50个。这是中山第一家正规电影院，先后放映过中外影片《儿女英雄》《洪荒仙女》《李飞飞》，卡通片《米老鼠和唐鸭》《卓别林滑稽系列片》等。

从国外引进的新型娱乐方式，很快吸引了大量观众，一些原有的粤剧大戏院，也纷纷引进电影播放机器和影片，分享电影这个新兴市场的蛋糕。进入新兴电影市场的还有当代中山人民电影院的前身——中山大戏院，位于石岐孙文西路。1918年，县城西城门外的李氏族祠被开辟为娱乐场，有时兼营粤剧表演。1929年秋，因在粤剧市场影响力不够，娱乐场决定对戏院进行西式影院模式扩建放映电影，与天外天影画部竞争。改建后的影院分大堂、二楼、三楼，其意创新之处在于：大堂和二楼设置正规木椅，二楼前栏伸至大堂第五、六行阪之间，三楼则以扇形的阶梯式散位，大堂和二楼票价为3角、三楼票价1.5角，1——3楼共有1200个座位，播放一部影片，各楼层的观众可以同时观看，提高了影片观看率。戏院取名为中山大戏院，先后放映过《鲁智深夜救林冲》《上海花》《奋斗婚姻》《侠女奇缘》《西游记》《风流督军》等，生意十分兴隆。到1947年9月，同时营业的影剧院有：中山、模范、新世界（今水利局大楼址）、中华（今中山影院）、大华（今金都城商场址）、青年共6间，座位共6000多个，超过石岐人口总数的10%。小榄、黄圃、大岗、沙溪亦有影剧院，受港澳风气影响，电影院每天放映三场，仍座无虚席，这还未包括茶楼、曲艺和粤剧。娱乐业的繁华盛况，彰显了百姓文化生活的丰富。

到了20世纪90年代，孙文西路上的建筑物，由于年久风化，墙体立面严重剥落，杉木楼板受腐蚀，柱头出现裂缝，南洋骑楼失去了原有的风格，与现代化城市建筑风貌不协调。为保护这一历史建筑群，重塑孙文西路往日的繁华容貌，1995年初，中山市政府立项、规划建设了孙文西路文化旅游步行街，全长约529米、路宽15米、占地200亩。1998年9月，修复一新的步行街重现集南洋风情、岭南风韵、商业与文化相得益彰的风采，成为游客趋之若鹜，受全国各地青睐并"取经"的旅游步行街模版。

"孝"闻岭南话詹园

在中山有这么一个堪比苏州园林的私家园林,既是天然的避暑山庄,又是以"孝"闻名岭南的广东四大园林之一,它就是詹园。

詹园坐落于中山市南区北台村,占地百亩,始建于1998年,是由园主黄远新先生亲自设计,聘请数百名苏杭能工巧匠历时5年为父母建造的一处淡雅精致、颐养天年的静心居所。为彰显严爱、永志慈恩,园主以父名命桥,以母姓冠园。2003年,这座原本只是私家庭院的园林开始对外开放,自此,詹园以"孝"闻名岭南。

詹园

詹园是四为书院所在地,乃教育之园。詹园以孝道文化为主题,兼及国学经典、礼乐射艺、汉字楹联、琴棋书画,故又是一座文化之园。

詹园建筑以苏杭园林为基调,以中国传统的天人合一的思想来建造。综合中国古典园林之精髓,强调岭南水乡的布局脉络,结构简洁而凝重,风格古朴而洒脱。构成一种通透典雅、轻盈疏朗的岭南风格。建材多为民间古旧材料,大量运用中国传统砖雕、木雕、石雕,一砖一瓦、一门一窗都凝聚着历史的痕迹,阐释着园林艺术与人文景观融合的高尚审美理念。使湖洲山、北溪河等自然风光与詹园建筑融为一体,形成天人合一的建筑风格。郁郁葱葱的湖洲山,清澈的北溪河充满古典韵味的詹园，相得益彰，构成一幅幅美丽的画卷。漫步于詹园的亭、台、楼、阁、廊，步步是美景，无论是哪个角度只要你相机快门一按，便是一幅美丽的风景画。

中山詹园，又名中山大宅门，是目前岭南地区最大的私家古典园林——国家4A级旅游景区优秀传统文化研究与普及基地。中山詹园主人黄远新亲自设计，并从苏州征调百名园林能工巧匠，历时5年共同建成。其建园初衷出于为母亲建造一处淡雅精致颐养天年的静心居所，故以母亲的姓氏命名为詹园。詹园分为"詹园祝寿""岐江廊桥""詹府种福"三个区域。

詹园设计巧妙，构思独特，园里以江南风为主打，微派建筑为铺，詹园布局错落有致，即不张扬，也不张狂。园里有一块菜地，自给自足，劳逸结合，有种置身其中能忘却世事烦恼的意境。

园内，玲珑精致的亭台楼阁、清幽秀丽的池馆水榭，假山怪石、花坛盆景点缀其间，仿若进入了苏州园林。詹园建筑以苏杭园林为基调综合中国古典园林之精髓强调岭南水乡的布局脉络。

来到詹园，你可以感受到无限的宁静小桥、流水、人家这一切仿佛是从画中走出来一般亭台楼阁、院落里面的石凳挂满长廊的红灯笼、几尾水中游的锦鲤，还有各式融合美好寓意的小物件。

在这里，你能看到西式园林的影子，却又融合了岭南的水土气息。来到这里，你会发现，每一处风景都散发着浓浓的园林古朴气息，一砖一瓦、一门一窗无一尽显着雅致与古典，凝聚着历史的痕迹。

青砖灰瓦、粉墙绿树、斗拱飞檐、回廊曲径、色调明朗、朴茂隽秀，构成一种通透典雅、轻盈畅朗的岭南格调。其取材多为民间古旧材料，一砖一瓦、一门一窗都凝聚着历史的痕迹，每一个窗框望出去都是一幅静美的风景画。

作为詹园的有机组成，詹园对面的湖洲山森林学园，镶嵌于山水之间，钟灵毓秀的自然风光和清新纯净的空气，是亲子游玩的佳地。学园面积约 2400 多亩，坐落在中山市南区詹园旅游风景区湖洲山。湖洲山森林学园包括天工坊、农耕园、香山本草谷、野外生存体验基地。其中天工坊设有木艺坊、布艺坊、陶艺坊、纸艺坊、食艺坊；农耕园包括五谷园、百草园、菜蔬园、蜜蜂园、桑蚕园等。森林学园充分满足家长和孩子们露营功能和舒适度，备有拓展场所、观光风景、野炊场等，这里的亲子活动、游学、野外生存露营、冬、夏令营、紧急救护课程、古代军事训练、山林真人 CS、成人礼等项目备受青少年的青睐。

坐落在湖洲山上的颐雅香厨，建筑风格以徽派建筑为主，兼具诗词楹联、书法字画。主推湖洲山果木烧鹅、吊烧乳鸽、竹筒宴等特色菜品，是聚会、聚餐、宴请的优雅去处。

黄圃海蚀遗址

颐雅香厨正对面的山间雅居是客房的所在，就餐归来，白天有愉悦欢快的小鸟歌声，夜晚有虫儿的鸣叫，在自然的环境里，返璞归真。

石岭山海蚀遗址

石岭山海蚀遗址位于中山市黄圃镇西面尖峰山北段、石岭山东面山脚一带，占地2500亩。是由5000年前地壳变化而形成的古海地貌，黄圃海蚀遗址揭开了黄圃作为广东四大古海镇之一，几千年沧海桑田的神秘面纱。它是广东沿海迄今为止所发现的规模最大，也是广东为数不多的保存最完整的海蚀遗址之一。2020年9月，作为广东省唯一以海蚀遗址为主题的省级地质公园正式开园。

石岭山海蚀遗址海拔为29.4米，由于长期的海侵海蚀，形成多处岩洞，裸露的山岩形成河卵石为主的岩层和山体奇观。在长期风化的作用下，岩层产生裂隙和剥落，形成了玉泉洞、穿狗径、鼻管石、蟾蜍石、滴水岩等形态各异的山体奇观，有着非常独特的科学价值和美学价值。

石岭山脚有一巨大岩洞，当地传说八仙之一的吕洞宾曾云游此处，在岩洞中住过，因此在清光绪二十年（1894），村民在此建仙庙，供奉吕洞宾像。岩洞上刻有"玉泉洞"三字，旧有两副对联，文字古怪，无法读通，只有当地的长者能读通并析文。此庙1984年由香港同胞捐资重修，面积约146平方米。庙内有清光绪甲午年（1894）科举人彭炳纲手书"松风水月"木匾一块。与此庙不远有一摩崖石刻，距地面约10米，刻在长5.3米、宽3.3米的岩石上，为清代宝安叶颂苏书，字为"滴水岩"，行书、阴刻，每字为75×52厘米，现保存良好。

玉泉洞是海蚀遗址最大的海蚀洞，宽 15 米、深 8 米、高 5 米以上，洞壁向内弧形弯落。

从玉泉洞沿环山古道向北走分别有海蚀崖、姻缘石、情侣石、八仙石、浴日池、好运洞、钓鱼台、群仙会、天狗岩、飞来石、滴水岩、洞门石等奇景。

海蚀崖连续出现在玉泉洞以北东面的山脚，因此山麓面均为海蚀崖，崖面圆滑，海蚀崖脚部微凹或呈弧形连续地向海蚀平台过渡。由于岩层接近水平面及砾岩、砂岩互层，造成的崖面抗蚀能力的差异，海蚀崖往往呈现阶梯状。走近仔细看，常可以在崖面上找到蜂窝状的洞眼，这是古时候的海浪将砾岩层中的一些砾石被淘走留下的痕迹。

浴日池位于玉泉洞四周，常年满水，池水清亮见底，喝起来甘甜可口。穿狗径位于海蚀遗址东坑大冈山脚，因山岩石经海浪长期冲击而成，中有一洞，人们可俯身可由洞的一头穿到洞的另一头。由此往前，一块离地 20 多米高的岩石悬空而立，美妙地镶嵌在大岗山东坡的古海蚀崖上，是海蚀遗址内的胜景之一。因其外形有如一个大大的鼻子，俗称为"仙鼻石"（飞来石）。不知从哪个年头开始，逢年过节时，到仙庙观光的人们都会到此石底，用铜钱掷向它，如能击中，就合掌许愿，听说相当灵验，此习俗相传至今。

"滴水岩"摩崖石刻字体遒劲，这些字刻在一块高出地面约 10 米、长 530 厘米、宽为 330 厘米的岩石上，由清代宝安叶颂苏书写。过去这里山上树木植被繁茂，终年岩水滴滴，流水潺潺。即使是隆冬十二月，仍可看见丝线似的细流，又像一串串晶莹剔透的小珍珠，垂帘于"悬崖绝壁"；如遇上滂沱大雨，躲进滴水岩避雨，还可见到水帘洞似的壮丽景观。后由于"滴水崖"水脉被破坏，以使"滴水岩"在干旱时没有水滴出来，只在春夏雨季才看见滴水。海蚀遗址公园晋升为省级地质公园后，已成为中山重要的旅游景点。中山市正在不断完善科普设施建设，将地质公园打造成公众地质科学科普教育基地，并在整合建设绿色生态、文化旅游资源，积极探索集"旅游+文化""旅游+工业""旅游+农业"等新业态于一体的精品线路。

  山不在高，水不在深。

  最美的景色是人，最美的风景在心。所以，对一座城的惦记，往往与人相关，与人创造的历史文化和人的影响相关。

  一个人，一座园林，一条街巷，一个惊叹，都是在此打卡的机缘。更多的，是因为一种崇拜，一份喜欢，一种精神，一种文化，几点启示，几许青睐。

  这些，都会促成一个人的向往、远足与幸福。

中山传

The Biography of ZhongShan

第八章　底色：民俗本色自斑斓

我系船艇出大海，
我系鱼仔游江河；
水中生来水中大，
一生爱唱咸水歌。

阿爷教我高堂调，
爱唱对花系阿婆；
老窦唱得日月笑，
老母唱得星星多。

如今我唱中国梦，
沧海桑田结硕果；
国泰民安强起来，
天天都唱咸水歌。

——《一生爱唱咸水歌》

博爱之城嘉年华

中山的老城叫石岐，源于中山的母亲河岐江。中山还有一条发轫于岐江河畔的爱的河流，她就是在这片1800平方公里的土地上流淌了34个春秋的"中山慈善万人行"。

"中山慈善万人行是中山人民爱心汇聚的狂欢节。"

"不仅展示了中山人的精神面貌和中山市精神与物质文明建设同步发展的可喜成就，更展示了中华民族传统的高尚美德和博爱、慈善的社会风尚，赢得了世人的普遍称赞，成为中山最为靓丽的风景线，市民心中的新民俗节日。"

这张包孕博爱精魂的文化名片，第一笔从1988年写起，到今年已走过了近三分之一个世纪。

1988年初，冷雨纷纷，南国的中山乍暖还寒。

当中山的一群文化人响应市委、市政府"娱乐升平迎太岁，太平盛世敬老人"的号召，来到了福利院探访老人时，眼前的景象给他们的心灵敷上了一层怜惜与了阵阵凉意。残旧的老屋似乎经不起风雨，多年失修的墙壁门窗也显得有些残败。这里，栖居这50多名孤寡老人，虽然老人们的吃住基本不用愁，可沧桑的脸庞总会流露出一丝丝孤独与寂寞。面对这群特殊的观众，几位文化工作者送上礼品，摆开乐器，开始吹拉谈唱。尽管门窗透过丝丝冷风，节目尽管简单，可观众听得格外专注、格外投入！

回到单位，几个人又坐在一起，他们交流、商讨，大家的观点集中到一个问题上：怎样才能使敬老活动在中山蔚然成风？

对于工资还不算高的文化人而言，除了有限的金钱，所能奉献的就只有自己的技艺了。一个偶然的机会，香港电视里经常播出的一个公益金百万行的广告打开了他们的思路，中山文化人敬老行慈善能不能这样去筹款？

一个创意如一道闪电霎时照亮每个人的心田，一种胆识、一粒种子悄然埋入中山这片"博爱"的沃土！谁也想不到，就是在这个特殊的时刻，一群中山文化人酝酿并培育出一个举国关注的人文奇迹，一种文化与艺术内涵日愈益丰厚的新民俗，一种足以承载这座城市精神的亮丽景观！

1987年新年伊始，他们携带乐器礼品，冒着寒风冷雨分赴社会福利院、光荣院和颐老院，为那里的孤寡老人、残疾人和烈军属作慰问演出，送去党和政府对他们的关怀和温暖。出于文化人的良知与职责，出于对那些鳏寡孤残者给予关心与帮助。他们以市委、市政府的号召为契机，创造性地将民俗活动扩大到挖掘民间艺术，继而将传统的节日巡游活动与敬老助残活动有机结合的。在他们的倡议下，当年有200多个单位、超过10万人热烈响应，一个多月筹得善款7.2万多元。

2月15日，一个非比寻常的日子。

岐江河畔，华灯初上。石岐城区，万人空巷，群众涌上街头，将心中的爱尽情挥洒而出。浩浩荡荡的人龙旗海，在岐江桥头起步，踏上古老的孙文西路，一步步走来。站在两边观看的群众，争相往义工们捧着的捐款箱里塞进善款。被万人队伍簇拥着、驶在最前面的，是一辆贴着红色"寿"字的面包车。车上8位老寿星，年长者已84岁。此刻，他们正代表着福利院的50多名孤寡老人，向捐献善款的群众表示谢意。车上78岁的冯芳阿婆，双目失明，此时却也热泪盈眶。"我在福利院已生活30多年，今天是最高兴的日子。虽看不见眼前的人，却能感受到那片爱心！"

寿星车后，是稚嫩可爱的少儿鲜花队、腾飞翻转的龙狮鹤凤队、五彩缤纷的飘色队……据悉，崖口的飘色队伍一听说此次游行是为慈善，立即个个争着来，只需要50多人，却有150多人报名。90多岁的老人谭炳发和近80岁的谭华耀，就是当年飘色队的领队。发叔回忆说，当时他在岐江桥头遇到了南朗一位姓梁的侨胞，"一见我们就喊，我都几十年没见过飘色了，竟然还在啊！"

中山"慈善万人行"一时惊动省内外媒体。除了本市，北京、广州、澳门的记者也纷至沓来，镁光灯点缀于游行队伍之中，一帧帧珍贵的图片仍然诉说着一个传奇偶然又必然的诞生经过。

从此，中山的人文词典多了一个光彩夺目的词条——"慈善万人行"。

从此，慈善万人历经30多年而不衰，一颗爱的种子已经茁壮成一方闻名中外的文化丰碑！

34年来，慈善万人行的捐款金额从1988年的7.2万元增至2019年的1.08亿元，累计金额超15亿元，共参与110多项公益项目援建，如1994年、1995年的万人行都以"为兴建博爱医院"的名义筹款，1996年的万人行以"倾情教育，作育英才"为主题，为扩建市一中高中部募款。除接受现金直接捐助外，还有30万人次接受免费医疗服务，6800多人次的困难残疾人士得到上门医疗服务。累计资助1万多人次特困家庭子弟就学，助学资金累计投入680多万元。同时下岗及特困职工受捐助资金超过230万元，累计接受义工服务3000多人次。

在帮贫扶困的同时，慈善万人行所筹资金中还有1.8亿元投入社会公益福利项目的建设，先后创办67个慈善机构。其中包括1600平方米的收养社会孤寡老人、孤儿居住的福利院、博爱医院、儿童特殊学校和中心血站等。中山慈善万人行所筹集的善款不仅用于中山的慈善事业，还广泛用于市外的赈灾。据统计，慈善万人行筹集善款用于市外赈灾款项累计达到

8000万元，在1991年华东水灾、2005年印度洋海啸、2008年南方冻雪灾、汶川地震时都曾伸出援助之手。

共襄善举，与爱同行，扶危济困。

从慈善万人行的长河掬一捧爱的圣水，你会如此感慨：有多少感人肺腑的叙说、有多少抢救生命的惊险、有多少造福民生的故事值得回眸、值得咀嚼、值得记忆！

因为博爱，一个又一个孱弱的生命在爱的暖流的滋润下而慨然挺立！

目光掠过生命的调色板，我们更加深化了对这样一个崇高而神圣主题的认识：人道，永远支撑着生命——中山人用行动在过滤、诠释生命的颜色。

中山慈善万人行活动，从1988年开始的民间自发活动，发展到"党委重视、政府引导、红会牵头、部门配合、市镇联动、全民参与"的模式，并不断总结经验、大胆创新，逐步完善活动的管理体制，从市辐射

中山慈善万人行

到镇（区）。在活动内容上，从一个单一的敬老活动，逐渐发展为传播红十字文化、中华传统文化以及社会主义核心价值观的载体和平台。活动的表现形式和文化内涵不断丰富。拥有固定的节日、欢快的主题曲、鲜明的商标，义捐、义卖、义赛、义演、义修、义诊等多种方式的慈善系列活动多姿多彩。参与人数从最初的每年1.8万人巡游、不到10万人捐款，发展到每年参与市、镇两级巡游活动20多万人、过百万人捐款，全市机关、企事业单位、社会团体等各行各业踊跃支持，不少海外乡亲团体倾情专程参与，累计超2000万人次参与。每年的巡游活动，实现了"电视有画面、电台有声音、报纸有文字、网络有信息"，呈现了旧、新媒体携手全方位、立体式的宣传报道。全市主要户外LED电子屏及7000多个电梯广告、公共视讯荧屏等不断播放宣传短片。近年来还不断创新宣传方式，积极开创微信图文有奖征集、"中山指尖慈善万人行"游戏、"与爱同行益起来"捐步数、手机App游戏、海内外乡亲同唱一首"与爱同行"、"博爱中山"公众号、"经典瞬间"及"谁是慈善歌王"等活动，吸引更多人群参与。活动从自发到自觉、从物质到精神的大转变和大提升，使"人道、博爱、奉献"的红十字精神成为市民的文化自觉和精神生活的重要内容，成为城市文明的重要组成部分。中山慈善万人行在国内外产生了广泛影响，获得多项荣誉，先后获得"全国精神文明建设创新奖"、中国红十字会"十大公益品牌奖""南粤慈善奖"、2008年度"中华慈善奖——最具影响力慈善项目"等荣誉。2010年5月，成为唯一以公益慈善主题被上海世博会邀请参展的项目，并获国际展览局颁发银质奖章。2011年，"中山慈善万人行"活动被由中宣部、中央文明办、中央电视台联合制作的《我们的节日——春节》节目作为重要展示内容。2017年，荣获中国红十字会总会颁发的人道资源动员工作"好项目好活动"奖等。慈善万人行活动对我中山经济、文化、社会发展各方面都产生了重要而深远的影响，由此推动

"助人为乐、为善最乐""人人为我、我为人人"在中山大地蔚然成风，救死扶伤、扶危济困、团结友爱的社会氛围愈加浓厚。

中国红十字会总会领导多次亲临中山参加万人行的起步典礼及巡游活动。1993年，中国红十字会原常务副会长顾英奇率全国30个省、市、自治区和计划单列市的189名代表，专程参加万人行起步典礼及巡游活动。1995年，中国红十字会总会在韩国首尔召开的亚太地区红十字会与红新月会志愿工作者大会上，专题介绍了中山慈善万人行活动的经验做法，得到31个国家和地区与会代表的一致好评和高度赞誉。2007年，全国人大常委会原副委员长、中国红十字会原会长彭珮云同志率团参加了慈善万人行起步典礼及巡游活动并题词。2012年，中国红十字会党组书记、常务副会长赵白鸽同志参加了中山慈善万人行活动。2013年，全国人大常委会副委员长、中国红十字会会长华建敏在出席中山慈善万人行活动并视察市红十字会工作后，称赞"中山慈善万人行是推动红十字运动向前发展的具体行动，是传播人道主义的有效途径，是海内外中山人自觉传承中华民族传统美德、弘扬文明新风、全民参与、行善、为善、向善的欢乐嘉年华"。2015年，中国红十字会副会长、党组成员郝林娜率福建、海南、江西、湖南、贵州等13个省、市红十字会代表赴中山组团观摩中山慈善万人行活动，红十字国际委员会东亚地区代表处、红十字会与红新月会国际联合会东亚地区代表处更是首次派员参与，此举进一步提升了中山慈善万人行的国际影响力。2016年全国人大常委会副委员长、中国农工党主席、中国红十字会会长陈竺出席中山慈善万人行活动并视察市红十字会工作后，称赞道："慈善万人行是中山人民在弘扬孙中山先生博爱精神方面的伟大创举，是对人道公益事业的巨大支持。"原全国人大常委会副委员长彭佩云也亲临现场，她高兴地表示："慈善万人行坚持这么多年，全社会动员，男女老少，海内海外，做得很有影响力，我希望能继续坚持走下去，对中山的和谐社会建设很有作用。"彭珮云同志返京后，撰写了《关于中山市慈善万人行活动的一些情况》并报送有关领导和部门。该材料得到了党和国家领导人的充分肯定和批示。为认真落实中央领导同志的重要批示、指示精神，中国红十字会总会在广东省中山市召开"中山慈善万人行"专题研讨会，进一步总结、宣传和推广"中山慈善万人行"的经验。2018年，彭珮云亲临中山参加2018年中山慈善万人行电视直播义演晚会。2019年，首次来中山参加万人行的中国红十字会党组书记、常务副会长梁惠玲用了"三个深受"（深受教育、深受感动、深受感染）和"三好"（社会动员好、组织策划好、收到成效好）来评价此行。中山慈善万人行活动已经成为最受群众欢迎的慈善"嘉年华"和中山的新民俗。

中山市将慈善万人行活动固定在每年正月十五元宵节举行，使得传统节日、传统文化和慈善活动结合起来，每一次巡游活动都成为中山民间团体、普通市民的节日盛会。如巡游活动中国家级"非遗"古镇六坊云龙、南朗崖口飘色、西区北堡醉龙，省级"非遗"三角大小麒麟和市级"非遗"东区起湾金龙等民间传统艺术，争奇斗艳，独具特色，以群众喜闻乐见的形式增加了慈善万人行活动的吸引力和感染力。近年来，巡游活动还吸引了外市的民间艺术参与进来，如国家级"非遗"潮州市的"普宁英歌"、省级"非遗""潮汕布马舞"等，"慈善嘉年华"的美誉不胫而走。

中国红十字会总会常务副会长江亦曼如是评价：中山慈善万人行是发展红十字事业的成功典范，值得全国各地红十字会学习借鉴。

中国红十字总会副会长孙柏秋盛赞中山慈善万人行"是中山人民进行精神文明建设，开展社会公益活动的创举"。它"结合当地实际，将红十字人道主义与博爱精神高度融合，探索出了这一具有鲜明特色的红十字事业发展的新模式，为开展红十字工作提供了宝贵的经验，为各级红十字会工作提供了宝贵的经验，成为各级红十字会组织学习的指模，其良好的声誉已经走出了国门"。"不仅是每个中山人的骄傲,也是我们中国人的骄傲和荣幸。不仅展示了中山人的精神面貌和中山市精神与物质文明建设同步发展的可喜成就,更展示了中华民族传统的高尚美德和博爱、慈善的社会风尚。"

中国社会科学院社会学研究所研究员、教授杨团一直都非常关注慈善万人行。她撰文说,大众的欢呼和期待,表明群众对于"万人行"所承载的思想、观念、文化、行动的真诚和广泛的认同。一个民族、一个国家需要自己的图腾,能够始终燃起公众热忱的图腾。慈善万人行是中山人的图腾。在传统与现代对接、大众与传媒对接的万人行社会大行动中,杨团看到的是人性的复苏和张扬。

名山无宗,中山为峰。中山者,神州之中山也;中山者,天下之中山也。

慈善万人行,万人行慈善。三十余载,万人涌动,笔直的兴中道上走过一批又一批富有爱心的人,走进了这"爱的摇篮",奉献出颗颗慈善的心,融入中山博爱的之中。有一首歌叫《爱的奉献》,有一首歌叫《颗颗慈善的心》,那悦耳的旋律回荡在每个中山人的心中,共襄善举、扶危济困的脚步践行着孙中山的"博爱"精神。

中山,一座博爱、文明的城市正在上演而且将继续这一出不会谢幕的爱的话剧——与爱同行,和谐文明。

醉龙:似醉非醉恣意奔放的龙之舞

对于文化而言,民族的才是中国的,才是世界的。

在从香山到中山近千年的历史时空,中山这座融合了中原文化与岭南

醉龙舞

　　文化、东方文明与西方文明的城市，孕育了姿态万千的多元文化。端详中山五彩斑斓的民俗文化底色，诸如醉龙、咸水歌、鹤飘色等无不闪烁着持久的魅力。

　　龙，是中华民族的图腾、中国的象征。

　　尤其在中国江南、岭南等地区，呼风唤雨，一飞冲天的中国龙更是民间的一种精神崇拜。中国的龙文化博大精深、丰富多彩。诞生于岭南地区珠江三角洲腹地的中山醉龙，以其独特的形态和表现形式令人为之着迷。自清末诞生以来，无论世事风雨如何变幻，醉龙始终以恣意奔放的舞蹈感染着每一个人。

　　2010年，中山醉龙舞在上海世博会上大出风头。醉龙舞在浦江之畔的城市实验区中心大舞台前后表演近十场，引来成千上万的观众，来自五大洲七大洋的外国朋友都为神奇的醉龙舞蹈如痴如醉；广州亚运会充满岭南元素的闭幕式上,醉龙是其中的矫健身影,在广东丰富的民间艺术中,总导演看中了中山醉龙的独特神韵,将亚运会闭幕式的一个小时暖场节目定名为"龙醉珠江"。醉龙舞,这一源自中山乡间的民间舞蹈,从乡村小道走上了国际大舞台。

中山是珠江三角洲南部一个河网交织的地区,历史上的中山邑民很多以在江河或出海捕鱼为生。"靠水吃水"的渔民为祈求风调雨顺,对龙王等图腾特别信赖。而醉龙舞最初的起源,就是与当地百姓的祈求有关。根据民间传说,中山的长洲、张溪一带在明末清初时曾经遭遇瘟疫。渔民在出海捕鱼时,捕获了一条口衔树叶的青蛇,渔民误认为青蛇会伤人,就将青蛇砍成头、身、尾三段扔回海里;但是,被砍伤的青蛇仍然顽强地扭动着身子将叶子送到村子里,村民拿这种青叶子捣碎服用后瘟疫被祛除了。后来,村民考证这种叶子是有清热解毒功效的栾栖叶。村民终于省悟:青蛇是龙王派来的小龙,它是为村民送祛除瘟疫的良药来的!为了纪念青蛇的救命之恩,村民在村中建起侯王庙,根据青蛇的形状,再结合龙的特点,用木头雕刻成龙头、龙身和龙尾供奉,又在每年四月初八浴佛节当天,将龙头、龙身和龙尾拿到河中清洗沐浴,并在酒席后乘酒意舞木龙,以表达祛除瘟疫之意。同时,四月初八这一天,当地还家家户户蒸制栾栖饼供奉祖先,然后给家人和亲友食用,以达到强身健体之效。

《香山县志》(乾隆志)记载:"四月八日,僧家浴佛,里社祭神于庙,曰转龙头。是日里人奉祠,锣鼓旗帜,歌唱过城市,曰迎神,家以钱米施之,或装为神龙,歌舞数日方罢。"木龙在中山的张溪、大涌、濠头以及邻近的澳门等历史上靠近江海的地方都盛行过,其中以中山西区长洲最为有代表性。

宋景定三年(1262),朝廷大臣黄宪到安南国加封陈日暄,回国途中在海上遇到风暴,官船随浪飘到长洲,黄宪辞官到长洲开村,并在村中建侯王庙。庙中除供秦神像外，还供奉木雕龙头、龙身和龙尾，以表达对龙图腾的崇拜。长洲村建庙后，每年的农历四月七日晚子时，全村的父老乡亲都到侯王庙祭祀。首先，由德高望重的长者或武功师傅率众主持"开光点睛"仪式。长者口念"左点天地动，右点日月明，中间一点升华盖，乾坤日月鬼神惊"等为木龙开光。随后，德高望重的武术师傅手持长木柄铁质三股铁叉率舞龙者入庙祭龙和转龙。四月初八黄昏前，在庙宇或宗祠前广开筵席，全村父老乡亲相聚一起大碗酒、大块肉而餐。晚宴前，在庙前放一张长香案，上面陈设香烛和烧猪等供品以及彩雕的神龙。酒酣饭饱之际，有习武者贪杯痛饮，随之到庙里将供奉的木龙高举而舞。至此，长洲村"四月八舞醉龙"习俗开始延续下来。

醉龙是人与龙的舞蹈，重在一个醉字。

伴随而来的是浓浓的酒香四处飘逸。醉龙最吸引人的地方，在于舞蹈者必须是酩酊大醉，并乘着醉意恣意起舞，达到一种形醉意不醉、步醉心不醉的境界。舞醉龙的最高境界是形醉意不醉、步醉心不醉。

每年四月初八浴佛节的前一天晚上，就要开始准备舞醉龙的仪式。这一天，长洲村民在各庙宇诵经浴佛至黄昏后，子夜时分，村民到庙宇进香酬神；而习武之人进香祭祀后，将供奉在神像前的木龙扣摆放在庙前的神案上拜祀、转龙等。四月初八当天，木龙的舞蹈者到乡村各庙宇祠堂祭祀舞木儿。晚上，舞木龙者边喝酒边舞蹈，绕着村子的大街小巷巡游，每当舞者乘着酒意大舞醉龙或舞至土地公坛前，舞醉龙者均要停下来拜祭一番，持酒埕者更是以酒灌舞醉龙者，舞醉龙者实在喝不下，便将口中的酒四处乱喷，村中的大街小巷四处飘溢着酒香。

四月初八下午，各庙宇宗祠的盛大筵席设在祠堂前的空地，摆上大碗酒、大块肉，俗称"九大簋"，以招待村民。晚宴上，平日以搬运为工作的渔行"苦力"，在这天贪杯豪饮，不胜酒力者饮到酩酊大醉时，被壮健之夫两人左右挟持着，到庙宇内取出木龙，将木龙头授予醉汉，醉汉高举龙头而舞，而相伴的两位壮汉则每人挟着一埕水酒轮番灌舞龙者，舞龙者形醉意不醉，步醉心不醉，变化为一路舞龙一路洒酒的奇观。

在中山境内，也有金龙舞、银龙舞、云龙舞、板龙舞，纱龙舞等龙图腾舞蹈，而醉龙舞以其特有的表演艺术，除给予人们以艺术形式的欣赏外，还融汇了洪拳、醉拳、杂耍等技艺于一体，带有浓厚的珠江三角洲色彩，是我国极为罕见的民间舞蹈瑰宝。

令人欣慰的是，醉龙还在港澳地区及海外产生了重要影响。19世纪末至20世纪初，大批香山乡民出埠谋生，中山醉龙也从香山流传到澳门，在澳门的鱼栏行得到了很好的传承。2007年初，中山醉龙到澳洲悉尼表演，受到了广大海外华侨的热烈欢迎。醉龙舞，成了维系海内外乡亲爱国爱乡的一个重要载体。

咸水歌：疍家人的诗经

咸水歌是中山最具代表性的民歌，是流淌在大沙田人们心中不老的吟唱，是疍家人的诗经。

20世纪五六十年代，中山坦洲的民歌手何福友于1956年和1960年两度赴京，出席全国青年文学创作者代表会议和全国文教工作先进工作群英大会，在中南海为中央首长献唱咸水歌。他的个人代表作长句咸水歌《金斗湾》从20世纪50年代唱到20世纪90年代，1958年、1994年两次以民歌灌录了唱片。"咸水歌在中山能够保存得这么好，实在太难得了！"2010年，香港亚洲电视台来中山拍摄《岭南寻根之旅》节目，他们来到中山的坦洲、民众等大沙田地区，将当地民歌手婉转动听的咸水

咸水歌文化节

歌声——录入镜头。

"疍人亦喜唱歌,婚夕两舟相合,男歌胜则牵女衣过舟也。"屈大均在《广东新语》如是记载。可见咸水歌明末清初就在广东沿海一带流行。数百年来,金斗湾的疍民就在"江行水宿寄此生"的生涯中摇橹唱歌,他们在打鱼撒网时唱,在困苦难过时唱,在喜庆欢聚时唱,在恋爱织网时唱。用海涛沙石般粗粝的歌声,唱出鱼虾满仓,唱出满天星斗,把生命的喜怒哀乐都唱个透。

宋朝时,中原人为远避战乱而向南迁徙,经过南雄珠玑巷这一驿站后,继续乘着竹筏等沿着珠江流域向下游漂移,后定居在珠江下游的中山、顺德、珠海等地市和河网地区,他们以种蕉、养鱼为生,有些则长年以舟为家,在水上捕捞中这些紧依附珠江流域的人群有一个特殊的称呼:疍民。由于生存环境空旷寂寥,人烟稀少,艰苦单调,为了抒发胸中的苦闷和孤寂,疍民中就渐渐地诞生了咸水歌这一口头文化。在珠江流域附近的梧州、北海、海南岛三亚以及省港澳地区等,都有咸水歌的存入。北宋的《太平寰宇记》记载，"香山之民在婚丧嫁娶、庆典礼祀时，均以歌唱以导情，曰歌堂"。明代嘉靖年间出版的《香山县志》风俗管中也有记载："醮子女，歌唱以导其情，曰歌堂酒。"可见咸水歌早在宋代就诞生并在明代开始流行。

《辞源》上载：疍民"旧律不容陆居"，"视为贱族"，被"禁止船只泊岸，遇喜庆事不许穿鞋袜长衫，有病不许延医诊治，死亡不许棺柩上岸，娶妻不得张灯结彩……"妈祖水神也未能为之庇佑，他们只能向天长啸化解胸中的哀怨，对海长歌呼唤生活的期盼和美好的爱情，让饱蘸海水苦涩的劳动号子化作歌谣去慰藉孤独的灵魂。

"沙田疍家水流柴，赤脚唔准行上街，苦水咸潮浮烂艇，茫茫大海葬尸骸……"船在风雨中飘摇，一天劳作无获而归，浊浪拍船联想身世，如泣如诉的歌，叹尽了生命悲凉命运之伤……而当夜幕降临，渔火升起，哥妹双双对唱的情歌，划破暗淡的滩涂，柔情而又绵长"……天上有星千万颗咧，海底有鱼千万条，啊咧阿妹，我有千言万语想同阿妹你倾谈呀咧……可惜牛郎织女，中间都隔着天河啲啰……""海底珍珠容易揾，真心阿妹世上难啊哩寻啰嗨……"召唤爱情的歌，依然带有一缕咸苦。

快乐忧愁婚丧嫁娶无不歌唱，咸水歌的诞生最初是疍民为了抒发生活的孤寂和苦闷而随口歌唱的，后来，这种口头文化经过传承和发展，成为疍家人一种重要的精神生活载体。疍民无论是婚丧嫁娶、互诉衷肠，或是唱山唱水、唱花唱月，都以咸水歌作为一个重要载体。当地百姓无论是牙牙学语的小孩，还是年轻力壮的男女青年，或是七老八十的长者，全都随时"爆肚"，出口成歌，并因此衍生出高堂歌、大缯歌、姑妹歌等众多的歌种。

在咸水歌中，《钓鱼仔》是一首非常经典的咸水歌："你是钓鱼仔还是金钓鱼郎罗啲，我问你手执鱼丝有几十壬长？几多十壬在海底，几多十壬在手上，还有几多十壬在船旁？"

这首歌，在中山坦洲等大沙田水乡流行了数百年，被一代代的青年男女反复咏唱。《钓鱼仔》的歌词既是水乡生活场景的写照，也是男方试探的心声反映。在获得肯定的歌声回应时，两艘小艇渐渐靠近，两颗年轻的心也渐渐靠近。可以说，《钓鱼仔》一歌成就了不少大沙田青年男女的大好姻缘，它是流行在大沙田地区最有生命力的一首情歌。

在珠江流域，有水就有疍家人，有疍家人的地方就有咸水歌。作为在沙田地区广泛流行的歌种，咸水歌在世世代代中得以传唱。而且，咸水歌所蕴含的历史学、人类学、社会学、民俗学等文化价值，近百年来吸引了无数专家学者为之深入研究。

早在2005年，中山咸水歌已被列入国务院公布的首批国家级非物质文化遗产名录。近年来，咸水歌的传承有了明显的进步，一些镇区的学校有了专门的教师和教材，有了展览馆，有了传承人。东升镇的本土青年歌手周炎敏还代表广东省将咸水歌唱到了央视的《中国民歌大会》。一部大型交响清唱剧《咸水歌》，更以守正与创新为原则，将咸水歌的发掘和传承做到了极致。

凤舞"鸾凤和鸣"，鹤舞彰显学风

龙狮凤鹤等传统舞蹈是璀璨夺目的中山民俗文化的重要组成部分，而色彩绚丽的凤舞与鹤舞，更是以美好的寓意受到了历代百姓的喜爱。

凤凰是我国民间备受尊崇的一种图腾，在中华民族传统文化中有着崇高地位。而古代的中山隆都（今沙溪镇）人更是根据当地的自然环境和心理诉求，创作了凤舞这种带有中华传统文化深深烙印的图腾舞蹈。

沙溪鹤舞、凤舞

沙溪镇的圣狮村、象角村一带村落，历史上曾经是汪洋大海中的一个小岛屿，现在，当地的狮山等多处古代海蚀遗址，印证这一地区的沧海桑田变迁。古时的圣狮村、象角村的村民很多都以捕鱼为生。特定的地理环境、劳动环境和生活环境，使村民对中华传统文化中的龙凤图腾特别崇拜，从而形成了圣狮村、象角村每年在农历四月初八举行盛大民间艺术巡游的传统习俗。

明末清初，当时圣狮村的村民从佛山买回一条金龙在四月初八作出巡之用。买回金龙之后，村民觉得应该为龙配一只凤作为"伴侣"，达到"龙凤呈祥"的和谐景致。清朝同治年间，为了做出一只形态神似的金凤，当地村民利用工余时间经常到海边观察鸟类飞翔、觅食、栖息等生活习性，再结合现实中的金鸡等动物形态，根据传说中凤凰的形状，用篾子扎做出凤的模型，然后，分别在颈部和翅膀处安上可以转动和起飞的"机关"，找来色彩艳丽的雉鸡毛装饰在凤的身上，成为颜色艳丽的金凤，并用金凤作为道具创造出独具一格的凤舞。

一只扎做好的凤有1米多高,足足有30公斤重,需要有大力气者才能舞得动,但当地村民还是将舞蹈技艺代代相传了下来。凤舞较之其他鸟类的动物舞蹈更具栩栩如生的形态:觅食、舔羽、展翅、开屏等动作令人目不暇接。最为传神的是,凤的眼睛还能够眨动,头和颈可以360度转动,翅膀可以张开飞翔,五条色彩斑斓的尾毛还可以分别上下左右地转动,舞蹈时,凤还会发出"吱吱"的叫声,十分生动。加上舞蹈时配上两只扎作的"鸾"以及八音锣鼓现场伴奏,因此,每当金龙起舞,一幅"鸾凤和鸣"的和谐景象就非常生动地呈现在眼前。

自从当地村民创作了凤舞之后,就与村里的金龙银龙一起,在每年的农历四月初八一起盛大出巡,之后,随着凤舞的声名远播,每有喜庆节日等,凤舞都会应邀表演,由于承寓意美好,技艺精湛,大受百姓欢迎。

1999年庆祝澳门回归,沙溪的龙狮凤鹤参加了盛大的庆祝表演;每年中山慈善万人行民间艺术大巡游,沙溪凤舞都会一展风采;广东(国际)旅游文化节在中山举行盛大的闭幕式文艺晚会《彩舞南天》,凤舞也是舞台上绚丽的主角。

鹤舞则诞生于沙溪镇申明亭村。历史上,这里翠竹丛林,潺潺流水,鱼虾成群,蚌蚬成堆,常年有白鹤聚居在竹林之下,出没于沙溪岩石之上,飞翔在水面上觅食嬉戏,自然生态非常良好。史料记载,元至正十五年(1355),申明亭的先祖从中山大涌安堂村迁此定居,其子仲玉是香山名儒,因献谷5000石赈灾而受到皇帝表旌为"丽泽义士"。后来,仲玉建一亭商议乡事,亭名为"申明",意为"申礼义,明法规,立道德,彰宗孝"。经族人商议,以亭名为村名,沿用至今。

历史上,申明亭村的杨氏族村民好学成风,及至明代,申明亭村杨氏后裔勤读诗书,被册封为"提举学士"。到了清代中叶,申明亭人更是请来广东有名望的文人前来村中私塾为当地子弟授课讲学,形成了浓厚的好学之风。后来，申明亭村不断涌现出文化界、教育界的名人。

为彰显村人好学之风，申明亭村村民利用村边经常有白鹤出没的自然生态现象，取沙溪话中"鹤"与"学"音相通之意，以白鹤的生活形态编排成鹤舞进行出巡表演。

自明代开始，每到春节等喜庆节日，申明亭村村民就以白鹤为原型，用竹篾编织成白鹤骨架，再糊以白扣布做成鹤舞道具，伴以鲤鱼、蚌精、丝毛鸡等动物造型，辅以文巡、武巡古装人物扮相和鲜花篮，在鹤歌的伴奏中一起出巡，家家户户打开大门"接鹤神"。

2008年，鹤舞被广东省人民政府列入省级非物质文化遗产名录。

崖口飘色：风调雨顺的朴素祈福

崖口村与孙中山先生的诞生地翠亨村相邻，同属中山市南朗镇。这个声名远播的海边村庄，一是因为村里至今仍在实行人民公社集体制，二是因为有300多年历史的国家级非物质文化遗产——飘色。

崖口飘色源于唐代"耍菩萨"祭祀民俗，后称为"出景会""枭色""飘色"等。据清同治七年版《香山县志》载："遇神诞日，张灯歌唱，曰打醮，盛饰仪从，舁神过市，曰出会景。"文中描绘的就是当年崖口飘色的盛况。它诞生于清代乾隆年间，每年农历五月初六"龙王诞"是崖口村飘色巡游的日子。

民间有这样一个传说：古时候，崖溪对面的伶仃洋发生了海啸，崖溪被淹，村民们纷纷逃上犁头尖山上避灾。海啸过后，崖溪一带瘟疫流行，乡亲们纷纷逃离崖溪去躲避。谭氏夫妇见状，就按祖传的秘方日夜上山采草药熬成凉茶免费赠给村民服用，使村民远离瘟疫，从此，"崖溪有神医"

之说广为传颂,这对为村民驱走瘟疫的谭氏夫妇,被人们称为"活菩萨"。为纪念这对为村人祛除瘟疫的夫妇,崖溪各村的村民,每到农历五月初六,就会扎做菩萨巡游,祭祀那对无私奉献的谭氏夫妇。

古时,人们遇到自然灾害或伤残有病,寄望于"菩萨"消灾解难,因此创造了"耍菩萨"这个充满祈福色彩的民间习俗;随着岁月的流逝,"耍菩萨"的民间艺术活动衍变成为丰富多彩的南朗崖口飘色。

从四月初八耍过龙船头之后,南朗村民家中当年有新婚的人家,就到大王庙将菩萨接回家供奉一晚,然后交给下一家供奉,每年只限20户人家供奉菩萨,由村中族长负责安排接菩萨顺序。五月初五,村民就要将在家中所供奉的菩萨拿到村前的大禾坪上,让全村村民前来拜祭。也就是在五月初五这一天,各个堡将各自的飘色巡游队伍集中起来,佩以飘色、金龙、麒麟等,在各堡的大街小巷中巡游一次,然后,到了五月初六龙王诞这一天,汇集在一起正式进行大巡游。出巡时,每个堡的飘色由一对头锣开道,一对灯笼(高照),灯笼上写有"肃静回避"等字样。然后,8个壮汉抬着龙座,龙座上安坐着菩萨,菩萨后面是八音班,当年接过菩萨回家供奉的20户人家中的新郎哥,跟在八音班后面出巡,然后就是正式的飘色队伍出巡了。

飘色出巡,一般是先由头牌出动。走在最先的头牌一般写有各堡的名称及该板飘色的名字,并辅以精致的布绣艺术;接着,就是飘色,跟着是头罗(伞);再后,到第二板、第三板飘色的时候,也重复这样的阵列,不过,头牌分别改为二牌、三牌,头罗也改为二罗、三罗了。每板飘色之间,还有布绣彩旗,彩旗有"单彩"和"双彩"之分。跟在飘色队伍最后面的,是八音锣鼓班,锣鼓班一般吹奏喜庆的广东音乐。各个堡的麒麟队、彩旗队随后而来。当一个堡的飘色巡游队伍走完之后,第二个堡的飘色队伍接着走。

全村8个堡的飘色队伍走完之后，由近50米长的大金龙压阵。整个巡游活动从早上9时到下午4时。每年，崖口飘色的巡游队伍都会沿着全村各个堡的村道巡游一遍。由于各个堡村口的牌坊闸门较低，因此，崖口飘色在制作上也尽量小巧，不能过高。每巡游到一个堡的村口，都有二响"礼炮"（土炮）迎接。因为崖口村濒临珠江口，每年都受台风、海潮等威胁，因此，每年的五月初六龙王诞飘色出巡，在游过各个堡之后，飘色队伍还会特地去到海边巡游，祈求风调雨顺；在回村的路上，还会到田边也巡游一遍，祈求有好收成。

百年沧桑木偶戏

木偶戏是我国源远流长的舞台艺术，表现形式丰富多彩。中山三乡木偶戏因其造型极具神韵，20世纪30年代，就曾经到美国三藩市参加由华人商会主办的商业博览会演出。20世纪50年代，三乡木偶粤剧团以《火焰山》一剧参加"世界木偶展览"大受欢迎。从1953年到1966年，中山木偶粤剧团一直长驻广州文化公园，长年演出13年之久，每天演出三四场，演出逾万场次。

中山的木偶戏艺术源自三乡镇乌石村。在道光末期（大约1850年）由擅长雕刻木偶、又会演木偶戏的乡人郑开源首创后，村中爱好木偶戏的村民凭借"小雅山房"的实力，创建了中山历史上第一个木偶戏班。"小雅山房"创建于道光末年，是广东迄今有确凿史迹可考的最早的民间粤剧锣鼓柜组织。1935年，"小雅山房"100多人应邀到香港参加"英皇银禧大典"的巡游演出，以高超技艺一举夺冠，轰动香港。一代粤乐宗师吕文成曾授予小雅山房"一奏雅聆"锦旗以示祝贺。"小雅山房"与三乡木偶戏渊源极深,"山房中人"正是木偶剧团的发起人,木偶粤剧团演出时的伴奏也多由"小雅山房"负责。

三乡木偶戏最初表演采用岭南地区比较常见的"三枝竹木偶",后来,三乡木偶艺人在操作中,觉得把木偶的头竹改短更便于操作,木偶的神态也更加传神,这种新创造的木偶名为"揸颈木偶",又称"手托木偶"。"手托木偶"是由三乡当地擅长雕刻的民间艺人选用坚硬的樟木做原料,依照比真人略小的尺寸制作,首先将木头掏空心,然后在表面雕成偶像,在各个部位配以巧妙的机关,精心雕刻眼睛会眨动、嘴巴会开合、手指会转动的木偶。然后,根据角色的需要,用线条为木偶勾勒出不同的脸谱及身段形状,再根据不同的角色配上不同的服饰。"手托木偶"足足有半人高,形态生动,登台亮相之后深受观众欢迎,很快在省港澳地区流行开来。

始创时,三乡木偶戏多在"神诞"日演神功戏或在"耍菩萨出会景"时参加巡演。20世纪初,三乡三地先后出现了"大前程""大中兴""新中兴""大中华"等木偶戏班,涌现了多代传承人。其中,第四代传承人郑宁自创的一套木偶节目《狮子采青》,以惟妙惟肖被称为"一绝"。《狮子采青》于1938年赴美国参加由三藩市华人商会举办的商业博览会演出,大受海外华人的欢迎;1953年,该节目赴广州参加广东省民间艺术会演获优秀奖。新中国成立后,三乡木偶戏开始为珠江三角洲及省内和港澳观众上演传统经典曲的粤剧曲目。

三乡木偶戏的百年辉煌,到了20世纪60年代戛然而止。木偶粤剧团被迫解散,以演出木偶粤剧为生的艺人或返乡务农,或移居港澳等地谋生。

近年来,随着我国不断加大力度弘扬优秀传统文化、保护非物质文化遗产,曾经轰动省内及港澳却沉寂了大半个世纪的三乡木偶戏重新被挖掘出来，定居香港的三乡老艺人积极协助家乡开展整理、传承工作。他们全力投入三乡木偶资料的收集、整理中，使散落四处的有关三乡木偶戏的点点滴滴能够重新复活，为后人保留了其曾有的璀璨痕迹。同时，积极传播三乡木偶戏的精髓，使中华传统文化得以延续。

文化的基因就这样累积、沉淀。

龙、凤、鹤、狮，民歌、戏剧，那是一辈辈先民与自然、与生活、与社会，抗争、妥协、相处、相容的情感倾诉与艺术表达。

或许它们依旧素朴，但绝对本色。朴实的希望、虔诚的寄托、美好的憧憬，都与民俗一道流淌、传承。最后，都汇聚成一个字：爱。

The Biography of ZhongShan

中山传

大吕： 伶仃涛头唱大风　第九章

亿万年远古起云贵
一山巍峨立马雄
两千里珠江流东南
咸水淡水大潮涌

千百载，江洋险
惊涛骇浪风云动
多少代，闯天下
赤子热血家国梦

南海浩瀚飞蛟龙
东西两岸架彩虹
登高远眺太平洋
伶仃洋上唱大风

亿万年远古起云贵
一山巍峨立马雄
两千里珠江流东南
咸水淡水大潮涌

千百载，江洋险
惊涛骇浪风云动
多少代，闯天下
赤子热血家国梦

南海浩瀚飞蛟龙
东西两岸架彩虹
登高远眺太平洋
伶仃洋上唱大风

——《伶仃洋上唱大风》

"广东小凤岗"——中山里溪村

安徽凤阳县小岗村，启帷中国改革开放的小村。"吃粮靠返销、用钱靠救济、生产靠贷款"，经常闹饥荒，生产队饿死了60多个人，饿绝了6户。为了填饱肚子，许多农民不得不外出乞讨要饭。这就是改革开放之前的小岗村。

时间回到1978年的那个冬夜，18个沾亲带故衣衫褴褛的村民在一间低矮破旧的茅草屋里就着昏黄的油灯，在一份分产到户的协议书上郑重地按下了自己的红手印，这份如同生死文书一般的秘密协议，拉开了中国农村改革的序幕。这份"生死状"上是这么写的："我们分田到户，每户户主签字盖章，如以后能干，保证完成每户全年上缴和公粮，不再向国家伸手要钱要粮。如不成，我们干部坐牢杀头也甘心，社员也保证把我们的小孩养活到18岁。"这张10多厘米见方的纸片，作为改革开放的珍贵物证，如今陈列在国家博物馆。"大包干"第一年，小岗村粮食总产量13.3万斤，相当于1955年到1970年粮食产量的总和；人均收入400元，是上一年22元的18倍多，小岗村20多年吃救济粮的历史就此结束。

多数人认为安徽省凤阳县梨园公社的小岗村18位农民以"托孤"方式，冒着生命危险在土地承包责任书上按下18个红手印，实行"大包干"，是中国农村改革的第一份宣言，并由此揭开了中国改革开放的序幕。事实上，早在1976年，中山市板芙公社的里溪大队就开展了"联产耕作"制改革，只因当时板芙公社领导与里溪大队"约法三章"，不准宣传，才

"广东小凤岗"——中山里溪村

鲜为人知，板芙公社里溪大队的这项改革要比安徽省的小岗村"包产到户"整整早了两年。

1976年的中国，土地使用权制度严重阻碍了农民生产积极性、主动性和创造性的发挥，农民出工不出力，农业生产受到严重影响，农民温饱问题始终无法解决。当时里溪大队有6个生产队，农民劳动按工分分配，工分分3个等级，各等级之间相差1个工分，每个工分价值为人民币2分，每月收入都相差无几。每个农民劳动一天的收入，只能购买一根四分钱的雪糕或者一包几分钱的香烟。为此，青壮年忍受不了这样贫穷的生活，无奈就偷渡到港澳地区打工。

当时，国家规定每亩耕地每年要缴交800斤公粮，而里溪大队每亩平均年产量只有600斤左右。因国家过量征购"过头粮"，农民不仅没有足够的粮食上缴，连自己也饥肠辘辘，大队干部经常要到县里和小榄永宁借谷给农民充饥。中山作为肥沃的大沙田区，人均有一亩八分耕地，却连年无法完成国家粮食征购任务，甚至有30%的农民自己的口粮也解决不了，为饥饿所迫，很多农民一到夜间就到田里偷稻谷、甘蔗和番薯。

1976年，里溪大队率先在几个生产队实行"联产耕作、包耕到户"。他们首先将那些位于山边、路边、鱼塘边、屋边和边远的贫瘠难耕的"五边"耕地承包给农户，规定收成归农户自己，用于解决口粮问题。实行"联产耕作、包耕到户"后，这些贫瘠的耕地亩产就由原来的300—400斤提高到600—700斤，创出了历史高产，基本解决了农民的口粮问题，让农民和生产队干部都尝到了甜头。

1977年，里溪大队在所属三个生产队全面开展"联产耕作、包耕到户"责任制，由集体统一提供种子、肥料，统一安排耕牛、灌溉，农户负责全部耕作程序，收到湿谷后由生产队统一晒谷，规定定额产量，超产部分一半奖励给个人，欠产处罚。这种责任制刚一出台，板芙公社的领导就到里溪大队调查，提醒支部党员们"不要做得太过分"。但是里溪大队党支部领导班子仍冒着"挨批斗、坐大牢"的政治风险，以"挨批斗、坐大牢总比饿坏饿死好，总比让农民去偷渡好"的理由，说服了公社领导。为此，公社调查队与他们"约法三章"：不宣传、不登报、不表扬。这实际上既给里溪大队党支部带来了巨大压力，同时也留下了一线生机。当年，里溪大队的水稻就创造了年亩产1600斤的历史纪录，下半年又将"联产耕作、包耕到户"责任制扩大到所属6个生产队。1978年，里溪大队在历史上第一次完成国家粮食征购任务，无人偷渡。

"联产耕作、包耕到户"三年后的1979年9月，广东省第一次关于真理标准大讨论现场会在中山板芙公社召开。时任中共广东省委书记的习仲勋等省委主要领导和中山主要领导出席现场会，决定在全省学习推广里溪的改革经验，继而掀起了全衣到板芙学习取经的热潮。板芙公社里溪大队联产耕作改革得到广东省委和中山县委的首肯后当年又进一步将联产耕作制改变为包产到户，将全部生产资料交由农民自己安排，期限一定三年：改革后，农民生产积极性、主动性和创造性充分发挥出来，生产了足够的粮食，除完成国家征购任务、留足口粮外，还有一定的剩余粮食由农民支配。农民就用剩余的粮食和时间蓄养牲畜，开记荒种植，做起生意来。渐渐地，农民的钱包就鼓起来了，里溪大队推行的"联产耕作、包耕到户"是生产责任制的一种特殊形式，是中山人民的创举，就是在生产队统一计划、耕种、调配劳力处理产品、分配收益的前提下，对社员实行定工、定产、定劳力、定地段、定报酬的一种生产方式；它保持了集体经营和生产队统一领导的优势，又将社员的物质利益和劳动成果直接挂起钩来，板芙公社的改革经验在全省推广后，中山把贯彻按劳动分配政策，加强和完善生产责任制作为一项重要任务，及时推广行之有效的生产责任制：对田多人少，经济结构比较单一的大沙田地区，推广联产到劳或联产到组责任制；对民田地区和经济作物区，引导实行专业承包，联产计酬责任制；对按件计酬的工种，则进行小段包工，按件计酬，中山全市的家庭承包责任制从1979年开始试点，1980年部分推开，1981年全面推行。到1984年，又有计划、有步骤地调整土地承包期，允许生产周期长的果林，荒山、滩涂等和开发性项目的承包期可延长至20—50年，允许作价转让承包，土地经营权在承包期内允许继承，同年底已有3398个村落实行了土地延长承包期，占全市农村数的93.7%。

作为农村经济体制改革第一步，"家庭联产承包责任制"突破了"一大二公""大锅饭"的旧体制，只要交够国家的，留足集体的，剩下全是自己的。随着承包制的推行，个人付出与收入挂钩，农民的生产积极性大增，解放了农村生产力：农民可以将多余的粮食出售，并形成了自由市场，农民手上的现金多了，生活大为好转；而承包期的延长，稳定了广大农民的心，扭转了农户对土地自内短期投资和经营行为，为农民对土地的长期投资经营创造了前提条件联产承包责任制实际上是对生产关系的优化调整，在当时，这种调整更切合农业生产力发展水平；因调整后的生产关系适应了生产力的发展实际，不仅大大地解放了农村生产力，而且联产承包责任制也为农民生产的分工分业、促进专业化和规模化经营提供了现实基础，使农民可以按照市场规律的要求，而不是按照强行的行政命令和上级指示安排生产。

随着工业化进程的推进，城市化和工业化征收征用了大量农村集体所有制土地，农村土地资源更加稀缺。2000年，中山开创了一种极具特色的土地流转形式——土地返承包经营，将分散在农民手中的那些已经"包干到户"的土地集约利用，农村集体经济组织又将农民已承包的土地返承包回来，进行统一规划、合理布局、兴修水利、改建扩建农路等农业设施，经过集中整治后，再包给专业户种养，进一步推进了农业专业化、规模化生产。

40多年来，里溪村一直被誉为"广东小岗村"。通过解放思想、先行先试，板芙在许多领域取得了巨大成就，社会和谐、环境优美、民生幸福。时至今日，"里溪精神"仍会激荡出"头脑风暴"，激励着处于改革深水区的中山勇立潮头、披荆斩棘。

中山温泉：改革开放的"活化石"

走进中山温泉宾馆那个个小小的档案馆，翻阅收藏着宾馆各个时期的资料图片，《温泉宾馆大事记》记载，开业至2020今共有80多位党和国家领导人莅临温泉宾馆，有20多个国家的政要和知名人士慕名而来。

1980年12月28日，温泉宾馆举行开业典礼，杨尚昆出席。

在温泉宾馆发展历程中，邓小平、江泽民、胡锦涛等数十位党和国家领导人来温泉宾馆视察并给予亲切关怀。

1984年5月24日，中共中央总书记胡耀邦由梁灵光等陪同莅临中山温泉宾馆，并在1号别墅接见霍英东，还亲笔写下"发展旅游，促进四化"的题词，勉励全体旅游战线的同志不断努力，作出贡献。

1990年12月28日，温泉宾馆举行开业10周年庆典，邓小平、江泽民、杨尚昆、李鹏、李瑞环、李先念、王震、彭真等13位领导为温泉宾馆开业10周年纪念画册题词。

据宾馆的管理人员郑社漾回忆，他被调往饮食部当经理后，曾在贵宾楼先后接待过包括叶选平、李鹏、胡锦涛等。其中胡锦涛饭后交餐费一事令他印象非常深刻。2004年，胡锦涛偕夫人下榻温泉宾馆，吃完午饭后，他身边的工作人员找到郑社漾，说要交餐费并开发票。郑社漾介绍："第

中山温泉酒店

一次有国家级领导吃饭后，提出要交餐费。一下子叫我不知如何是好，收不收，收多少，我不敢做主。"郑社漾只能马上请示领导，最后定下来每人15元。于是胡锦涛身边的工作人员让服务员收取30元餐费，并开具发票。这张发票的存根，至今仍然保存在温泉宾馆档案馆。

领导人来到温泉宾馆的时候，会在贵宾楼吃饭，一般情况下，饮食部根据接待标准和范围拟定菜单报批，菜单上最常见的是石岐乳鸽等地方特色食品。饭后水果则根据时令变化而不同，中山盛产的岭南香蕉、荔枝、龙眼、菠萝也常在菜单上。此外，这里还曾吸引了诸如邓亚萍、赵蕊蕊、马燕红、王丽萍、马琳等体坛名将与体育节目解说员孙正平、乒乓球教练蔡振华等。

中山温泉宾馆的魅力源自哪里？它有怎样的传奇？

1979年11月，由香港著名实业家霍英东等港澳人士出资、以中外合作经营模式兴建的中国第一个中外合作项目——中山温泉宾馆正式破土动工。它的传奇在于：只用了13个月的时间，温泉宾馆就如期顺利竣工，创造了建筑史上的奇迹。

1980年12月28日，中山温泉宾馆隆重开业。时任全国人大常委会副委员长兼秘书长杨尚昆出席开业典礼仪式，并亲笔题写了"中山温泉宾馆纪念章"，时任中共中央总书记的胡耀邦视察温泉宾馆，并题写了"发展旅游，促进四化"。

中山温泉宾馆开业后的1981年，温泉宾馆在此兴建中国第一个高尔夫球场，占地1.7平方公里，是中国第一个具备36个杆洞、可开展锦标赛角逐的标准高尔夫球场。

1984年，邓小平视察中山温泉宾馆时，亲自题写了"中山温泉宾馆"企业名称。

作为中国内地第一家中外合作旅游企业，温泉宾馆成为中国旅游业发展史上的里程碑，也成为华南温泉休闲领域方兴未艾的奠基者和推动者。

在那个还吃"大锅饭"的年代，中山人大胆引进香港先进的管理方法，改革工资制度，实现多劳多得，在部分工人中试行合同制，把建设工程委托给建筑工程队承包施工，调动了工人的积极性。

曾任新华社香港分社社长20年，后来分管广东外事的副主任梁威林对香港、澳门的社会情况较为了解，尤其与港澳上层人士颇为熟悉。为响应国家改革开放号召，他邀请港澳上层人士在广州召开座谈会。澳门中国旅行社总经理李葵陪同霍英东、何贤等一班人到广州参会。座谈会呼吁港澳同胞在改革开放中为祖国发展建功立业。会上，霍英东提到在广东省内选择地方投资、建设宾馆等事宜，并确定会后去珠三角各地考察，经历此前在内地的亲身体验，霍英东认为，应该打开国门吸引外商。

霍英东到内地投资的想法，也由中山县而起。1978年12月19日，

《澳门日报》发表题为《中山县翠亨村将辟为旅游区》的报道。读到这则消息后，霍英东激动不已，他认为要发展旅游业，就必须引进外资，设备、先进技术和管理方式，这是改革开放一项重要措施。温泉宾馆第一任总经理李晃叠回忆："当时改革开放，要吸引外商投资，霍英东建议优先建设一座现代化的宾馆，改善住宿条件。"

最初，霍英东将投资目标锁定在珠江三角洲地区，计划分别赴中山、番禺、南沙、从化等地进行考察，并把中山作为第一站。由于温泉旅社面向港澳同胞的早期营运，中山的旅游资源在港澳旅游者中口耳相传，使中山温泉在港澳已经有了一定知名度，霍英东也有所耳闻，因此首先想到了中山。

回顾改革开放40年的历程，中山温泉宾馆以多个"全国第一"振聋发聩，成为中国改革开放的"活化石"、500万中山人的骄傲，不仅率先在广东乃至全国拉开了发展外向型经济的帷幕，而且为中国旅游业的发展发挥了重要的示范引领作用。

"中山舰队"破浪领航

历史的镜子总会映照现实。因此，无论是郑观应的商战思想，还是孙中山的《实业计划》，都深深地融入了中山改革开放的历史长河。

孙中山的《实业计划》有四大战略指导思想。

其一，孙中山明确指出："中国今尚用手工为生产，未入工业革命之第一步，比之欧美已临第二革命者有殊。"中国要不再"成为列强政治、经济侵略之俎上肉"，发展中国工业，完成工业革命和国家工业化的历史使命，就不能"随西方文明之旧路径而行"。为此，孙中山提出："中国两种革命必须同时并举，既废手工采机器，又统一而国有之。""中国实业之开发应分两路进行，（一）个人企业、（二）国家经营是也。"凡适宜个人经营的事业，应任个人为之；凡不能委诸个人以及具有垄断性质的事业，则必须由国家负责经营。六大计划，就是国家主导下完成工业革命和实现整个国家工业化的全局性综合性的规划。

其二，六大计划将综合推进全国范围内的基础设施建设作为完成工业革命和实现整个国家工业化的第一要务。这是孙中山总结西方众多国家工业革命及国家工业化历史经验后确定的重要发展战略，比之同时代其他政治家、企业家，眼光更为远大，也更具可行性。

其三，六大计划处处注意中国广大中、西部地区的开发与发展，努力将东部地区、中部地区、西部地区的建设和发展紧密地有机结合起来，将生产、流通、消费紧密结合起来，这在巩固国家统一和各地区、各民族团结合作上是极具意义的。

其四，孙中山深知，要进行如此大规模的经济建设，贫穷落后的中国缺乏所需要的资本、技术和技术人才。为此，他提出，要使中国在不是很长的时间内赶上西方各发达的国家，就必须实行"开放主义"，"无资本，即借外国资本"；"无人才，即用外国人才"；"方法不好，即用外国方法"；这就是"欲使外国之资本主义，以造成中国之社会主义"。孙中山同时强调，开发和利用外资，绝不能允许他们侵犯中国的主权。他指出，能否确保中国主权独立与完整，是"中国存亡关键"："发展之权，操之在我则存，操之在人则亡"。

孙中山上述思想精髓无不影响着处于改革开放前沿的南粤大地、中山故里。

改革开放后，广东中山、东莞、顺德、南海的经济发展令国人瞩目。地处珠江三角洲地理优越位置，具有得天独厚的人缘、地缘、信息缘、资金缘优势的中山,东莞两个县级市和顺德、南海两个县,作为广东改革开放先走一步的象征,成为广东人胆识与财富的代表,承载着广东的自豪与骄傲,1983年12月22日和1986年2月5日,国务院先后批准中山和东莞两地撤县建市,并于1988年1月,同时升格为地级市;1992年3月26日,国务院批准顺德,南海撤县建市(县级)。1987年《羊城晚报》报道了《广东崛起"四小虎"》,从此,东莞、顺德、南海、中山四个市县与亚洲的韩国、新加坡、中国的台湾和香港地区"四小龙"相呼应,成为国人津津乐道和学界广泛关注和研究的"四小虎"。

20世纪60年代开始,韩国、新加坡、中国的台湾和香港地区以出口为导向,重点发展劳动密集型加工产业,在短时间内实现了经济的腾飞,打造出经济起飞的"东亚模式",被称为"亚洲四小龙",与广东"四小虎"的经济发展模式并不相同。东莞以外资企业为主体,通过引进"洋枪队",屡战屡胜;中山以地方国营企业为主体,训练出"国家队",战无不胜;顺德以乡镇企业为主体,培育出"武工队",南征北战;南海以个体私营企业为主体,孕育出"游击队",出其不意。

中山县原是农业大县、粮食大县,新中国成立后,一直到1979年前,工业的产品结构,主要是以支农型为主。当时,中山县工业生产主要围绕"农"字展开,重点发展农械、化肥、农药等,建成为农业服务、小而全的工业体系。

1954年10月,广东省农业厅在沙朗乡(现中山市西区)兴建中山农业机械拖拉机站,这是全省第一个国营拖拉机站。1954年7月,广东省工业厅在中山县石岐西郊兴建的粤中船厂投产。1956年起,中山县编制工业计划、商业商品流转等方面的计划。1957年12月,位于黄圃镇鸡鸦水道的中山糖厂建成投产,为国家二级企业。

《中山市志》记载:1957年,全县工业企业总数为250多家,产值达

8246万元，比1952年增长195.76%，工业在工农业总产值中所占比重由1952年的18.08%提高到1957年的33.38%，为日后工业发展奠定了坚实的基础。

在发展省属国企的同时，中山县委结合中山工业基础薄弱、厂企分散的特点，确定以"公私合营"的形式优化资源配置，发展中山地方经济。同时，还兴建了一批机械制造、建筑材料、纺织、五金、化工等行业的国营企业，如石岐机械厂、中山陶瓷总厂、玻璃厂等，使工业生产中以工业品为原料的比重有所增加，产量大幅增长。

1949年到1978年的近三十年中，粤中船厂、中山糖厂、石岐氮肥厂、农药厂、电机厂、仪表厂、液压元件厂、轴承厂、农机一厂、玻璃厂等一大批企业脱颖而出，奠定了中山工业基础，撑起了工业发展脊梁。

1978年12月，党的十一届三中全会召开，确立了解放思想、实事求是的思想路线，作出了把工作重点转移到国家经济建设上来的战略决策，揭开了改革开放序幕。

1983年12月，中山县撤县建市（县级市），从农业大县开始迈向工业市。1988年1月，经国务院批准中山升格为地级市。1978年到1988年的十年间，中山工业"先行一步"，呈现"三来一补"陆续登场、地方国企加快改革步伐、乡镇企业迅速壮大的"三箭齐发"新格局。

中山是著名的侨乡，濒临南海，地处珠江三角洲前沿，历来与海外有着密切交往，有80多万中山籍海外侨胞、港澳台同胞分布在世界90多个国家和地区。中山人在改革开放的方针指引下，充分利用中山毗邻港澳和华侨众多的优势，不断开拓前进，大力发展外向型经济，取得了丰硕成果。

中山以国有、集体龙头企业牵头组建的"十大舰队"，在激烈的市场竞争中显示了"船大好冲浪"的强大力量。"十大舰队"扬帆出海，创造的一个又一个奇迹，成为国人的骄傲。其独特的"中山模式"使中山一

中山招商引智

跃而成广东"四小虎"之一。在"四小虎"中，中山的发展道路是以地方国有经济为龙头，带动全市经济稳步均衡发展，涌现出一批国内外知名品牌。从1980年开始，工业主管部门以专业化管理为原则，按照工业各专业门类先后成立了糖纸，食品，化工、医药，纺织丝绸、玻璃，建筑材料、机电，家用电器，电子，包装印刷等10多个行业公司，以此加强与广东省和国家行业管理部门的沟通和联系，强化行业规划和管理，确保企业按照行业发展方向调整产品结构，推动生产的发展，为一批新兴支柱行业的迅速崛起创造了有利条件随着一批拳头产品的形成和骨干企业的出现，县工业主管部门或者以骨干企业为主体，联结同行业相近的若干个企业，或者以大宗拳头产品为龙头，实行企业之间的联合、兼并和带动组建成新的集团式经济联合体；或者通过重点企业自身扩张和裂变直接演变为企业集团，先后组建了精细化工、钢管、咀香园、威力、千叶、粤中、包装印刷、玻璃、电子、建材、燃气具、制冷设备12个集团公司，这12

个企业集团公司的固定资产只占国有工业的39%，完成工业产值和利税均占50%以上。

1987年后，又组建了集旅游，贸易、工业，文化，金融，经营于一体的现代化综合性怡华集团有限公司，该集团公司拥有小霸王公司，珠海生化厂，益华百货，京华酒店等28个成员单位，总资产超过15亿元，通过组建企业集团，推动了生产要素优化组合，促使企业自我膨胀、自我完善和自我发展。在加强企业全面质量管理、促进企业上等级方面。"中山舰队"成为重要支柱除国营企业外，其他所有制形式的企业发展也毫不逊色：经过不断探索，工业经济逐步形成了以轻工业为主体的轻纺、家电、食品、机械化工，建材，印刷、包装，服装、金属材料加工等30多个行业、64个大类的体系。

《广东企业改革风云录》一书记载：据统计，1988年全市工业总产值达到38.78亿元，与改革前的1978年相比，增长7倍多，全市有140个工业产品先后获得国家、部级和省级优质产品称号，这些优质产品的产值占全市工业总产值的比例，从1985年的9.8%上升到1988年的21%（市属工业系统达到36%）。其中有13个拳头产品，在产量、质量和出口创汇上，跃居全国同类产品前列。

这些拳头产品包括威力牌洗衣机、菊花牌彩色玻璃马赛克、中山市精细化工实业有限公司的强力牌和宝石花牌气雾剂系列、中山新型建筑材料总厂铁城牌水磨石、中山市家用电器总厂的千叶牌电风扇、中山市铝箔复合印刷厂的铝箔复合包装、中山市咀香园食品工业集团公司的咀香园牌高级薄饼、中山市钢管工业集团公司的华捷牌钢管、中山市无线电二厂的中二牌高压硅堆、中山市自行车零件厂的宝石牌飞轮、中山市食品添加剂厂的金桃牌甜蜜素、中山游艺机械设备厂生产的金马牌游艺机、中山造纸厂的香山牌瓦楞纸等。

20世纪90年代,威力、小霸王、乐百氏、爱多等一批中山品牌企业纷纷登陆中央电视台做广告,广告语一时风靡大江南北。

回首改革开放四十年,"中山舰队"是中山人叱咤风云踏浪而歌的奇迹,也是中山经济留下的浓墨重彩的一笔财富。

中山制造 工业强市

伴随"中山舰队"乘风破浪,中山人主动出击,"走出去"招商,加大"筑巢引凤"力度。一批外资企业进驻,拥有了首批国家级高新区等工业发展的国家级平台,科技型民营企业雨后春笋般成长,世界500强企业相继落地,市属国企和乡镇企业加快改革步伐,中山工业呈现"百花齐放"的新格局。

1990年3月,首届中山招商经贸洽谈会在香港举行,此后每年举行,被称为"3·28经贸洽谈会"(1997年起该会移回中山举行)。一大批优质高端企业入驻,促进了中山产业结构加快由低向高,由传统向高科技产业调整。由过去的食品、纺织、制鞋等传统产业向以电子信息为代表的新兴产业发展。

1999年,中山吹响"工业立市"号角,是全省第一个提出"工业立市"的城市。"工业立市"以来,推动了中山工业加快结构调整,走新型工业化道路,提高发展水平和竞争力。为配合"工业立市"战略,还出台了支持企业技术改造、抓产品质量整顿、扶强扶优、建绿色通道、实行领导年薪,调动国有企业积极性等系列政策,促进了中山经济快速发展。随着"工业立市"战略深入实施,中山工业迎来了蓬勃发展。

20世纪90年代中后期,中山"一镇一品"专业镇经济发展由原来的

红木家具博览城

古镇灯饰

"粗放式"开始向"产业集群"推进。自2000年以来，特色产业集群成为中山重要的经济发展模式，专业镇经济从自发、零散、无序的发展阶段转入规划引导、政策扶持、科技支撑的发展轨道，闯出了一条"产业＋会展＋城市"的发展新路。专业镇经济占了全市经济的"半壁江山"，在全省乃至全国均有较大的影响力。灯饰、游戏游艺、淋浴房等产业占据国内市场六七成以上份额。

中山是一座以制造业为基础的城市，到目前已拥有中山国家健康科技产业基地、中国电子（中山）基地、中国五金制品产业基地、中国灯饰之都等38个配套齐全的国家级产业基地，以及18个省级科技专业镇，涌现了装备制造、电子信息、家用电器、健康医药等一批千亿级产业集群，形成了灯饰光源、五金锁具、红木家具、燃气具、纺织服装、游戏游艺等一批特色产业，聚集了蒂森克虏伯、纬创资通、明阳风电、木林森、大洋电机、华帝、长青、联合光电、康方生物、通宇通讯等一批世界500强及行业龙头企业。

改革开放以来，中山工业通过不断的技术革新，实现了由制造向"智造"迈进。

2008年底《珠江三角洲地区改革发展规划纲要（2008—2020年）》正式出台，明确提出："重点发展……中山临港装备制造、精细化工和健康产业基地。"中山加快重大产业平台建设，引进和培育一批智能装备、高精尖特等技术、资金、人才密集型的战略性新兴产业，推动产业向高级化、适度重型化方向发展。广新海工、中铁大桥局等一批"国之重器"落户中山。以明阳风电、智慧松德等为代表的民营装备制造企业日渐活跃。

中山市委将创新驱动确立为全市核心发展战略之后，中山以创新驱动发展为核心，围绕建设区域科技创新研发中心，实施一揽子政策措施，重大产业平台建设不断提速，英才计划、优才工程全力推进，新旧动能转换让中山的经济结构持续优化，创新综合能力持续提升。

打造珠江西岸先进装备制造产业带是广东省委、省政府实施的"珠西战略"，中山成为珠西先进装备制造产业带重要一员。在大力引入"工作母机"的同时，中山大力实施以智能制造为主攻方向的新一轮技术改造，推广智能制造项目示范。打造全生命周期的公共技术服务平台体系，为实体经济发展插上"翅膀"。引进了黑子科技、硕泰机器人、易裁剪共性工厂、干燥共性工厂、设计检测等平台，加快推动工业互联网"上云上平台"。

中山正推动龙头骨干企业和总部企业高质量发展，为企业提供保姆式服务，积极引导企业抓住契机，实现新飞跃。改革开放以来，中山工业通过不断的技术革新，实现了由制造向智造迈进。

中山以创新驱动发展为核心，围绕建设区域科技创新研发中心，实施一揽子政策措施，重大产业平台建设不断提速，英才计划、优才工程全力推进，新旧动能转换让中山的经济结构持续优化，创新综合能力持续提升。

中山正推动龙头骨干企业和总部企业高质量发展，为企业提供保姆式服务，积极引导企业抓住契机，实现新飞跃。

中山路："不走回头路"

有人说，在中国，有多少城市就有多少中山路。此言也许有夸张的成分，但借由"中山路"所承载的对于孙中山精神的景仰和铭记，却必定是国人心中分量最重的交集之一。

曾经有有心人专门统计过，全国包括台湾的城市纪念孙中山的道路有326条，其中定名为"中山路"的就有187条。从上海那条环绕老城区的全国最长的中山路，到海口的全国最短的中山路；从南京市中心呈"丁"字形的中山路，到广州分为一路到八路、横贯城区东西的中山路——这一条条中山路，承载着人们对一代伟人的怀念，绵延着中国人的集体记忆，也见证着国家的变迁和崛起。在中山先生的故乡广东中山市，历史上并没有中山路，而独有以先生名讳而命名的"孙文路"。改革开放以后，城区急剧扩大，中山终于有了一条贯通全市、宽阔漂亮的"中山路"，同时，还修起了通往翠亨村的"逸仙公路"。近几年，更建设了一条现代化的博爱路。中山的中山路，如同不断延伸的诗行，刻画着这座城市的成长与发展。

新时期的中山发展之路，可以说是从罗三妹山上那条弯弯曲曲的山间小路起步的。

1984年1月28日，广东中山，邓小平一大早就攀登罗三妹山。下山时，由于山路难行，随行人员建议从原路返回，邓小平当时说了一句："我从来不走回头路！"

当年陪同邓小平的广东省原省长梁灵光在回忆中说道，1984年，邓小平同志的首次特区行，"拯救"了改革开放。"不走回头路"，表达了邓小平的决心，也显示了邓小平的气魄。

在中山期间，有一天清晨，八十高龄的邓小平脚蹬轻便皮鞋，不用拐杖，更无须搀扶，轻松从容地走过653级石阶，从罗仙姑山东南坡登顶。在靠近山顶的一处平台上，邓小平眺望山下一片热闹的温泉宾馆和远处生机勃勃的田园、村庄……下山时，陪同人员考虑到西南坡比较陡峭，且是尚未完工的沙石泥土路，不大好走，建议他从上山的路返回。邓小平坚定地说："往前走，我这个人从来不走回头路！"一句"不走回头路"的警世诤言，像平地炸响的一声春雷，迅速传遍大江南北、长城内外。

为纪念这一重要的历史事件，三乡镇政府在中国改革开放30周年之际，采纳广州市设计院专家们的独到建议和方案，兴建了罗三妹山主题公

罗三妹山的邓小平广场

园。这座落成于2011年1月28日的公园,以当年邓小平登山的路径为主线,依山势点缀着刻有邓小平经典话语——"发展才是硬道理""让一些人先富起来""科学技术是第一生产力"等语录碑文,建造了"摸着石头过河"景观桥等多个景点。在邓小平当年敞开中山装外衣驻足眺望远方的地方,矗立着霍英东家族捐赠的邓小平青铜塑像。这座由三乡籍雕塑家郑泽辉创作的,高2.8米、重3吨的邓小平塑像,睿智而慈祥,似乎在谆谆告诫每一位登山者:只有坚定不移地走改革开放的道路,才能实现中华民族的伟大复兴;不能走回头路,往回走死路一条!

"不走回头路",意味着要远离闭关锁国的老路,面向世界开放。向世界开放,建立经济特区,是邓小平"不走回头路"思想中的闪光点。1979年,中央授权广东在对外经济活动中,实行特殊政策和灵活措施。之后,深圳、珠海和汕头等经济特区纷纷成立,招商引资蔚然成风,改革开放春雷阵阵。面对这一伟大事业，邓小平坚定推进改革开放，他信心百倍地指出："已经从各方面证明行之有效的改革措施要继续实行，不能走回头路。"

"不走回头路"，成了改革开放的誓言！

"不走回头路"是改革开放阔步前进的动力源泉！

经过改革开放40年，特别是升级为地级市20年的发展，今天呈现在世人面前的中山，清新美丽，生机盎然，五桂山锦屏铺展，岐江水清幽绵长。曾被称为"铁城"的中山，既拥有金色财富，又拥有绿色财富，被人们誉为经济社会协调发展的示范市，成为一座既适宜创业又适宜居住的文明、和谐、幸福之城。事实上，与珠江三角洲其他地区相比，中山的自然资源并不占优势，没有机场，港口也不大，土地面积居全广东倒数第二位，只有1800平方公里，发展基础远比周边一些曾经是"行署"的地区差。然而，中山却创造了奇迹——以占广东省1%的土地面积、2.7%的人口，创造了占全省4%的生产总值，地区生产总值居全省21个地级以上市的前列。更令人称羡的是中山人的富足：2020年，中山全市居民人均可支配收入增长4.5%，达到52754元，已基本达到中等发达国家水平。

改革开放40年，中山与全国有着许多相似之处，走过了全国许多地区，尤其是开放地区所走过的道路，并创造了为数不少的全国第一。更可贵的是，当我们回首中山的发展之路，当我们仔细地回味咀嚼，却发现中山其实有着许多十分独特的地方——以下几个关键词，犹如一座座里程碑，巍然矗立在长长的中山路上：

"侨心回归"。作为著名侨乡，中山早在清代就有人出洋谋生，目前中山人旅居世界五大洲87个国家和地区，人数超过80万。改革开放之初，当时的中山市委、市政府出台措施，千方百计落实华侨政策，毅然组织大型恳亲会，1989年举行的"中中"同学联谊会，更成为当年中国华侨界轰动一时的"十件大事"之一。这些当时在全国罕见的具有前瞻性的举措，如磁石般吸引着千百万颗侨心回归。侨心拳拳，回报桑梓，他们或投资办厂，或联络招商，或捐资做福利，30年间，海外同胞已经为中山捐资近20亿元。广大华侨为中山的经济建设做出了特殊而重大的贡献，为中山的发展迅速积蓄了启动和起飞的强大动能。

广东"四小虎"。19世纪80年代中后期，中山的乡镇企业、集体经济全国有名，后来发展到市属企业"十大战舰"。其时，中山与顺德、南海、东莞同列广东"四小虎"。

随着市场经济的发展，国有经济、集体经济的弊端逐步显现，中山人再一次解放思想，改制"十大战舰"，毅然把它们推向市场。一次凤凰涅槃，换来"满天星星"——目前，中山的民营企业占据经济份额的一半，外资企业超过40%，产业集群擎起了经济的脊梁。以非公经济为主体，全民创业，既激发了民间的创造力，也让财富为民所享。

联合国人居奖。早在1997年，中山就捧回了联合国人居奖，据说在全国是最早的。在经济发展到一定程度之时，中山在现代化过程中已经注意到城市建设、人居环境的重要性。

"民生的最高境界就是宜居城市"。中山人的眼光在全国相当超前。于是，我们看到，造船厂搬迁后，岐江边地价高昂的黄金地段，被改造成了别致的城市公园和美术馆。映衬着高级酒店闪烁的霓虹，这一片宁静的绿草老树，让市民安闲漫步。不管是老城，还是新区，整个中山都在繁花似锦、满眼绿色的花园簇拥之中。

"中国十大最具幸福感城市"。幸福是民生之本，中山一直注重民生建设，放权让基层充分发展，专业镇、产业集群纷纷萌芽、壮大，中山民营经济的"满天星星"，跟老百姓血脉相连。同时，中山率先推行全民社会保障，"十大民生工程"、连续走了30多年的"慈善万人行"，成千上万的志愿者，都让这座城市充满博爱、温情，充满安全感、幸福感。

全国"文明城市"。位列全国首批"五大文明城市"，是中山经济社会发展的一个综合体现，"文明城市"立足精神文明建设，实际上考量的是经济社会发展的方方面面。

这就像中山街头常见的大榕树，眼见的是繁茂葱绿的枝叶，大家都知道它来自地下不断伸展、日益扎实的庞大根系。

"科学发展、六大战略"。中山市委、市政府提出了建设经济强市、和谐中山、宜居城市、法治社会、文化名城和社会主义新农村建设"六大发展战略"。任重道远，不辱使命，"六大战略"再一次体现了中山人的思想解放、敢为人先，体现了孙中山所主张的世界眼光、人类理想，体现了中山正在全面落实科学发展观，在经济社会协调发展、可持续发展的道路上大步迈进。

七个关键词，串起了中山40年不平凡的发展历程，串起了中山40年的沧海桑田，串起了中山40年的成就与辉煌。40年的改革开放，那些激情和创造，那些反思和再出发的勇气，在中山的发展之路中体现得如此鲜明、如此淋漓尽致！而今天，在科学发展的崭新道路上，中山更值得期许，更充满希望：中山，已经具备高瞻远瞩的眼光，已经饱蓄继续跨越的力量。

湾区时代　向海而歌

改革开放40多年的洗礼，使得中山由农业小城变成了工业强市，呈现出工业支柱行业快速增长、工业技术改造民间投资力度加大、工业新动能持续增强等喜人势头。

今天，粤港澳大湾区进入全面建设阶段，中山正抓住"双区驱动"重大战略机遇，依托深中通道规划建设深圳—中山产业拓展走廊，促进珠江口东西两岸融合互动；推动西部镇区纳入珠西高端产业集聚发展区，携手珠海、江门打造珠西产业园，共建西江经济带；谋划推动与大湾区中心城市交通设施同城化、产业创新协同化、公共服务一体化，加快构建"东承西接、北融南联"的大湾区空间布局。

2019年9月，《中山翠亨科学城城市设计》获批公布。备受关注的临海地标"未来之门"和中山科学馆、未来科技总部、湾区联合创新中心、湾区联合实验室、国际生物医药创新园等跃然设计蓝图之上。翠亨科学城将建成湾区国际化、现代化、创新型城市新中心。

新时代、新气象、新作为，中山工业又站在了一个新的起点上。品质是成就品牌最重要的因素，也是中山工业的主要特质。具有雄厚工业制造基础的中山，正以经济高质量发展为主线，积极融入粤港澳大湾区建设，抒写高质量发展的中山新高度。

建设中的深中通道

2019年2月18日,《粤港澳大湾区发展规划纲要》发布,标志着粤港澳大湾区全面进入纵深推进阶段。湾区城市群包括广州、深圳、珠海、佛山、惠州、东莞、中山、江门、肇庆9个珠三角城市,以及香港、澳门两个特别行政区。

粤港澳大湾区是国家建设世界级城市群和参与全球竞争的重要空间载体,将打造成为与美国纽约湾区、旧金山湾区和日本东京湾区比肩的世界四大湾区之一。而世界三大著名湾区的发展经验表明,交通的互联互通对于促进区域一体化发展起着至关重要的作用。中山处于粤港澳大湾区重要节点,是广佛肇、深莞惠、珠中江三大都市圈的连接点,是连通珠江口东西两岸的桥头堡。从自贸区的角度考量,中山位于中国(广东)自由贸易试验区南沙、前海、横琴三个自贸区中间,将成为重要的衔接点和连通点。

按照规划,粤港澳大湾区将以连通内地与港澳,以及珠江口东西两岸为重点,构建以高速铁路、城际铁路和高等级公路为主体的城际快速交通网络,力争实现大湾区主要城市间一小时通达。

由于粤港澳大湾区发展规划出台前,广东省委在2016年已对中山明确提出"打造珠江西岸区域性综合交通枢纽"的战略定位,因而中山在对接广州、深圳、佛山、珠海等城市的部署上,表现出前所未有的决心和信心,并以深中通道、深茂铁路通车时间倒排建设计划。2017年至2023年,中山将投入1400亿元布局交通版图,打造连接珠江东西两岸、辐射珠江西岸的客货转运中心,构建外联内畅、多方式一体化的区域性综合交通枢纽,激活中山位于大湾区城市群的枢纽功能。

交通建设涉及公路、铁路、航空、港口等方面。公路建设侧重于加快与周边城市对接道路的建设,将中山市打造成为国家公路主枢纽,构建高速公路、干线公路、普通道路多层次对外公路网络;向东,通过港珠澳大桥、南沙大桥、深中通道，加强与珠江东岸以及粤东地区的交通联系；向北，通过连接广州中心区的高速公路或快速路、非中心区的主干道路等，主动融入广佛都市圈；向南，通过广澳高速、广珠西线高速、港珠澳大桥等，加强与珠海、香港、澳门的交通联系；向西，通过中开高速、中江高速、西部沿海高速等，加强与江门以及粤西地区的交通联系。铁路方面，积极开通国铁长途列车，并适时引入国家干线客运铁路，将中山打造成为国家干线铁路区域枢纽，形成国家铁路、城际轨道、城市轨道的多层次对外铁路网络。2012年，珠三角城际快速轨道交通的主干线路——广珠城际铁路全线贯通，结束了中山无铁路的历史。广珠城际铁路在中山市内设南头站、小榄站、东升站、中山北站、中山站、南朗站、翠亨站，中山出发，半小时通达珠海、广州。广珠城际铁路另有支线从小榄站引出，向西经中山古镇站可达江门新会，并与江湛铁路相连。

截至目前，依托广珠城际铁路，中山已相继开通北京、上海、长沙、桂林、贵阳、郑州、昆明、南宁、潮汕9个方向的高铁线路服务，基本实现华北、华东、华中、西南重要城市全覆盖。此外，中山还在积极对接深茂铁路，同时研究引入其他国家铁路大通道（高速铁路）和城际轨道，全面融入国家干线铁路网，支持铁路枢纽地位的提升。在航空和港口建设方面，中山利用周边大型国际枢纽机场和深水港，开通前往南沙自贸区、南沙港、前海自贸区、深圳机场、香港机场、澳门机场的水运航线，快捷共享珠三角大型国际枢纽机场和深水港。

2017年8月18日，中山港至深圳机场码头正式开通水路客运航线，结束了中山深圳无水上直航的历史。中山市综合交通规划（2012–2020）显示，未来中山港码头将东移至翠亨新区马鞍岛。届时，从中山到深圳机场将压缩到20分钟左右，到香港机场大概会缩短至1个小时以内。

马鞍岛是中山唯一具有建造深水港条件的地点，这将有利于中山实现

翠亨新区规划馆新沙盘

国际海上直航。可以说，中山客运码头东移将翻开中山口岸建设的新篇章，助力中山实现从江河时代向海洋时代的跨越。

对于中山来说，正如火如荼建设的深中通道意义重大。深中通道是集"桥、岛、隧、水下互通"于一体的跨海集群工程。东起深圳前海，向西跨越珠江入海口，在中山市马鞍岛登陆，与规划的中开高速、中山东部外环高速对接。2018年6月，深中通道中山段工程打下第一根桩，标志着深圳和粤西一带的距离将越来越近。同年9月6日，作为主体工程的伶仃洋大桥、中山大桥主墩桩基同时开钻，深中通道桥梁工程建设进入全面实施阶段。深中通道预计2024年通车，建成后将成为深莞惠与珠中江唯一直连通道，是粤东通往粤西乃至大西南的便捷交通大动脉。

近年来，包括深中通道在内的跨江跨海大通道建设，不断改变着粤港澳大湾区城市群的经济地理格局和城市空间格局。深中通道建成后，与另外两项超级工程港珠澳大桥、南沙大桥，连通粤港澳大湾区，让湾区城市进入"一小时经济圈"。

毫无疑问，深中通道将是中山未来崛起的机遇。借助深中通道的机遇，中山推动城市格局、产业结构、社会治理、制度创新、人居环境等方面迈上新台阶，构筑中山全新的可持续发展基础和能力，为粤港澳持续合作与深度融合开辟广阔的空间和前景。

深中通道在珠江西岸的登陆点——翠亨新区，是中山未来对接珠江东岸创新资源的一个重要平台。

2016年1月1日，中山一条主线无红绿灯的城市快速通道——翠亨快线主线通车。这是一条将城区与东部火炬开发区、南朗镇、翠亨新区连为一体的城市快速通道。

2011年，肩负"中山未来，未来中山"建设翠亨新区的设想诞生了。翠亨新区位于中山东部沿海，范围包括马鞍岛、南朗镇及火炬开发区一部分，起步区面积约10平方公里，集中建设区面积约50平方公里，总体统筹整合规划面积约230平方公里，拥有26公里长的海岸线。

2013年3月，翠亨新区管委会正式挂牌成立。翠亨新区的成立，弥补了中山没有重大战略发展平台的缺憾，引领城市从江河时代向海洋时代嬗变。

从"道""路"到"快线"的城市道路命名变化，可以窥见一个城市的发展轨迹和发展新思维。翠亨快线之"快"放在新时代，足见其深意。翠亨快线将来接上深中通道，深中同城将成为现实，链接可以看见的未来。

翠亨新区东望前海新区，北承南沙新区，南接横琴新区，毗邻港澳，在粤港澳大湾区中具备良好的区位优势。翠亨新区作为世界一流现代化滨海新都市的蓝图正在徐徐展开。建设规划中的中山翠亨科学城未来可以通过多种交通方式实现一小时到达深圳前海、广州南沙、香港机场、澳门、珠海等核心地区。将构建"两轴、四带、一心、五区"的多元复合结构框架，将翠亨新区打造为湾区国际化、现代化、创新型城市新中心。

从城区博爱路驶入翠亨快线，20分钟进入马鞍岛深中通道中山连接线，这条中山市区主干道与深中通道连通纽带的便捷之路正开启城市的新未来，中山也将成为粤港澳大湾区区域交通枢纽。

2019年，中山市提出"积极推动环湾布局向东发展"工作部署，明确提出要顺应湾区城市发展的普遍规律，推动中山环湾布局，加快城市发展重心向东延伸，从市级层面通盘考虑东部沿海片区功能定位和产业布局，努力打造国际一流、湾区顶尖的现代化滨海新城。

翠亨新区将成为继火炬高技术产业开发区之后中山走进"大桥时代"的重要承接平台。

实体经济为中山发展创造了辉煌，中山走向新的辉煌也离不开实体经济。近年来，中山出台了一大批惠企政策计划用五年时间推动高端装备制造产业、新一代信息技术产业、健康医药产业发展等三大产业实现3900亿元总产值。到2022年底，计划营业收入10亿级企业达到80家，年产值1000亿级产业集群4个以上。

近年来，中山装备制造业发展较快，初步形成了以智能制造装备为主体的门类较为齐全、产业基础扎实、特色优势明显、集聚程度较高、具有较强竞争优势的产业体系。主要产业包括以风电装备为代表的新能源装备、激光加工装备、海洋工程装备、高性能船舶、智能制造装备、高端医疗装备、节能环保装备和特种设备。

围绕这些产业，中山建成了国家火炬计划中山（临海）装备制造业基地、国家火炬计划中山电梯特色产业基地、中国游戏游艺产业基地、中国包装印刷生产基地四个国家级产业基地,以及中山光电装备与产品制造产业基地、中山市新能源汽车产业基地、中山市风电装备制造基地、中山市海洋工程装备产业基地和中山市北斗卫星及物联网装备产业基地五个省市共建战略性新兴产业基地。

未来五年,中山计划通过"引进一批重大项目,培植一批龙头企业,建设一批公共服务平台,建设若干产业创新研究中心,谋划提升一批产业园区",全面推进高端装备制造产业扩大总量规模、提升创新能力、优化产业结构,将中山打造成具有核心竞争力的高端装备制造产业基地。

起步较早的中山电子信息产业,现已形成以火炬高技术产业开发区中国电子(中山)基地为龙头,各产业集群为支撑的"一区多园"产业布局和配套产业链,涌现了一批优秀的新一代信息技术企业,其中平板显示集成、感知光学镜头技术、激光显示及打印技术、高速激光器技术等领域处于行业领先地位。

新一代信息技术产业发展行动计划,确定了新一代通信网络、集成电路、新型显示产业、激光器件、新型材料、物联网等重点发展领域,不仅为新一代信息技术产业未来五年的发展指明了方向,也明确了发展目标和任务。

早在1994年,中山就获批建设全国首个国家级健康科技产业基地。历经20多年发展,健康医药产业已成为全市新的支柱产业之一。形成了火炬区国家健康科技产业基地、中德(中山)生物医药产业园、翠亨新区生物医药科技园、南朗镇华南现代中医药城等重大平台。

在推进广东省药品检验所中山实验室建设的同时,中山市正开展珠江口西岸进口药品检验、接受药品委托检验等相关检验检测技术服务,拟打造粤港澳大湾区一流口岸药品检验所,助力中山挂牌药品进口口岸城市。

创新体制机制,优化营商环境,加强要素支撑,着力引进一批重大项目，培育一批优质企业，建设一批重大创新机构，布局一批公共服务平台，提升一批产业载体等，正成为中山培育新千亿产业集群的重要抓手。

根据广东省委"把中山建设成为珠江东西两岸融合发展的支撑点、沿海经济带的枢纽城市、粤港澳大湾区的重要一极"的"三个定位"，中山市已经谋定"十四五"规划，正在重振虎威、再图辉煌的新征程扬鞭奋蹄、快速前行。

远眺南海，"中山舰队"的帆影闪耀在改革开放历史潮头，伶仃洋上唱大风。

走过工业立市、工业强市。一往无前的"中山路"——"不走回头路"，将中山导向深化改革的新征途。

发展才是硬道理。从中山制造到中山智造，从中山创新向中山创造，中山凭依建设中国特色社会主义先行示范区、粤港澳大湾区"双区驱动"重大历史发展机遇与强大引擎，重振"虎威"的中山正从"江河时代"阔步迈向境界全新的"海洋时代"。

伟人故里、文化名城，湾区枢纽，精品中山。新时代的中山，正向我们大步走来！

中山大事记

远古

5000年前的新石器时代中、晚期，中山已有土著古越族人在香山岛上渔猎和居住。

秦代至清代

（前218年至1911年）

秦代

始皇帝二十九年（前218），秦朝派尉屠睢率师进军岭南，征战3年，继派任嚣、赵佗两尉统兵增援，终于平定。始皇帝三十三年（前214），在岭南设置桂林、南海、象郡3个郡，古伶仃洋上的香山岛（今石岐以南、澳门以北低山丘陵区）属南海郡地。

汉代

高祖元年（前206），南海郡尉赵佗在岭南建立南越国，以番禺（今广州）为王都。香山岛属南越国南海郡番禺县地。

元鼎六年（前111），汉朝平定南越，香山岛属汉南海郡番禺县地。

建安十五年（210），东吴交州刺史步骘统兵夺取岭南，香山岛属东吴南海郡番禺县地。

三国

吴黄龙元年（229），东吴孙权称帝，建立吴国，香山岛属吴国南海郡番禺县地。

晋代

太康元年（280），晋朝灭吴，香山岛属晋南海郡地。

咸和六年（331），南海郡分出东官郡，香山岛属东官郡宝安县地。

南北朝

宋永初元年至陈祯明三年（420—589），历宋、齐、梁、陈4个朝代，史称南朝，香山岛属南朝东官郡宝安县地。

隋代

开皇九年（589），隋朝灭陈，香山岛属隋东官郡宝安县地。

开皇十年（590），撤销东官郡，宝安县划归广州，香山岛属广州宝安县地。

唐代

武德五年（622），唐朝行军总管李孝恭、李靖领兵平定岭南，香山岛属唐广州宝安县地。

至德二年（757），宝安县更名东莞县。东莞县在香山岛设置文顺乡。至北宋初，整个文顺乡改为地方行政单位之香山镇。

开成二年（837），香山人郑愚登进士，后官至尚书左仆射。所写咏香山诗《泛石岐海》，是今存香山最早的古诗。

五代十国

南汉乾亨元年（917），大越国建立（次年改国号为汉），史称南汉，以广州为王都。文顺乡属南汉国东莞县管辖。

宋代

开宝四年（971），宋灭南汉，文顺乡属宋东莞县管辖。

元丰三年（1080），香山盐场成为广东15所大盐场之一。

元丰五年（1082），设置香山寨。

绍兴二十二年（1152），九月丙午日（10月14日），莞县令姚孝资用香山进士、前朝政大夫陈天觉改香山镇为县的建议，请州上奏朝廷，终获诏准，遂划南海、番禺、东莞、新会县岛屿归香山，建立香山县，由广州管辖。

景炎二年（1277），宋军在县南部海岛停留并迎战元军。

祥兴二年（1279），正月十三日，宋右丞相文天祥被元军押至香山县，元军都元帅张弘范逼文天祥写信劝降宋帅张世杰，文天祥写下不朽的诗篇《过伶仃洋》作回答，表示宁死不屈。

元代

至元十六年（1279），香山县隶属元广州路管辖。

至元二十二年（1285），马南宝在井澳（今大横琴岛）起兵反元，战败被擒，不屈而死。

明代

洪武三年（1370），明朝政府在广州设置市舶司，与暹罗、占城、爪哇、琉球、渤泥诸国进行贡舶贸易，划定香山南部的浪白澳（在今珠海市南水镇）为外国商船停泊和贸易的港口。从此，每年夏秋间，外国商船乘风而至，诸番入市贸易。

永乐年中（约 1412—1417），县儒学教谕容悌与撰《香山县志》，为香山第一部县志。

嘉靖二十七年（1548），香山知县邓迁修、香山进士少詹事黄佐纂《香山县志》8 卷刻印。《香山县志》嘉靖本记载：明代香山八景为金鼓朝阳、石岐晚渡、南台秋月、浮虚春涛、阜峰文笔、天池菱荷、金紫岩溜、长洲烟雨。

嘉靖三十二年（1553），葡萄牙人借口商船遇风浪，贿赂广东海道副使汪柏，获准在澳门晾晒水渍贡物，乘机在南湾搭棚临时寄居。

万历十年（1582），澳门葡萄牙人开始向中国政府缴纳地租，每年白银 500 两。

万历十九年（1591），戏曲作家汤显祖游览香山县澳门，写下咏香山诗《香岙逢贾胡》《听香山译者》《香山验香所采香口号》等三首。

万历四十一年（1613），大榄都人李孙宸登进士。在崇祯年间，官至南京礼部尚书。

清代

顺治三年（1646），古镇、海洲农民结社暴动坚持抗清。

嘉庆五年（1800），香山人程世帝、鲍志等 10 余人，从澳门乘帆船至南洋群岛的槟榔屿侨居开垦。

嘉庆十五年（1810）四月初三日，横行广东沿海多年的巨寇红旗帮，由首领张保、郑一嫂率部众 1.6 万多人，大小战船 470 余艘，泊于芙蓉沙，在大涌村海旁向两广总督百龄投降。

嘉庆十九年（1814），全县清查户口，计有居民 95095 户，429215 人。其中男性 247109 人，女性 182106 人。小榄举办第一届甲戌年菊花大会。

嘉庆二十四年（1819），香山冲积平原迅速扩展，全县农业用地增至 125.37 万亩，香山岛与大陆连结，变成珠江三角洲南部，香山从此民物繁殷，摆脱贫困的下等县地位，与南海、番禺、顺德、东莞同列为大县。

道光十三年（1833），英国鸦片趸船停泊香山县东部的金星门，进行鸦片交易。至道光十五年（1835年）七月，邓廷桢接任两广总督后，下令把鸦片趸船全部逐出金星门。

道光十九年（1839），钦差大臣林则徐和两广总督邓廷桢在虎门销毁鸦片后，率军进驻香山县城，坐镇丰山书院，封锁香山各要隘，通令澳门葡萄牙当局，把驻澳57家英商全部驱逐出境。

道光二十年（1840），英国东方远征军舰队开始驶入香山海域，两广总督林则徐谕香山知县加强戒备奖励民众歼敌，动员香山军民合力击退英国侵略军。

道光二十一年（1841），英国海军轮船潜入香山内河，攻破湖洲、沙涌两炮台，攻入渡头村。村民奋起抗敌，雷兆成等14人在战斗中牺牲，英军被迫退走。

道光二十七年（1847），容闳赴美国留学。

道光二十八年（1848），香山人开始从香港乘木船赴澳大利亚谋生。

道光二十九年（1849），二月十九日，澳葡当局派兵封闭澳门海关关部行台，驱逐中国海关人员。七月初五日，澳门龙田村爱国志士沈志亮、郭金堂等7名青年，在关闸道上砍死澳门总督亚马留。初八日，澳葡派兵捣毁设在望厦村的香山县丞署，赶走县丞，县丞署被迫迁驻香山寨。是年冬，澳葡拒交澳门地租。

同治十一年（1872），8月11日容闳率领第一批学生梁郭彦、詹天佑等30人启程赴美留学。

光绪二十年（1894），郑观应《盛世危言》正式出版。

咸丰元年（1851），澳葡强占凼仔岛。

咸丰四年（1854），七月，榄都三合会响应太平天国革命，由首领卢灵飞、黄庚二、朱鬼晚组织红巾军，配合南海县三合会李洪英（香山小榄人）

的义军，攻占小榄。又会同黄圃黄福的义军，攻占黄圃、潭洲、古镇等地。继而南攻至张家边、下伽涌等村。

同治三年（1864），澳葡强占路环岛（今九澳岛）。

同治五年（1866），十月初六日（11月12日），孙中山诞生于翠亨村。

光绪十六年（1890），孙中山致书濠头村的清朝退休二品外交官郑藻如，提出在香山试行兴农桑、除鸦片、办学校等三项主张。

光绪十八年（1892），孙中山设计绘图，孙眉出资，将翠亨村孙家小屋改建成中西式结合两层楼房，即今之孙中山故居。

光绪二十年（1894），正月，孙中山在翠亨村家中写成《上李鸿章书》，提出仿行西法，人能尽其才，地能尽其利，物能尽其用，货能畅其流的强国主张。六月，孙中山到天津上书，意见被拒绝采纳。

光绪二十一年（1895），二月，孙中山和陆皓东返家乡，联络香山三合会和绿林组织，准备广州起义。九月九日，广州起义事泄，陆皓东等人被捕，后被杀害。孙中山从广州脱险，潜回香山崖口村和唐家湾，在乡人掩护下，经澳门转香港流亡日本。

光绪二十二年（1896），香山开始兴办学校，香山县第一所中学诞生。

光绪三十四年（1908），同盟会会员郑彼岸、李怜庵在县城创办《香山旬报》，鼓吹民主革命，是香山最早的期刊。

是年，隆镇华侨蔡锦佳等人在石岐创办香山机器制砖有限公司工厂，为香山第一家近代工业，是我国最早的轮窑砖厂。

宣统元年（1909），三月初三日，香山人王诜集股开辟的香洲埠建成开幕。

宣统三年（1911），九月，林君复、郑彼岸等人领导香山起义。十月，香山县首届议会成立，由同盟会、绅界、教育界、商界各选10人组成，议长汤龙骧。

宣统三年（1911），八月十九日（10月10日）夜武昌起义爆发，1912年元旦孙中山就职中华民国临时大总统。

271

中华民国

（1912年1月至1949年9月）

民国元年（1912），1月由香山同盟会持正团推荐，经省都督府批准，林寿图为首任香山县长。香山县女子师范学校开办。5月26日，孙中山辞去中华民国临时大总统职务后，取道澳门返抵故乡。

民国三年（1914），9月广东省都督龙济光，下令解散县议会，废县长制，任命厉式金为香山县知事。

民国四年（1915），郑彦闻、郑哲园在县城创办《仁言报》。同年神湾乡旅秘鲁国华侨李国汉携带菠萝种苗回乡试种成功，果实肉脆香甜，附近各村引种，称神湾菠萝，成为香山著名特产。

民国七年（1918），港商开办岐港轮拖恒利有限公司，石岐至香港的火轮拖渡客运通航。石岐萧咀饼家始制咀香杏仁饼，成为香山特产，名为咀香园杏仁饼家。

民国十四年（1925），3月12日孙中山逝世。

民国十四年（1925），4月15日，国民党中央执行委员会议决，香山县改名中山县，纪念孙中山功德，以志不忘。

民国十四年（1925），5月13日，国民党中央执行委员会议决，孙中山之翠亨村故居永久保存，广东省长公署即令中山县长照办。

民国十五年（1926），年底，中共中山县委员会在石岐泰安通衢成立，书记李华炤。

民国十六年（1927），10月，三乡郑芷湘等4人倡建的岐（石岐）关（关闸）公路开筑，分东、西两路，全程99.98公里。

民国十七年（1928），1月17日，石岐孙文路（包括西路、中路、东路）全程竣工，为县城第一条马路。全长1870米，宽15.2米。

民国十八年（1929），2月8日，国民政府第十九次国务会议确定中山县为全国模范县。国民政府特设中山县训政实施委员会,为实施训政建设模范县之计划指导监督机关,任命前国务总理唐绍仪为该委员会主席。中山县直属国民政府管辖。

民国十九年（1930）,5月14日中山县政府由石岐迁驻唐家湾。是月经国民政府批准,在唐家湾开辟中山港,为无税口岸,以60年为期。

民国二十年（1931）,3月16日,唐绍仪兼任中山县长。

民国二十三年（1934）,7月由国民政府立法院院长孙科在翠亨村筹建的总理故乡纪念学校首期工程完工,开始招生。10月广东军阀陈济棠策动中山县兵闹饷,逼迫县长唐绍仪下野。23日,改派梁鸿洸任县长。梁将县政府从唐家湾迁返石岐办公。

民国二十六年（1937）,8月中共中山县委重新建立,书记孙康,址设石岐民生北路太原第。是月日军派遣军舰,侵占第七区之高栏、荷包岛。

民国二十七年（1938）2月16日,日军派炮舰4艘,载600余兵力,再次侵占三灶岛,开始在岛上建机场。4月12—14日,在岛上进行大屠杀。沦陷期间,先后杀害岛上居民2891人。

民国二十八年（1939）,7、8、9三个月,日军数千人乘登陆艇、汽艇,在飞机掩护下,向横门等地沿岸登陆进犯,中山县长张惠长带领的县守备总队、中共中山县委领导的武装集结队并肩抗敌,反击日军,日军伤亡惨重,被迫向海上撤退。

民国三十年（1941）2月5日,日本南洋联合舰队司令官、海军大将大角岑生和海军少将须贺彦次郎等9人,从广州乘飞机往海南岛,在八区黄杨山坠毁。

民国三十一年（1942）,1—3月中共南番中顺中心县委派遣130多人的武装部队,分三批进入五桂山区,开辟五桂山区抗日根据地。5月中山抗日游击大队在五桂山区成立。

民国三十三年（1944）,1月1日,中山抗日游击大队改编为中山人民抗日义勇大队，大队长欧初，政治委员谭桂明，下辖12个中队，350多人。

民国三十四年（1945），1月15日，广东人民抗日游击队珠江纵队在五桂山区成立，司令员林锵云，政治委员梁嘉。8月14日日本宣布无条件投降。25日珠江纵队第一支队、中山县行政督导处联合发布《抗战胜利敬告中山全县同胞书》。8月底至9月初珠江纵队第一支队按中共广东区委的决定，分批战略转移东江，11月编入东江纵队。

中华人民共和国

（1949年10月至2019年2月）

1949年10月30日，中山宣告解放。

1950年，5月25日开始解放万山群岛，6月5日，解放中山第七区之大小万山岛，中山县全境解放。至8月4日止，历时72天，完全解放万山群岛。

1953年，1月10日开始修筑大型水利工程中顺大围。是月，中央人民政府水利部部长傅作义和苏联专家布可夫到县视察这一水利工程。4月20日中央人民政府政务院批准设立珠海县。中山县划出渔民区和前山、关闸、吉大、南屏、北山等地与淇澳、三灶、高栏、荷包、大小林、大小横琴等海岛归珠海县管辖。

1954年，全县第一个初级农业生产合作社成立。广东省第一个国营拖拉机站在中山建成，粤中船厂投产。

1955年9月至12月，毛泽东主席在《中国农村的社会主义高潮》一书中，为中山县群众乡第一农业生产合作社主任梁祥胜《我当大社主任的经验》和《中山县新平乡第九农业生产合作社的青年突击队》两文写了按语，加以赞扬。

1956年，1月4日中华人民共和国国务院批准撤销粤中行政区，设立佛山专区和高要专区。中山县于3月划归佛山专区管辖。是月,中共中山县委创办《中山农民报》,后改名为《中山报》《中山日报》。

1958年12月31日,广东省人民委员会二届二次会议通过,石岐市、珠海县并入中山县。翌年3月20日,获国务院批准合并。

1961年4月,中山再次分出珠海县,10月5日获国务院批准。

1962年3月8—9日,全国人大常委会副委员长、著名诗人郭沫若视察中山,写下《访翠亨村》诗二首、《卜算子》词一首,分赠孙中山故居和中共中山县委。广东省人民委员会公布翠亨村孙中山故居为广东省重点文物保护单位。

1964年2月24日,中共广东省委树立中山县沙溪公社圣狮大队为全省农村革命化的典型。开展第二次人口普查,全县总人口780003人,男性386952人,女性393051人。

1965年7月19日,国务院批准设立斗门县。中山县划出斗门、乾务、白蕉等3个公社与平沙农场归斗门县管辖。12月全县最大的水库长江水库工程竣工。

1966年11月12日,孙中山故居陈列馆在翠亨村落成。

1967年11月7日,中山丝厂在小榄沙口建成投产。

1972年7月,中山运动员郑森山在广西柳州参加全国少年田径赛,以10.9秒的成绩夺得男子100米冠军,打破了该项全国少年纪录,成为中国第一个突破11秒大关的少年运动员。

1973年3月30日,横跨岐江河的中山大桥(初称石岐人民大桥)建成通车。

1974年,石岐自行车零件厂成为国家轻工部定点厂,专业生产自行车飞轮,行销全国且进入国际市场。

1975年1月上旬,港口公社党委书记梁祥胜、石岐氮肥厂职工何少群当选为第四届全国人民代表大会代表,分别代表农民和工人,赴北京参加会议。

1976年，中山县板芙公社里溪大队率先实行"联产耕作、包耕到户"。

1979年板芙公社率先推行家庭联产承包责任制。

1980年8月，我国首个中外合作项目中山温泉宾馆开业。

1983年7月15日，长江乐园建成开放，成为中国大陆第一个室外大型娱乐场所。11月12日座落石岐的孙中山纪念堂建成。是年12月，中山撤县建市。

1984年1月26—29日，中共中央政治局常委、中央顾问委员会主任邓小平视察中山，提出改革开放"不走回头路"警世名言。

1985年4月7日，国家队中山籍运动员江嘉良在瑞士举行的第38届世界乒乓球锦标赛中，获得男子单打冠军。

1986年，国际酒店和富华酒店分别建成营业，两个酒店后来成为全国最早的星级酒店。10月18日，国务院公布翠亨村孙中山故居为全国重点文物保护单位。10月30日至11月2日，中国第一届男子业余高尔夫球国际公开赛在中山温泉举行

1987年，中山被誉为广东"四小虎"之一。

1988年1月，中山升格为地级市。

1988年2月，中山市首届"慈善万人行"（"中山敬老万人行"）举行。

1989年1月11—13日，中山市首次举行世界中山各中学同学恳亲大会。同年中山市被评为广东省先进卫生城市。

1990年3月，创办中山火炬高技术产业开发区。

1991年3月，中山火炬高技术产业开发区被国务院批准为首批国家级高新技术产业开发区。10月26日中山市运动员陈莲娇在参加全国女子50米屏气潜泳比赛中，以17.13秒的成绩破世界纪录。11月19—24日，市兴中体育场成为第一届世界女子足球锦标赛赛场之一，意大利队、德国队、尼日利亚队和中国台北队在此进行比赛。

1992年8月28日，《中山日报》创刊，原名《中山报》，《试刊日期为

1992年6月28日，1996年1月1日起正式更名为《中山日报》。《中山日报》发行全球60多个国家和地区，是唯一可以进入台湾地区的党报。8月下旬中山运动员陈莲娇在雅典参加第六届世界蹼泳锦标赛，夺得女子50米屏气潜泳和女子4×100米蹼泳接力两项银牌。

1993年10月25日，中国银行中山分行发行人民币长城卡私人支票，为全国首家发行单位。

1994年4月，国家建设部批准中山市为全国园林绿化先进城市。

1995年6月，中国红十字总会在汉城召开的亚太地区红十字会上，介绍中山市"慈善万人行"的经验，得到与会31个国家和地区代表的好评和赞扬。

1996年5月7日，中山市被命名为全国园林城市；7月30日，获省双拥模范城称号。

1997年，中山市获"联合国人居范例奖"。

1998年9月9日，全国首条步行街中山市孙文西路文化旅游步行街全面竣工。

1999年10月，"99中国（古镇）国际灯饰博览会"在古镇镇举行，此次博览会是国内规模最大的灯饰博览会，也是中山市第一次在镇区举行的国际性博览会。

2000年，"孙中山故居"被评为国家4A级旅游景点。

2001年，文化艺术中心、市民广场、森林公园、岐江公园、光明桥等民生项目建设正式启动。

2002年，中山市获得国家有关部门授予的"全国纺织工业基地市"称号，小榄、古镇、沙溪分别获得"中国五金制品产业基地""中国灯饰之都""中国休闲服装名镇"称号。

2003年，正式启动加快东部沿海开发建设和四大组团发展战略研究。

2004年，全面启动适宜创业、适宜居住"两个适宜"建设战略。组织开展新时期中山人精神大讨论活动,新时期中山人精神概括为"博爱、创新、包容、和谐"。

2005年,中山市被评为首批"全国文明城市"。

2006年,开展香山文化系列研究活动。

2007年,中山入选"全国十大最具幸福感城市"之一。

2008年,启动国家历史文化名城创建工作,全面开展孙中山文化等八大文化工程建设。

2011年10月,纪念辛亥革命一百周年系列活动举行。同年,成功创建国家历史文化名城,正式启动全民修身行动。

2012年,提出全面建设幸福和美中山。

2013年3月,中山市翠亨新区管委会正式挂牌成立。

2014年,市政府启动大涌镇产业转型升级试点建设,中山澳门游艇自由行项目。

2015年8月23日,在国际田联钻石联赛美国尤金站百米飞人大战上,中山籍运动员苏炳添创造了百米9秒99的好成绩,成为历史上第一位进入世锦赛男子100米决赛的中国人。

2016年11月,纪念孙中山先生诞辰150周年系列活动举行。同年,成功创建翠亨村国家5A级旅游景点,深中通道开工。

2017年,成功创建国家森林城市。

2018年12月,"敢为天下先——中山市庆祝改革开放40周年展览"举行;同年,中山改革开放40年历程《足迹——中山改革开放实录》图书出版。

2019年2月18日,中共中央、国务院发布《粤港澳大湾区发展规划纲要》指出"支持中山深度挖掘和弘扬孙中山文化资源",孙中山文化正式成为国家命题。11月,中山市首次提出"重振虎威"的口号。

2020年1月,中山市提出"交通攻坚年、项目落地年、稳企安商年"建设思路,以及"湾区枢纽、精品中山"发展目标。

(资料来源:中国历史网《中山市志》,本书有删减和增补。)

后记

爱一定是有理由的，无论对一个人或一座城市。

基于对中山这座全国唯一以伟人孙中山先生命名的城市的热爱，广东省政府文史馆馆员、省作家协会副主席、中山市政协原主席丘树宏与我自觉地领受了为这座城市立传的使命。

为全面呈现打造人类命运共同体的国际文化认同，国家外文局策划了"丝路百城传"大型城市传记丛书项目。此次中山市被入列"百城"，是中国外文局对中山的厚爱。中山市委、市政府对此高度重视，将《中山传》列入全市"孙中山文化工程"重点项目，并由时任中山市政协主席的丘树宏亲自牵头与我一起承担了撰写工作。

爱一座城往往出于对这座城市的灵魂人物、重大历史、城市内涵、城市精神、城市性格、城市表情等的青睐。在这一点上，我和丘树宏主席有不少默契和共鸣。

作为一个从陕西到广东中山工作、生活了三十个年头的新中山人，一直在关注着这座城市的前世今生。从历史维度来看，从秦始皇三十三年（前214）派50万秦军统一岭南开始，秦人就与岭南人发展为一个血肉融合的整体。在那个蛮瘴荒芜人烟稀少的时代，随着50万秦军与10万随军浆洗妇女的到来，博大精深的中原文化无疑促使岭南文化发生了颠覆性的改变。近现代，中山更是涌现出一大批以孙中山为代表的，在政治、思想、经济、军事、文化、艺术等各个领域对中国产生深远影响的重要人物。在当代，作为改革开放的前沿，源自中山的里溪村农村联产承包制、工业集群式的"中山舰队"、中山温泉酒店商业模式等，均是中国改革开放史上的首创、奇迹！

诸如此类的城市内涵，尤其是孙中山这样一位世纪伟人、世界伟人的魅力召唤，自然促动了我们对香山、中山的关注、了解、研究与书写。庆幸的是，我们在撰写《中山传》之前，已累积了一定的素材，打下了较厚的基础。

中山作为"海上丝路"重要的节点城市，在近千年的成长中，确是一个中国人走向世界、了解世界的窗口和桥头堡，她在中西文化、经济的沟通、交流中发挥了不可替代的作用。从岐澳古道、清朝第一批留洋学生、四大百货、华侨到改革开放，无不以"海上丝路"承载起中西政治、思想、经济、文化交流互鉴，打造人类命运共同体的国际文化认同的使命。

《中山传》是一座城市的传记，时空远阔，所涉广博，面宽点繁。我们唯有以有限的篇幅聚焦这座城市最集中、最鲜明、最亮丽的历史、精神、文化、特色，以达成书的目的。

需要说明的是，考虑到写中山的此类著作和文章已经有很多，本书在主题内容的取舍和章节段落的安排上，采取了与传统写法不尽一致的做法，希望能达到探索试验的功效。

为完成好这本城市之书，中国外文局陆彩荣副局长、"丝路百城传"大型城市传记丛书编委会副主任刘传铭教授倾情关注《中山传》的进展，或亲自过问撰写提纲，提出建设性意见，或从图书宣传、城市推介等角度出谋划策；《中山传》的责任编辑简以宁女士更是在了解撰写进度的过程中，不忘及时给予鼓励和技术方面的指导。中山市政协牵头专门召开了

《中山传》座谈、协调会，在立项、资料收集、采访等方面，得到了包括市委办、市府办、市政协办、市委宣传部、市委统战部（侨联）、市委党史办、市文广新旅局、市发改委、市经信局、市住建局、市交通运输局、市档案局、市国资委、市文联、市红会、各镇区与中山日报社等媒体、专家、学者在内的各方面的大力协助，特此致谢！

《中山传》即将面世之际，唯愿其能在探寻历史、注目当下、解读城市性格、展示城市底蕴、塑造城市形象、增强城市发展内动力，提高城市综合竞争力等方面奉献寸功。

本书在写作中，借鉴了许多人士的学术成果，在此表示诚挚的谢意。

视野有限，笔力不逮，难免错谬遗珠之憾，诚望读者多予教正。

黄刚　2021年3月于中山

参考书目：

1. 田明曜（清）：光绪《香山县志》。
2. 孙中山：《建国方略》（中国长安出版社，2011-03）。
3. 郑观应：《盛世危言》（新华出版社，1994年版）。
4. 习近平：《在纪念孙中山先生诞辰150周年大会上的讲话》（2016年11月11日）。
5. 丘树宏：《心的看见》（花城出版社，2019年版）。
6. 黄刚：《驭风而行：孙中山文化高铁行纪实》（花城出版社，2018年版）。
7. 中山年鉴编纂委员会：《中山年鉴2019》（广东人民出版社，2019年版）。
8. 中山市南区地方志编纂委员会：《中山市南区志》（广东人民出版社，2017年版）。
9. 中山市地方志编纂委员会：《中山市志》（广东人民出版社，1997年版）。
10. 黎细玲：《香山人物传略》（中国文史出版社，2014年版）。
11. 陈锦昌：《中山咸水歌》（广东旅游出版社，2015年版）。
12. 林凤群：《龙醉中华——中山醉龙舞》（广东旅游出版社，2013年版）。
13. 张磊、张苹：《孙中山评传》（中华书局，1981年版）。

14．广东改革开放史课题组：《广东改革开放史（1978—2018年）》（社会科学文献出版社，2018年版）。

15．黄刚：《山高谁为峰》（花城出版社，2012年版）。

16．崔海霞、何品：《四大百货公司上海滩风云史》（广东经济出版社，2012版）。

17．高良佐：《孙中山先生传》（甘肃人民出版社，2006年版）。

18．中山市政协文史委：《中山温泉　商海弄潮》（广东人民出版社，2018年版）。

19．黎永泰、潘英俊：《粤菜师傅通用能力读本》（广东科技出版社，2019年版）。

20．广东省非物质文化遗产保护中心：《粤港澳大湾区非遗地图》（广东人民出版社，2020年版）。

21．中山市委办公室　中山市政协文史委：《足迹：中山改革开放实录》（广东人民出版社，2018年版）。

22．黎细玲：《香山与进士》（广东经济出版社，2018年版）。

23．黄明同、卢昌健：《孙中山经济思想研究》（广东人民出版社，1996年版）。

24．中山市红十字会：《博爱基因》（广东人民出版社，2018年版）。

25．梁慧仪、杨远雄：《最正广东菜大全》（广东科学技术出版社，2020年版）。

26．中山市小榄镇地方志编纂委员会：《中山市小榄镇志》（广东人民出版社，2012年版）。

图书在版编目（CIP）数据

中山传：伟人故里千年香山 / 丘树宏，黄刚著 . -- 北京：新星出版社，2021.6
（丝路百城传）
ISBN 978-7-5133-4499-9

Ⅰ . ①中… Ⅱ . ①丘… ②黄… Ⅲ . ①文化史－研究－中山 Ⅳ . ① K296.53

中国版本图书馆 CIP 数据核字（2021）第 082106 号

出版指导：陆彩荣
出版策划：彭明哲　简以宁

中山传：伟人故里千年香山

丘树宏　黄刚　著

责任编辑：简以宁
责任校对：刘　义
责任印制：李珊珊
装帧设计：冷暖儿　闫　鸽

出版发行：新星出版社
出 版 人：马汝军
社　　址：北京市西城区车公庄大街丙3号楼　　100044
网　　址：www.newstarpress.com
电　　话：010-88310888
传　　真：010-65270449
法律顾问：北京市岳成律师事务所
读者服务：010-88310811　　service@newstarpress.com
邮购地址：北京市西城区车公庄大街丙3号楼　　100044

印　　刷：天津图文方嘉印刷有限公司
开　　本：660mm×970mm　　1/16
印　　张：18.75
字　　数：240千字
版　　次：2021年6月第一版　　2021年6月第一次印刷
书　　号：ISBN 978-7-5133-4499-9
定　　价：89.00元

版权专有，侵权必究；如有质量问题，请与印刷厂联系调换。